映画で楽しむ宇宙開発史

日達佳嗣

CHOEISHA

はじめに

中学生のころだった。私が通っていた都内の私立中学校には、今思うと大変贅沢なことに、パソコン、ビデオデッキを自由に使える教室があった。

そこではビデオソフトをレンタルできて、教室内のビデオデッキで自由に観ることができた。学習用の教材と一緒に映画作品も多くおいており、私はそこへ通うのがいつのころからか日常になっていた。中間・期末試験の時、通常よりも学校が早く終わるその期間、私は試験が終わると、その教室に行き、あきるほど映画を観ていた。本当は、さっさと帰って翌日の試験の勉強をするべきなのだが。そこで必ず観ていた映画、それが『スター・ウォーズ』そして『アポロ13』だった。

幼いころ初めて『スター・ウォーズ』を見た時の衝撃は今も忘れられない。子供だった私は『スター・ウォーズ』が本当に「遠い昔、遥か彼方の銀河」で起きた話だと信じていた。そんな魔法を持つ映画が『スター・ウォーズ』だった。

そこが原点だった。

カッコいい宇宙船に魅せられ、広大な宇宙を舞台にした世界観に圧倒された私は、物心ついた時には宇宙が大好きになっていた。そして、同時に、そんな魔法の力を持つ映画というものの魅力にはまって、映画好きになっていた。

だから、そんな私が、次に『アポロ13』という映画にたどり着いたのは必然だった。アポロ、月面着陸、スペースシャトルと、宇宙開発のことはどんな小さなことでも調べ、そうやって知識を増やしていくことが大好きな少年であった。以来、宇宙と映画は、ずっと私の人生の一部である。

『アポロ13』に感化を受けてしまった私は、大学で航空宇宙工学を学びたいと思い、高校卒業後はアメリカに留学した。アメリカへ渡り半年間ほど語学学校へ通った私は、そこである一冊の本と出会った。それが課題図書として渡された『ロケットボーイズ』（ホーマー・ヒッカム・ジュニア著）だった。

内容は、スプートニクに魅せられて、ロケット作りに青春をかける少年たちの物語だった。いっきにこの本が好きになった私は最後まで夢中で読んだ。そして、この本を原作にした映画『遠い空の向こうに』（１９９９年、アメリカ）にも感動した。

その後、念願かなって、宇宙

エンジニアになった私の人生は、常にこういう映画とともにあったし、今もある。

この本は、そんな私が宇宙開発の歴史を題材、あるいは背景にした宇宙の映画をまとめた本である。

宇宙の映画というと、その言葉から、SFにカテゴライズされてしまい、宇宙の映画は、その中でしか紹介されていなかったことが多かったように思う。

だが、1957年に人類初の人工衛星が打ち上げられて以来、人類の宇宙時代が半世紀以上を経ている今、宇宙の映画は、SFだけでなく、ノンフィクション、ヒューマンドラマ、コメディー、子供のための映画、家族で楽しめる映画まで数多くのジャンルにまたがる。また映画の題材も、ロケット開発、米ソの宇宙開発競争、アポロ計画、スペースシャトル、火星探査、太陽系探査など実に様々である。さらに、アメリカをはじめ日本、ロシア、中国、ヨーロッパと各国でそれぞれの国の宇宙開発を題材にした映画が作られている。

そこには、半世紀にわたり宇宙へ挑戦してきた人類のドラマが描かれている。また、宇宙への憧れ、夢、挑戦、挫折などを通して、人生が語られる。

宇宙開発の歴史が、映画の中でどう描かれてきたのか、本書ではジャンル、製作国、公開年を問わず、宇宙好き×映画好きが必ず楽しめる宇宙の映画を集めてみた。

本書を通じて、素敵な宇宙×映画の世界をお楽しみ頂ければと思う。

映画で楽しむ宇宙開発史　目次

はじめに　1

第1章　宇宙への挑戦
～人類の宇宙への夢、そして情熱～……11

『遠い空の向こうに』　12
『庭から昇ったロケット雲』　16
『ライトスタッフ』　19
『ガガーリン　世界を変えた108分』　23
『宇宙飛行士の医者』　26
『エンド・オブ・オデッセイ』　30
『明日があるさ　THE MOVIE』　33
「はやぶさ」3部作　37
　『はやぶさ／HAYABUSA』
　『はやぶさ　遥かなる帰還』
　『おかえり、はやぶさ』
『宇宙兄弟』　41
『スペースウォーカー』　43
・こちらもオススメ：『ザ・ロケット』　47

第2章 人類、月に立つ ～アポロと月面着陸の時代～ 49
『月への冒険旅行』 50
『アポロ13』 54
『宇宙からの脱出』 58
『月のひつじ』 61
『キャプチャー・ザ・フラッグ　月への大冒険！』 64
『アポロ11／史上最大のミッション（アストロノーツ）』 67
『ヒューストン、問題が発生しました』 71
『ドリーム』 73
『ファースト・マン』 77
〈宇宙×映画雑話1〉映画に描かれたロケット開発 83
第3章 スペースシャトルと宇宙ステーションの登場 ～誰でも宇宙へ行ける時代へ～ 87
『スペースキャンプ』 88
『スペース・カウボーイ』 91
『SFスターフライト1』 94
『チャレンジャー号　73秒の真実』 97

『飛行時間73秒／チャレンジャー号の悲劇』99
『ゼロ・グラビティ』103
『セルジオ＆セルゲイ　宇宙からハロー！』106
『サリュート7』110

第4章 有人惑星探査／宇宙の果てへ ～火星そしてその先へ、地球外知的生命体の探求と人類の進化～

第4章 有人惑星探査／宇宙の果てへ ～火星そしてその先へ、地球外知的生命体の探求と人類の進化～……115
『カプリコン1』116
『ミッション・トゥ・マーズ』119
『オデッセイ』123
『コンタクト』127
『インターステラー』132

第5章 宇宙飛行士のコメディー映画 ～コメディアン宇宙飛行士の爆笑宇宙旅行～

第5章 宇宙飛行士のコメディー映画 ～コメディアン宇宙飛行士の爆笑宇宙旅行～……137
『気の進まない宇宙飛行士』138
『ロケットマン』141
『ムーン・パイロット』145
『月世界一番乗り』148

『月ロケット・ワイン号』 150
『月世界宙がえり』 152
・こちらもオススメ：『フライングハイ2／危険がいっぱい月への旅』 154
〈宇宙×映画雑話2〉 宇宙映画の俳優たち 155

第6章 宇宙へ行った動物たち ～動物たちが宇宙へ行く映画、アニメ～ 163
『スペース・バディーズ／小さな5匹の大冒険』 164
『スペース・ドッグ』 167
『ナットのスペースアドベンチャー3D』 170
『スペース・チンプス』 173
『スペース・ミッション 宇宙への挑戦』 176

第7章 宇宙開発の父たち ～宇宙を目指したパイオニアたちの伝記映画～ 179
『わたしは星々を目指す』 180
『Taming of the Fire』 183
『カラリョフ』 186

『銭学森』 189

第8章 テレビドラマ・アニメに描かれた宇宙開発……193
～映画だけでない！　宇宙開発を主題にしたテレビドラマ・アニメ作品～

『The Astronaut Wives Club』 194
『フロム・ジ・アース／人類、月に立つ』 198
『まんてん』（NHK連続テレビ小説） 202
『ロケット・ボーイ』 204
『ロケットボーイズ』 205
『下町ロケット』（TBS版） 206
『王立宇宙軍　オネアミスの翼』 209
『ふたつのスピカ』 211
『ロケットガール』 213

〈宇宙×映画雑話3〉宇宙開発における宇宙映画の文化的影響 215

第9章 宇宙開発の歴史……221
～宇宙開発史を知るドキュメンタリー映像作品～

『宇宙への挑戦』『月世界探検』『火星とその彼方』 222

『The Race for Space』 226
『The John Glenn Story』 228
『人類の偉大な飛躍　アポロ11号・公式記録』 229
『宇宙へのフロンティア』 231
『宇宙へ～冷戦と二人の天才～』 232
『ザ・ムーン』 233
『One Small Step: The Story of the Space Chimps』 234
『宇宙へ。挑戦者たちの栄光と挫折』 238

第10章 宇宙開発の陰謀論

～宇宙計画の陰謀論を題材にした映画・ドラマ～ ………… 239
『SF火星の謎／アストロノーツ』 240
『第三の選択／米ソ宇宙開発の陰謀～火星移住計画の謎』 242
『アポロ18』 244
『ヒューストンへの伝言』 245
『ムーンサルト／ソ連極秘宇宙計画』 248
『ムーン・ウォーカーズ』 251
〈宇宙×映画雑話4〉 宇宙×映画の歴史 253

おわりに 259
宇宙開発×宇宙映画　記録年表 261
参考文献一覧 274

第１章

宇宙への挑戦

～人類の宇宙への夢、そして情熱～

『遠い空の向こうに』
『庭から昇ったロケット雲』
『ライトスタッフ』
『ガガーリン　世界を変えた 108 分』
『宇宙飛行士の医者』
『エンド・オブ・オデッセイ』
『明日があるさ　THE MOVIE』
『はやぶさ／ HAYABUSA』『はやぶさ　遥かなる帰還』『おかえり、はやぶさ』
『宇宙兄弟』
『スペースウォーカー』

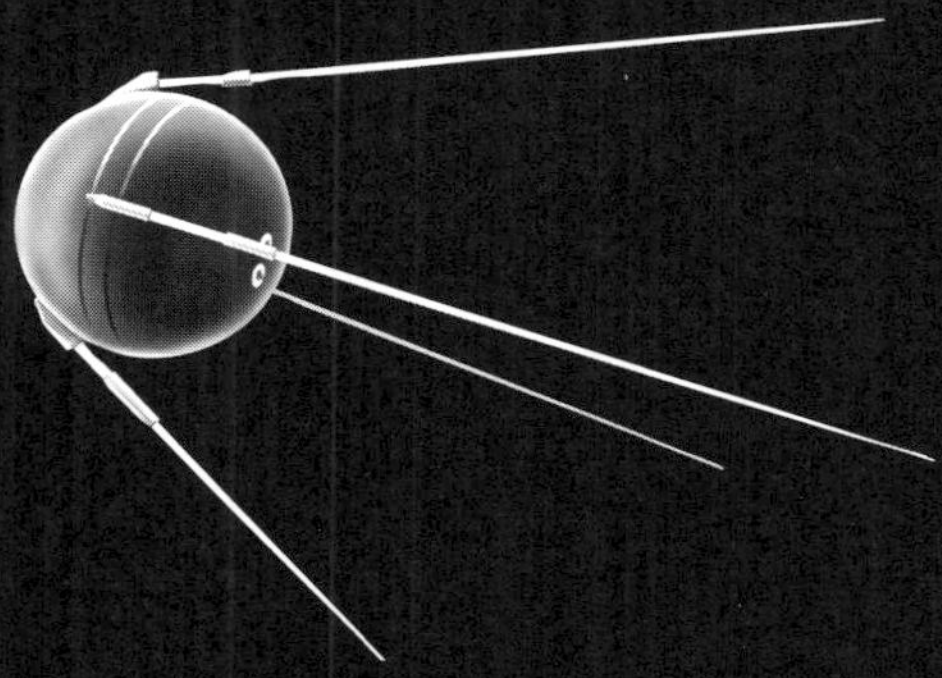

『遠い空の向こうに』

公開：1999年アメリカ　原題：October Sky
原作：ロケットボーイズ（Rocket Boys）
監督：ジョー・ジョンストン
脚本：ルイス・コリック、ホーマー・ヒッカム・ジュニア
出演：ジェイク・ギレンホール、クリス・クーパー、ローラ・ダーン

DVD=ユニバーサル・ピクチャーズ・ジャパン

1957年10月4日、ソビエトは、世界初の人工衛星スプートニク1号を打ち上げた。アメリカのウェストバージニア州のコールウッドの炭坑町で夜空を飛んでいくスプートニクを眺めていた高校生、ホーマー（ジェイク・ギレンホール）は、自分もロケットをつくりたいと思い始める。

この映画の原題のOctoberとは、旧ソ連の世界初の人工衛星スプートニク1号が打ち上がった1957年10月のことである。原作は、NASAのエンジニアで宇宙飛行士の訓練プログラムに携わっていた、ホーマー・H・ヒッカム・ジュニアによる小説で「ロケットボーイズ（原題：Rocket Boys）」である。ちなみに、原題の「Rocket Boys」は「October Sky」のアナグラムになっている。

原作者のホーマー自身が高校時代に仲間たちとロケットづくりに打ち込みすごした実話に基づく映画だ。舞台になっているのは、アメリカのウェストバージニア州のコールウッド。その名前の通りの小さな炭坑町である。将来は炭坑で働くことがコールウッドに生まれた男の運命。一握りの運のよい高校のアメフト選手は、奨学金をもらって大学へ行く。炭坑で働く意義を見つけられず、かといってアメフトもできない、落ちこぼれ少年ホーマーは、ロケットづくりに自分自身の情熱を捧げることができるものを見つけていく。

ホーマーとロイ、オデルの3人はいつも一緒につるんでいる落ちこぼれ少年たちで、ロイが持っている唯一の車で

第1章　宇宙への挑戦

遊んでいる。どことなく、さえない感じの３人だ。それぞれに訳があって炭坑で働くことに抵抗を感じている。そして、アメフトがうまいわけでもない。「なんで女の子はみんなアメフトができる奴が好きなんだよ」とか言っている。ホーマーにも思いを寄せる女の子がいたりするが、もじもじしているばかり。

　ちなみに、そんなこと言っているホーマー役のギレンホールくんは『ブロークバック・マウンテン』でマッチョなカウボーイの男と愛し合うゲイのカウボーイになっているけどね（笑）。

　そんな、ホーマーたち３人は、ホーマーの呼びかけでロケットづくりを始める。ここにクエンティンという新しい仲間が加わる。ガリ勉でクラスの連中からも好かれておらず、友達もいないクエンティン（クリス・オーウェン）。ホーマーは彼に近づき、こう聞く。「君、ロケットのこと知っている？」クエンティンが仲間に加わる。

　スプートニク1号の打ち上げはアメリカをはじめ西側諸国に大きな影響を与えた。当時、宇宙開発では自国がリードしていると自負していたアメリカは、危機感をもった。アメリカはスプートニクの打ち上げ以前は宇宙開発にそこまでの関心はなかった。しかし、続くスプートニク2号により、ソ連が、雑種の犬を搭載したロケットの打ち上げに成功すると、ペイロードとして水爆などの搭載ができるソ連のロケット・ミサイル技術がアメリカの安全保障への脅威であることをはっきりと知ったのであった。

　これにより、アメリカは、ＮＡＳＡ（アメリカ航空宇宙局）を設立。集中的かつ圧倒的な予算を投入して、本格的にロケット・ミサイル技術、人工衛星開発へと舵《かじ》を切るのである。

　スプートニク・ショックが与えた影響は様々であるが、もっとも大きかったのは、なによりアメリカの教育プログラムであった。スプートニク・ショックにより、科学技術の振興が国家として重要だということに気が付いたアメリカ政府は、高校、大学でより基礎学力、特に数学、物理などの理系強化、より学問的な知識を習得することのできるよう、教育プログラムを見直した。これは、「新しい数学」（New Mathematics）という言葉に代表される。これがのちに、米ソ宇宙開発競争から月着陸に至るまでアメリカの科学技術の進歩をささえたのである。

　ちなみに日本も同様、スプートニク・ショックにより影響を受けた。日本の場合は、若干遅く、昭和４５年の学習指導要綱の改訂により、科学技術教育の充実が図られた。この改訂に含まれた内容は、今までの要領の中で一番学習量が多くなり、いわゆる「詰め込み教育」と呼ばれるようになる。

劇中、ホーマーたちの最大の理解者として、高校の理科の女性教師であるミス・ライリー（ローラ・ダーン）が登場する。ミス・ライリーはホーマーたちのロケットづくりを支える。このミス・ライリーが劇中にホーマーたち生徒に向かってこう言う。「スプートニクは歴史の転換期なのよ」

ホーマーの父は、炭坑で働くことに誇りを持っており、部下からも慕われるコールウッドの男だ。ホーマーの兄は、アメフトの選手であり、大学への進学が決まっている。そんな敷かれたレールを歩む2人に対して、ホーマーは自身の人生を生きる道を見つける。そんな中で、理科教員であるミス・ライリーだけが唯一の理解者である。ミス・ライリーは、この時代のアメリカの教育の変革における新しい時代の象徴である。

また、この映画の中で、新しい時代を象徴するシーンがもう一つある。サイエンス・フェアに参加し、ロケットボーイズが作ったロケットのノズルの説明をしているシーン。女子生徒たちがホーマーの説明に聞き入っている場面も印象深い。このスプートニク・ショックを契機に、アメリカでは女性にも、科学、理工学系への進路の門戸が広がっていく。まだ就労機会が少なかった1960年代の状況も、1960年代、70年代のウーマンリブ運動の中で男女の機会均等によって少しずつではあるが是正されていくことになる。

これを象徴しているもう一つのシーンが、ホーマーがサイエンス・フェアに出かけた街で、映画を見に行くという場面。前に並んでいる男女が、ホーマーのロケットについて話しているのを聞き、ホーマーが思わず嬉しがるのだが、ここでホーマーが観るために並んでいる映画が『縮みゆく人間（原題：The Incredible Shrinking Man）』なのだ。

『縮みゆく人間』は1957年公開のリチャード・マチスン原作のSF小説の映画化である。縮みゆく主人公の男は、女性が社会へ進出し、地位の向上と相対的に存在が小さくなっている男の姿を象徴している。

ミス・ライリーの存在、サイエンス・フェアでホーマーの説明に聞き入る女子生徒たち、『縮みゆく人間』を観に行くシーン、この辺りは当時の変わっていくアメリカ社会が表れている部分である。

第1章　宇宙への挑戦

原作者のホーマーは、その後、スプートニクの年に設立されたNASAのエンジニアとなり、スペースシャトルの宇宙飛行士の訓練教官となった。ホーマーの夢は、スプートニクで見た宇宙への夢と宇宙への挑戦から始まった。人類の宇宙開発も、またここから始まったのである。

ちなみに、この映画の予告編に使われている音楽は、『アポロ13』のテーマ曲である。この映画と『アポロ13』の関係は他にもある。この映画でターナー校長を演じているのは、クリス・エリスで、彼は『アポロ13』でマーキュリーセブンの一人でアポロ時代には搭乗員部部長に出世していたディーク・スレイトンを演じている。

またアポロ13号の船長であったジム・ラベルも自身が高校生のときに全長1メートルほどのロケットをつくって飛ばした経験を、著書「Lost Moon: the perilous voyage of Apollo 13」（映画『アポロ13』の原作）の中で語っている。彼もまたロケット・ボーイだった。２０００年代になって日本でもロケット・ボーイを冠した題目のドラマが作られているが、その元祖ともいえるのがこの『遠い空の向こうに』である。

子供のころに一度は、ペットボトルロケットを作って興奮したことのある人は、きっと共感できる夢のある素晴らしい青春ドラマ映画である。

人は他人の言う事を聞けないときがあるの。
自分の心の声をきくことよ。

ミス・ライリー

『庭から昇ったロケット雲』

公開：2007年アメリカ　英題：The Astronaut Farmer
監督：マイケル・ポーリッシュ
脚本：マーク・ポーリッシュ、マイケル・ポーリッシュ
出演：ビリー・ボブ・ソーントン、ヴァージニア・マドセン

ファーマーはその名前の通り農夫である。だが、彼はかつて航空宇宙工学を学び、空軍パイロットとなり、憧れの宇宙飛行士になる夢をもっていた。父の死によりテキサス州の実家の農場を引き継いでいたが、かつての夢をあきらめられないファーマーは、自宅の裏庭で有人ロケットをつくり、宇宙飛行へと挑む。

この映画はなんと、手作りで有人宇宙ロケットをつくって宇宙を目指す男の話である。監督は、マイケル・ポーリッシュ。マーク・ポーリッシュとともにポーリッシュ兄弟として知られる。主演のチャーリー・ファーマーを演じるのは、俳優、脚本家、ミュージシャンとして有名なビリー・ボブ・ソーントン。アンジェリーナ・ジョリーの元旦那でもあった。ちなみに彼がアンジェリーナと結婚する前に交際していたのは『遠い空の向こうに』でミス・ライリーを演じていたあのローラ・ダーン。ミス・ライリー、ホーマー君のロケットづくりを応援しながら、その恋人は本物のロケットをつくっていたというわけ。（笑）

チャーリーの奥さん、オードリー・ファーマーを演じるのは、デヴィッド・リンチ監督の『デューン／砂の惑星』のヴァージニア・マドセン。チャーリーの3人の子供は、それぞれマックス・シエリオット、ジャスパー・ポーリッシュ、そしてローガン・ポーリッシュが演じている。ジャスパーとローガンは、それぞれマイケル・ポーリッシュとマーク・ポーリッシュの娘である。そして、チャーリーの奥さんオードリーの父親、ハルを演じるのは、ブルース・ダーン。なんとロー

DVD= NIKKATSU CORPORATION(NK)(D)

第1章　宇宙への挑戦

ラ・ダーンのお父さんである！　ソーントンからすると元恋人の父親が、自分の奥さんの父親役をやっているという（笑）。どれだけ内輪なメンツで作っている映画なんだ！（笑）

ちなみに、日本にも手づくりロケットで宇宙に行こうとする話が多くあって、有名なところでは、『王立宇宙軍　オネアミスの翼』。DIYではないが、わずかな予算で周りに相手にされない中、宇宙へ挑む話。『明日があるさ THE MOVIE』もそうである。こっちは完全に日本版の『庭から昇ったロケット雲』という映画だ。

さて、この映画、ファーマーは確かにDIYでロケットをつくる突拍子もない奴である。だが町の連中も彼の家族もファーマーを応援している。資金繰りに困り、知り合いの銀行家に金の工面に向かうファーマー。その銀行家の知り合いは言う。「優秀なお前なんだから、まともな職についてその頭脳を世の中のために活かしたらどうだ」。彼のやっていることがとんでもないことと言いながら、本音は応援している。家族もまた、みんな、お父さんがやっている宇宙船づくりが好き。美人の奥さんも夫のやることをただひたすら応援している。いやいやいや、あり得ないよお。世の中、お小遣いを1円あげてもらうのに必死なサラリーマンがいるのに、ロケットづくりに金かけて絶対反対されるでしょ！（笑）

ロケットの名前が決まっていないとなると、家族会議で、楽しくロケットの名前を決めようとする。ちなみに、このシーン、あっと驚く俳優が出ている。ここでは、言わないが、なんかの映画で、ドリルもって部下の男たちとシャトルで隕石に穴をあけにいっていた彼である。爆破させて地球を救っていた彼である。

ちなみに、この映画でファーマーがつくっているロケットは、マーキュリー宇宙船を打ち上げたマーキュリー・アトラスロケットの複製そのものである。また彼が着ている宇宙服もマーキュリー計画で使用されていたものと同じものである。

個人でロケットをつくるとなると、当然、政府から目をつけられるし、許されるはずがない。FBI、NASA、CIAから発射はさせないといわれる。

いよいよファーマーは宇宙飛行を実行するために、飛行計画書を提出するが、政府の役人たちに査問会に呼ばれる。彼の宇宙飛行を許可するかしないかの審議が始まる。

CIAの査問員が聞く。「あなたが製造しているものが、大量破壊兵器でないと何故言い切れるのですか？」「それは、もし本当に大量破壊兵器だったらば、あなた方には見つけられないからです」ファーマーは言い放つ。

　続けて、ファーマーは査問委員に向かってこう言う。「昔、俺が子供のころ、周りは皆こう俺に言った。人は成りたいと思ったものに必ず成れる、何があっても。俺は今でもそう信じている」「そのうち、みんなは、忘れちまったんだ。何でも不可能なことはない、ってことを。夢を持たなかったら、何もない」

　最後の終わり方も、実にアメリカ的。ジェイ・レノのザ・トゥナイト・ショーに出演するファーマー。まさしくアメリカン・ドリーマーのための映画、あり得ないと思いながらも、最後は気持よくなり、明日から頑張ろうと思わせてくれる素敵な映画である。

　ちなみにエンディングテーマは、エルトン・ジョンの「ロケット・マン」。なんとも、この映画にぴったりのいい曲である。こちらもお楽しみ頂きたい。

昔、俺が子供のころ、みんなは俺にこう言った。
人は成りたいと思ったものに何にでもなれる、何であっても。
もしかしたら俺がおかしいのかもしれないが、今でも、俺はそれを信じてる。

チャーリー・ファーマー

第1章　宇宙への挑戦

『ライトスタッフ』

公開：1983年 アメリカ　原題：The Right Stuff
原作：トム・ウルフ「ザ・ライト・スタッフ」
監督／脚本：フィリップ・カウフマン
出演：サム・シェパード、スコット・グレン、
エド・ハリス、デニス・クエイド、
フレッド・ウォード、ヴェロニカ・カートライト、
バーバラ・ハーシー、ランス・ヘンリクセン

NASAのマーキュリー計画（アメリカ初の有人宇宙飛行計画）の時代を背景に、戦闘機パイロットが「ライトスタッフ（己にしかない正しい資質）」に従い、孤独な挑戦を続け、国家の重圧に耐えながら信頼の絆を深め合う宇宙飛行士と家族の姿を描く。

1983年の公開、監督はフィリップ・カウフマン。主演はサム・シェパード、アメリカの軍人で人類初の超音速飛行の記録を作ったパイロットであるチャック・イェーガーを演じている。アメリカ初の有人宇宙飛行計画であるマーキュリー計画は、1958年から1963年にかけて行われた。NASAにより1959年に選抜された7人の宇宙飛行士は「マーキュリーセブン」と呼ばれる。マーキュリーセブンの宇宙飛行士は以下の通りである。本映画で演じている俳優を（ ）で示す。

アラン・シェパード（スコット・グレン）、ガス・グリソム（フレッド・ウォード）、ジョン・グレン（エド・ハリス）、スコット・カーペンター（チャールズ・フランク）、ウォルター・シラー（ランス・ヘンリクセン）、ゴードン・クーパー（デニス・クエイド）、そしてディーク・スレイトン（スコット・ポーリン）。

DVD= ワーナー・ホーム・ビデオ

映画は、冒頭アメリカ空軍がエドワード空軍基地で行っていたXプレーン計画の紹介から始まる。超音速飛行への挑戦。Xプレーン計画を描いた映画としては1956年の『ロケット・パイロット（原題：Toward the Unknown）』もおすすめである。こちらの映画にはチャック・イェーガー自身がアドバイザーとして参加している。チャック・イェーガーは、ベルX-1に乗り

１９４７年10月14日、その飛行でマッハ1・06を記録し、世界で初めて音速壁を超えた男になった。また、１９５３年11月には、Ｄ-５５８２-２でスコット・クロスフィールドがマッハ２を突破、その翌月には、再びイェーガーがマッハ２・４４を記録し、超音速飛行の記録が次々に樹立されていった。映画前半では、このチャック・イェーガーの物語が語られる。

１９５７年10月、スプートニク1号により、ソ連が初の人工衛星を打ち上げ、アメリカが本格的に宇宙開発競争へ参加する。初の有人宇宙飛行を目指すため宇宙飛行士候補をテストパイロットから選出することになる。

69名の候補者がいた中から選び抜かれた、7人のアメリカ初の第一期宇宙飛行士、マーキュリーセブン。映画の後半は、彼らの物語である。

当時、アメリカにおいてロケット開発は陸軍と海軍で行われていた。陸軍はヴェルナー・フォン・ブラウンのもとレッドストーンロケットおよびジュピターロケットの開発を進めており、海軍はグレン・L・マーティン社（現在のロッキード・マーティン）によりヴァイキングロケット、ヴァンガードロケットの開発を進めていた。

スプートニク1号の成功に続いてスプートニク2号の打ち上げに成功したソ連に焦りを覚えたアメリカは、当時のウィルソン国防長官が海軍の計画を選定し、１９５７年12月6日、ヴァンガードＴＶ３でおよそ1・36キログラムの試験用衛星を打ち上げようとするが、わずか2秒間だけ発射台からわずかに浮き上がったところで爆発を起こし失敗してしまう。

この失敗により、ようやくフォン・ブラウン率いる陸軍チームに白羽の矢が立ち、年の明けた１９５８年1月31日、アメリカはジュピターCロケットにより人工衛星エクスプローラー1号の打ち上げに成功する。

ようやく人工衛星の打ち上げでソ連に追いついたと思ったアメリカだったが、今度は１９６１年4月12日、ソ連のユーリ・ガガーリンが一足先に人類初の地球周回飛行に成功する。アメリカはこの時点で同じ年の1月31日にチンパンジーのハムを打ち上げ、弾道飛行に成功していたに過ぎなかった。

ガガーリンの地球周回飛行から3週間後、5月5日、遂にアラン・シェパードが弾道飛行に成功。続いて、7月21日にはガス・グリソムがアメリカ人で2度目の弾道飛行に成功する。大西洋に着水したグリソムだったが誤動作により

第1章　宇宙への挑戦

宇宙船のハッチが開いてしまい、グリソムは脱出したが、溺れかけたところをヘリによって救出されている。マーキュリー宇宙船は緊急時に爆発ボルトで外側に開くようになっていたが、これが誤動作したためであった。この史実も本映画の中で描かれている。

ちなみにグリソムは、のちにアポロ１号の地上試験の際に、船内火災事故で死亡してしまう。初期のアポロ宇宙船のハッチは、このマーキュリー宇宙船によるグリソムの飛行のように誤って開く可能性を懸念し、内側に開く設計になっていた。アポロ１号の船内火災事故では、このハッチの設計も原因の一つとなって、グリソムは他２人の宇宙飛行士とともにアメリの有人宇宙開発史で初めての犠牲者となってしまう。グリソムとハッチのエピソードには、悲劇的な運命を感じる。

１９６２年2月20日、ようやくアメリカはジョン・グレンを地球周回軌道へ送り込むが、その時点では、依然ソ連のゲルマン・チトフが24時間の地球周回飛行に成功しておりソ連が一歩先を行っていた。１９６３年5月15日のマーキュリー計画最後の飛行であるマーキュリー・アトラス９号でようやくゴードン・クーパーが24時間以上の地球周回飛行を実現し、チトフの記録に追いつく。しかしながら、その1ヵ月後の6月14日にはソ連はボストーク5号によりヴァレリー・ブィコフスキーが5日間の飛行に成功し、結局、１９６３年まで行われたマーキュリー計画ではアメリカはソ連に追いつけなかった。

マーキュリー計画は、グレンのあと、スコット・カーペンター、ウォルター・シラー、ゴードン・クーパーがそれぞれ飛行し、合計６人の宇宙飛行士を宇宙へ送り出して終わる。ディーク・スレイトンは１９６１年に不整脈と診断されマーキュリー計画では、宇宙へは行けなかった。のちに、搭乗員業務部の部長となって、ジェミニ、アポロ計画、その後の新人宇宙飛行士の訓練や選抜に貢献、ようやく、１９７３年、アポロ・ソユーズ計画で宇宙への切符をつかんだ。アポロ最後の宇宙船である。

マーキュリーセブンのその後を簡単に紹介する。アラン・シェパードはその後１９７１年にアポロ14号で月面を歩いた。ガス・グリソムは、先ほども述べたようにアポロ１号の火災事故で、アメリカ有人宇宙開発史初の犠牲者となってしまう。

ジョン・グレンは、１９９８年、77歳で再度スペースシャトル、ディスカバリー号で宇宙へ行った。マーキュリーセブンで唯一存命であったが２０１６年に95歳で亡くなられた。

スコット・カーペンターは、再び宇宙へ行くことはなかったが、海軍においてSEALABと呼ばれる海中居住計画に携わった。また、その経験を活かしてか、ＮＡＳＡで宇宙飛行士の宇宙遊泳のための水中訓練プログラムに尽力した。

ウォルター・シラーは、マーキュリーの後、ジェミニ６号、アポロ7号で再び宇宙へ行った。マーキュリー、ジェミニ、アポロすべてで宇宙へ行った飛行士は彼だけである。

ゴードン・クーパーは、ジェミニ5号で再び宇宙へ行き１９０時間55分の間に地球を１２０周し、１９６３年のボストーク5号の最長宇宙滞在記録を更新している。

マーキュリー計画は、その当時にはソ連に追いつくことはかなわなかったが、のちのアメリカの宇宙開発史につながる先駆的な数々の成果を残し華々しく終了した。そしてマーキュリーセブンは、それぞれ違うキャリアを歩み、後のアメリカ有人宇宙飛行計画へ多大なる貢献をした。

本作品は、アメリカ初の有人宇宙飛行計画の歴史とその背景の人間ドラマを理解するための記念すべき1本であり、是非ともご覧頂きたい作品である。

また、関連してマーキュリーセブンの妻たちの物語を描いた作品として、２０１５年にＡＢＣで放映された『The Astronaut Wives Club』というテレビドラマがある。原作はリリー・コペルの書いた小説である。『ライトスタッフ』がマーキュリー計画の表側、男のドラマであるなら、こちらはそれを支えた女性側のドラマとして合わせて観てみると面白いだろう。

星の船乗り、ガス・グリソム……。なかなかいい響きだ。

ガス・グリソム

第1章　宇宙への挑戦

『ガガーリン　世界を変えた108分』

公開：2013年 ロシア
原題：Gagarin. Pervyy v kosmose
監督：パベル・パルホメンコ
脚本：オレグ・カペネツ、アンドレイ・ドミトリエフ
出演：ヤロスラフ・ザルニン、ミハイル・フィリポフ、
　オルガ・イワノワ、ウラジミール・ステクロフ

1961年、旧ソ連のボストーク1号で世界初の有人宇宙飛行を成し遂げたユーリー・アレクセーエヴィチ・ガガーリン（1934〜68）。本作品は彼の生誕80周年を記念し、ロシアで製作された伝記映画である。

ユーリー・アレクセーエヴィチ・ガガーリン。人類で初めて前人未到の宇宙空間へ行った人物。だが、その彼が宇宙へ到達するまでの人生と、またその偉業を成し遂げたロシアの宇宙開発については、アメリカの宇宙開発史と比較するとあまり知られていない。

ユーリー・アレクセーエヴィッチ・ガガーリンは、1934年3月9日、ロシア西部のスモレンスク州グジャツク市に生まれる。1955年、中等工業専門高校を卒業したガガーリンは、オレンブルグにあるチカロフ空軍飛行士学校に入学し、1957年、北洋艦隊の戦闘機部隊飛行士となる。1959年に、宇宙飛行士応募の募集がかかった時、推薦を受けて応募した彼は、1961年、人類初の宇宙飛行士として歴史に名を残し、1968年、戦闘機搭乗中に事故死する。わずか34歳の人生だった。

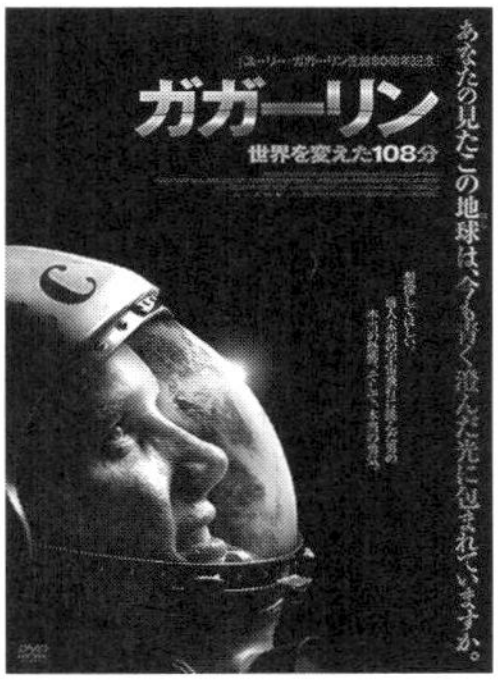

DVD=TC エンタテインメント

この映画は、彼のこの短い生涯のうち、宇宙飛行士候補となってから彼が歴史に名を残し、そして事故死するまでの9年間を振り返る。

ガガーリンとはどんな人物だったのだろう。ガガーリンの伝記作家であるゴロヴァノルが彼独特の魅力について語っている言葉がある。

「彼は必要な時にはしゃべ

り、必要な時には黙りとおすこともできる男だ。それでいて悪い印象を与えず、相手を気まずい気持ちにさせることはなかった」

そんなガガーリンの人生についてガガーリンと同じスプートニクの宇宙飛行士候補で、彼に続いて宇宙へ行ったゲルマン・ステパノヴィチ・チトフはこう言っている。
「ガガーリンの歩んできた道と経歴には象徴的なところがある。それはわが国の歩みの分身である。農民の出自、ファシストの占領下でつらい日々を生き抜いた。職業学校の生徒であった。労働者、学生、飛行クラブ、そして宇宙機操縦士、何千という同年代者の歩んできた道だ」

ガガーリンの乗ったボストーク1号の打ち上げ。空に昇っていくロケット。ロケットの発射シーンはどの映画でもおもわず心の奥に熱いものがこみ上げてくる。この映画では、発射台からゆっくり上昇していく機体の影が地面に映る。影がゆっくり動いていきながら、機体が昇っていく動きを見せる見せ方がいい。

打ち上げの衝撃でガガーリンの意識が朦朧《もうろう》とする。地上管制官が不安になって、ガガーリンに呼びかける。沈黙。その後、ガガーリンからの回答が無線で入ってくる。「すべて順調だ！」。ロケットが上昇して大気圏を出る。打ち上げの衝撃から徐々に解放されていくガガーリン、打ち上げ前から引きつっていた表情がふと笑顔になると、窓の外に青い地球が見える。実に綺麗な青い地球だ。ガガーリンが静かに言う、「美しい」。

人類初の宇宙飛行の中で、彼は何を考えたのだろうか。彼の宇宙飛行はわずか１０８分だった。ほぼこの映画の上映時間と等しい。ガガーリンは一人宇宙にただよいながら、この時間をどう感じたのだろうか。

打ち上げに成功し、周回軌道に入ると静寂な時が流れる。映画では、このガガーリンの人生の過去が回想のように語られていく。ガガーリンの飛行については、彼自身の飛行報告に詳細にまた臨場感たっぷりに記されている。興味のある方は、末尾に載せた文献を参考にしてみるとよいだろう。

１０８分の飛行の後、ガガーリンは地球に帰還。こうしてソ連は人類初の宇宙飛行に成功したが、それはソ連にとって、また人類にとっての宇宙時代の第一歩にすぎなかった。4ヵ月後のボストーク2号では、ゲルマン・チトフが再び宇宙へ飛んだ。ガガーリンの１０８分より大幅に長い24時間の宇宙飛行であ

第1章　宇宙への挑戦

る。続くボストーク3号、4号では、同じ軌道に2機の宇宙船を投入し、ランデブーを目標としたアベック飛行を行い、続く5号では、ヴァレリー・ブィコフスキーが単独で5日の宇宙滞在を記録。これは今でも単独での最長宇宙飛行記録である。6号では、ワレンチナ・テレシコワが女性初の宇宙飛行を行った。この時期は、まさしくソ連の宇宙開発の絶頂期と言っていい。

その後、ボスホート、ソユーズ計画と3人乗りの宇宙船開発が行われるが、１９６４年、ニキータ・フルシチョフが失脚、そのほぼ１年後には、ソ連宇宙開発の総責任者だったセルゲイ・コロリョフが死去する。

ボスホート1号で3人のロシア人宇宙飛行士を宇宙へ送ることに成功、2号ではアレクセイ・レオーノフが世界初の船外活動に成功するが、フルシチョフ、コロリョフがいなくなった後、3号以降の計画はすべてキャンセルされた。

一方、アメリカは、ソ連に遅れること1年、ジェミニ計画でアメリカ人2人を宇宙へ送る。ソ連のソユーズ・ゾンド計画、アメリカのアポロ計画、彼らの競争の対象は地球周回軌道を超えて月着陸になった。

１９６８年3月27日、ガガーリンは飛行機を操縦中に事故死する。アメリカがアポロ8号により、地球周回軌道から月周回軌道への有人宇宙飛行を実現したのは同じ年の12月であった。

アメリカは、アポロ計画を順調にすすめ翌年１９６９年、アポロ11号による人類初の月面着陸という偉業を成し遂げた。

「ガガーリンの歩んできた道と経歴には象徴的なところがある」

チトフの言葉が表している通り、ガガーリンは、ロシアがアメリカに優位を保っていた時代の終わりとともに、永遠の存在になった。

さあ、行くぞ！

ユーリー・アレクセーエヴィチ・ガガーリン

『宇宙飛行士の医者』

公開：2008年ロシア　原題：Бумажный Солдат
監督：アレクセイ・ゲルマン・ジュニア
脚本：アレクセイ・ゲルマン・ジュニア、
　ウラジミール・アルコーシャ、ユリア・ギレゾロヴァ
出演：チュルパン・ハマートバ、メラーブ・ニニッゼ、
　アナスタシア・シェベレバ、ランス・ヘンリクセン

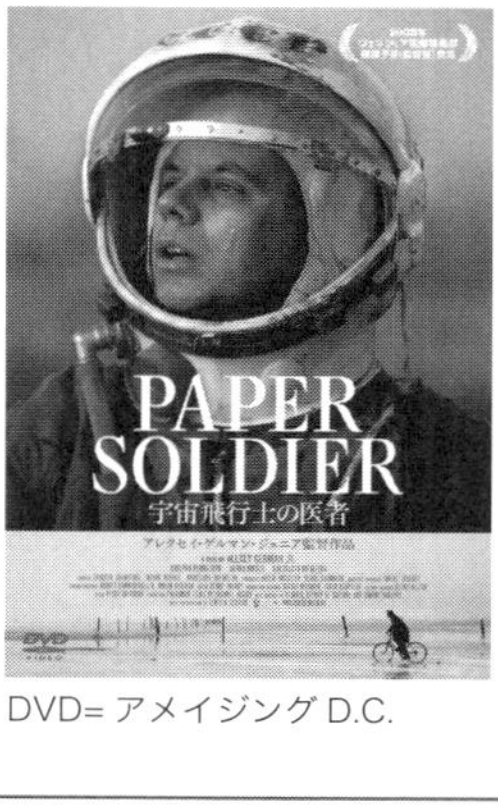

DVD= アメイジング D.C.

1961年、カザフスタン。ダニエルはソ連初の宇宙飛行計画に従事する専門医。宇宙飛行士たちの健康管理の責任者になった彼だが、国家の発展のために若者たちの命が犠牲になることへの葛藤に苦心していく。

『ガガーリン 世界を変えた108分』はロシア宇宙開発史における英雄、そしてその栄光の時を描いたものだった。その歴史の裏を描いたのがこの映画である。ストーリーはガガーリンと同じ宇宙開発の黎明（れいめい）期、初の有人宇宙飛行を目指しロシア全体が邁進（まいしん）していた時代を舞台にしている。この映画は確かに背景はその時代を舞台にしているものの、ストーリー自体はあまり宇宙開発と関係のないところで進んでいくため、本書でとりあげる映画の中では少し異色な作品である。

　だが、ロシアの宇宙開発を知るために、先に紹介した『ガガーリン 世界を変えた108分』、そしてこの後紹介する『エンド・オブ・オデッセイ』とともに見て頂きたいと思う作品である。監督は、アレクセイ・ゲルマン・ジュニアで、この作品は、2008年ヴェネチア国際映画祭で銀獅子賞、金オゼッラ賞（撮影）を受賞している。

　主人公は、宇宙飛行士たちの健康管理の責任者である。だがそんな彼がその重圧に徐々に狂っていくという話がこの映画なのである。タイトルだけ聞くと、ロシアの宇宙開発を陰で支えた医者の美談のように思えてしまうが、そうではないのだ。

　この主人公は映画の中ではあくまで宇宙飛行士に従事する

第1章　宇宙への挑戦

専門医であるが、実はある人物の人生を彷彿《ほうふつ》させる。

その人物とは世界初の宇宙飛行士であるユーリー・アレクセーエヴィチ・ガガーリンである。

意外かと思うかもしれないが、この主人公が徐々にその重圧に苦しんで狂っていく姿は、実は世界初の有人宇宙飛行に成功した後のガガーリンの人生と少しばかり似通うところがある。

ガガーリンは、１９６１年、旧ソ連のボストーク１号で世界初の有人宇宙飛行を成し遂げた。

だが、そんな栄光を摑《つか》んだ後の彼の人生はあまり知られていない。

ボストーク1号の後、一時的にではあるが、得た名声に対するプレッシャーだったのだろうか、ガガーリンは荒れた生活を送る。

まず酒に溺れた。そして不倫（未遂）により事故を起こした。１９６１年9月、休暇で他の宇宙飛行士たちやその家族と一緒にクリミアのリゾート地に来ていたガガーリンは、知人と一緒に黒海へモーターボートを楽しみに行った。だが天候が悪化し、悪天候の中で操縦に苦心した彼の手は、傷を負い、水膨れを起こしてしまう。彼のモーターボートは他の船に助けられたものの、彼は救助後近くの病院に運ばれた。そのとき、応急処置をした看護婦の中に、アンナという金髪で美人のナースがいた。

その夜のパーティーの際中、彼の妻バレンティーナがカードゲームをしている間、ガガーリンはこっそりとアンナの部屋に忍び込んだ。パーティーの飲酒で酔っていた彼は目の前のアンナに対して、キスを迫ったという。しかし数分後に夫を探しに部屋に入ってきたバレンティーナに発見される。

そして、ガガーリンはなんと2階にあったアンナの部屋の窓から逃げようと飛び降りたのである。

だが、道路の縁石に頭を打ち、左眉の上に傷を負い、意識を失ってしまう。意識が回復した彼は、周囲に向かってこう言った。「僕は、もう一度飛べるのかな？」

ロシアの旧ソ連時代の宇宙開発を背景にした映画を見ると、そこには共通点がある。アメリカで同様に宇宙開発史の栄光を描いた『ライトスタッフ』では、その人類、国家の偉業に挑んだ男たちの姿とそれを支える家族の姿を映す。アメリカの宇宙開発を支えたものは家族の愛であり、仲間との友情であり、チームワークであり、ヒロイズムであった。だが、ロシアの宇宙開発を支配したもの、それはひたすらに国家に対する責任感と使命感なのである。

近年、アポロ11号の船長で月面を最初に歩いた男ニール・アームストロングを描いた映画『ファースト・マン』が公開された。この『ファースト・マン』はアメリカの宇宙開発映画としては初めてと言っていいかもしれない、国家の英雄としての宇宙飛行士でなく、その裏にあった国家への責任感と使命感と、そのために犠牲となった飛行士たち、そして孤独を描いた作品だった。アポロの月着陸から半世紀もの間、アメリカの映画は、このようなヒーローとしての宇宙飛行士の背後にあったものは描いてこなかったと言える。

映像に映し出される荒涼とした大地。その美しさの中には何とも言えない孤独さの影を隠している。ロシアは間違いなく1961年の時点で世界をリードした科学技術を持っていた大国であった。だが、それにもかかわらず、ただその風景にあるものは、何とも言えない孤独と喪失感なのである。

この映画、原題は「Paper Soldier」、すなわち「紙の兵隊」という。紙の兵士とは何か。それは戦火に焼かれればたちまち灰になってしまう一人の兵士のことだ。国家に対する使命感で命を捨てる兵士のことである。この原題は、ロシアの吟遊詩人ブラート・オクジャワ（1924～97）の歌「紙の兵隊」による。本作品でも劇中、主人公ダニエルが自分の論文が認められて旧友と集まるパーティーでギターを持った一人がこの曲を優しく歌う場面がある。

1924年5月にモスクワに生まれたブラート・オクジャワは、1942年小学校9年生で志願兵として大祖国戦争（第2次世界大戦の東部戦線、独ソ戦のソ連側の呼称）の前線で戦った。オクジャワは、「紙の兵隊」でこう歌う。

一人の兵隊が住んでいました　美しく勇ましい紙の兵隊

この世を正しくしたいと思って　彼は出かけた　雄々しく戦さ

みんなが幸せに　生きられるように　炎をかいくぐり戦いつづけた

あなたのためなら　死んでもいいと　二度でも三度でも　死んでみせると彼は進んだ　炎に向かって

すっかり忘れていた　自分が紙だと　彼は焼かれた

第1章　宇宙への挑戦

紙の兵隊　あとには灰さえ
残りはしなかった

ガガーリンをはじめロシアの宇宙飛行士もまたみな紙の兵隊であった。そんなことを象徴するように、彼は飛行機事故で死亡する。わずか34歳である。彼の死亡には様々な噂があり、なかには陰謀論めいたものもある。彼の死のタイミングを考えると、あながち嘘ではないのではとも思えてくる。

この映画の主人公も最後は死を選ぶ。紙の兵士として宇宙飛行士が国家のために犠牲になっていくことに対して彼は苦心し葛藤していく。そして、そんな自身もまた紙の兵士であることを知っているからである。

この映画に映し出されるロシアの荒涼とした大地、美しい自然の中に見るひとりの人間の孤独。国家という大きな存在にただ使命感だけで命を捧げる。宇宙開発の時代は、様々な人類初の偉業がなしとげられた時代だった。だが、どんな時代にも、人類の歴史を推進していくその過程において、使命感と人間の孤独、そして犠牲となる若者が存在しているである。

昔　美しく勇敢な兵隊さんがいた
世界を幸せにしようと火の中に飛び込んだ
自分が紙であることを忘れて燃えてしまった紙の兵隊さん

ブラート・オクジャワ（「紙の兵隊」より）

『エンド・オブ・オデッセイ』

公開：2013年 スペイン　原題：The Cosmonaut
監督：ニコラス・アルカラ
脚本：ニコラス・アルカラ
出演：レオン・オッケンデン、
カトリーネ・デ・カンドーレ、マックス・ロッツリー

1957年スプートニク打ち上げ、ガガーリン、そしてアポロ月面着陸。当時の二大国家がお互いの技術を競い合った米ソ宇宙開発競争。1970年代になり米国の月着陸によりこの競争時代は終わった。ソ連の宇宙開発は下火になった。

1970年代にソ連が有人月着陸を計画するというアイデアをベースに、2人の宇宙飛行士の友情とその恋人の間にあった三角関係を通して米ソの宇宙開発とは何だったのかを描く。

邦題は『エンド・オブ・オデッセイ』、2015年に大ヒットした映画『オデッセイ』ではない。ちなみに、ここでは紹介しないが『マーズ・オデッセイ』という映画もある。まぎらわしいことこの上ないが完全にこの映画の邦題タイトルは『オデッセイ』の便乗と思われるが全く別のスペイン映画である。ポスターも『オデッセイ』とほとんど同じだ。

本作品は、画期的にもクラウドファンディングによって資金を得て製作された映画である。調達された資金は、40万ユーロほど。そのため製作資金を提供した4500人がプロデューサーとしてクレジットされており、エンドクレジットが20分もある。

DVD=トランスワールドアソシエイツ

さて、この映画の原題は『The Cosmonaut（コスモノート）』であるが、コスモノートというのはソ連の宇宙飛行士のことである。アメリカはアストロノートというのはみなさんご存じの通りだろう。

ソ連の宇宙飛行士が月に行って戻ってくるが、どこかに取り残されてしまって……という話。そういうと『オデッセイ』と同じような宇宙帰還もののSFのようだが、ストー

第1章　宇宙への挑戦

リーのメインはその謎解きではない。2人の宇宙飛行士とその恋人の想いが淡々とつづられる話になっている。

冒頭で主人公の男が米ソの宇宙開発競争の時代を振り返る。その時代を、彼は、「いい時代だった」と言う。強国が互いの技術を競い合い、熱があって、いい時代だった、と。当時の映像を使ったモノローグが続く。当時の米ソ冷戦時代を思い起こすノスタルジックなシーンに仕上がっているモノローグは、アメリカが月に行き、その後宇宙競争が下火になって、アメリカの勝利で終わった、と結ぶ。

すると、いきなり画面が1975年に飛ぶ。宇宙の映像が出てきて月面が映る。一機の宇宙船の中に宇宙飛行士がいる。次のシーンで月面に立つ宇宙飛行士と月を発つ宇宙船。

その宇宙船が地球に戻ってくる。回収チームが着陸地点に行くと、宇宙船にだれも乗っていない。だが宇宙飛行士はまた別の場所、地球に似た場所でもどこか違う世界に着陸している。だが、同時に地球にいる回収チームの持っている無線からは行方不明になった宇宙飛行士からの声が絶えず聞こえている。「助けに来てくれ」と。

ここまで来て観客は混乱するだろう。かろうじてこの映画が、ソ連も1970年代に月に行っていた、という架空のストーリーに基づいた映画であることはわかるが、地球に帰ってきたと思った宇宙飛行士が実はそうでないことになっている、というパラレルワールド的な設定から始まる。

この映画の主人公は3人。2人の宇宙飛行士、アンドレイ（マックス・ロットスレイ）とスタス（レオン・オッケンデン）。そして2人の友人であり恋人であるユリア（カトリーネ・デ・カンドーレ）。月に行くことになるのがスタスで、アンドレイは設計局主任となる。もともと2人は宇宙飛行士候補だったが、アンドレイは事故があって宇宙に行けなくなる。話はこの3人を中心に描かれる。

冒頭、紹介した場面で、月に行ったはずのスタスが地球に戻ってこないシーンから、回想場面で徐々に3人の過去が語られていく。

回想シーンも含め、映画全体が、実にノスタルジックで感傷的な美しい映像の映画である。1975年当時、まだ宇宙開発により偉業を成し遂げるためにゆっくりとであるが前進していた時代。

ちなみにこの映画、アンドレイとスタスの2人の顔が似ているので、初めて見ると大変まぎらわしい。しかも、2人のガールフレンドであるユリアとの三角関係や大人なシーンもあるので、気を付けてみていないと、2人がどっちだかわからなくなる（笑）。

　主人公のアンドレイが何故有人宇宙計画に参加するようになったのかが徐々に語られていく。アメリカに先を越されて宇宙計画が下火になりロシアも先が見えない脱力感と、それでも一時は宇宙開発をリードしていた過去の栄光の想い出が交差して感傷的に語られていく。

　この映画は最後まで結末がわかりにくい。過去のシーンがずっと続くが、それでいて地球に戻ってきたのかきていないのか別世界で一人になった宇宙飛行士のスタンが、誰もいない街をさまよい歩くシーンが途中に入ってくる。

　さて、この映画で、この3人の主人公を通して語られることは何なのだろうか。『宇宙飛行士の医者』でも解説したように、この映画にも共通して描かれている要素、それは宇宙開発という国家事業のために使命感を貫き犠牲になることとの虚しさと残された孤独である。このスタスもまた「紙の兵隊」なのだ。

　この主人公の3人を通じて描かれる三角関係は何を描いているのだろうか。個人的感想だが、私は、この主人公と親友スタスとそのガールフレンドの関係に、ロシア、アメリカ、そして宇宙というものの三角関係を見た気がする。

　アメリカとロシアが同じ宇宙に恋をする。宇宙を征服したいと思い競争が始まるが、二人には育まれるある種の友情がある。

　アンドレイはロシア自身であるといえる。スタスはアメリカであるかもしれない。スタスは月に行くことで宇宙を手に入れる。

　3人の友情の終わりと崩壊はそのまま、米ソの宇宙開発競争の終わりである。

　映画の冒頭の「熱があった。いい時代だった」という回想。米ソ宇宙開発競争時代を振り返る。それは、同時に3人がいた時代を懐かしむ回想なのだ。強国が互いの技術を競い合っていた時代。

　最後にスタスが、地球への再突入の前に過去を振り返って語るシーンと、誰もいない地球に戻ってきたスタスが無人の「星の街」を一人歩くシーンが印象的である。

　ちなみにDVDだと採用されなかったもう一つのエンディングが用意されており結末がはっきりわかりやすく描かれている。


全て破壊する力を持つ2つの大国が競い合っていた。技術を駆使して相手より先に宇宙を手に入れようとね。宇宙は大きな憧れだった。

冒頭のナレーション

第1章　宇宙への挑戦

『明日があるさ　THE MOVIE』

公開：２００２年 日本
監督：岩本仁志
脚本：高須光聖、坂東賢治
出演：浜田雅功、中村嘉葎雄、柳葉敏郎、酒井美紀、松本人志

中堅総合商社トアール・コーポレーションの営業13課課長・浜田は、ある日、営業先で出会った不思議な老人・野口から、日本初の有人ロケットを作っていることを聞かされる。初めは取り合わなかった浜田。だが、野口の熱意に触れ、自らの少年時代の宇宙飛行士になりたいと言う夢を思い出していく。

『庭から昇ったロケット雲』のところでも紹介したが、その日本版と言える映画がこの『明日があるさ　THE MOVIE』である。すなわち、手作りロケットで宇宙に挑む男の話だ。吉本興業のお笑いスターが総出演したドラマシリーズの映画版で、キャストは営業13課の面々は、全員本名と同じ役名で出演している。

世界の宇宙開発をリードするアメリカには、宇宙に挑む男の話は、その歴史の中にごまんとある。だから、わざわざＤＩＹでロケットを作る男の話なんて作る発想にはなりづらい。実際の宇宙飛行士の中に宇宙に挑む男というヒーローはたんさんいて、ストーリーのネタはたくさんあるからだろう。だから、意外にもこの手の話が多いのは日本だったりして、他にも『王立宇宙軍　オネアミスの翼』などはその例だろう。

DVD=バップ

映画冒頭、紙飛行機を追いかける少年。そしてアポロ11号の打ち上げ中継をテレビで見ている少年たちを映す。

「ガキのころに見た夢、叶えた奴何人いるんやろ」

さて、さてそんな時代から話は現在へと飛ぶ。かつてアポロ11号の月着陸を見たトアール・コーポレーションの営業13課課長である浜田（浜田雅功）は営業先で新商品のセールスを行っている。疲れ

て自宅に帰るとドアにチェーンが（笑）。平凡なサラリーマンの日常がコミカルに描かれる。

ここでタイトル。画面が変わると、ここがこの映画の意外な見どころだ。日本の国産ロケットであるN‐I、H‐Ⅱ、そしてH‐ⅡAロケットの打ち上げのシーンが連続する。最近でこそ、『はやぶさ／HAYABUSA』でMVロケットの打ち上げ映像を使ったシーンがあったが、日本の映画の中で、日本の歴代の国産ロケットの打ち上げ映像を挿入している映画は、これまでなかったのではないか。

さて、劇中では、日本政府が欧米の宇宙開発に追いつこうと最新ロケット「あやなみ1号」を開発したという設定である。記者会見シーンにより「あやなみ1号」が紹介される。記者会見で協力企業が発表される中、トアール・コーポレーションの名前が発表される。記者会見を見ている得意満面の営業1課の面々。率いるのは柳葉敏郎演じる望月である。営業1課はロケット工学のスペシャリストの上条（酒井美紀）をヘッドハンティングして宇宙事業に乗り出している。

さて浜田は相変わらずセールスの外回りだが、ここで不思議な老人、野口（中村嘉葎雄）と出会う。野口は浜田にこういう。「僕ね、ロケット作ってるんだよ」「人工衛星を飛ばすようなものじゃないよ、日本初の有人ロケットだよ」

野口と知り合った浜田。

「夢なんてガキのころに見るもんだよ、いい歳してそんなもんみてたらあかんよ」

会社に来た野口を送るため野口の工場に来た浜田。胡散《うさん》臭い老人につき合わされ面倒くさそうに野口の姿を追って工場の奥にとすすんでいく浜田。すると彼の視線が、床一面に書かれた数式を捉える。黒板に張られた数々の写真に資料、数々のガラクタのように積み上げられた金属。視線を追った先に、野口が一人座っている。そして工場の天井からつりさげられたロケットエンジンが浜田の視線を捉える。「僕のロケットは飛ぶよ」

そう言った野口の言葉を聞いて浜田の表情が変わる。野口が続ける。「高度１００キロまで行って、大きく弧を描いて後は海に落ちる、無限の世界にいるのはせいぜい60秒ってとこかな」「え、それだけですか」「そうだよお」「いや、すいぶん簡単だなって」「そう、その簡単なことを日本は30年間やってこなかったの。アメリカは30年も前に月までいったというのにねえ」「それ覚えてますよ。ガキのころにテレビで見ましたもん、大きくなったら宇宙

第1章　宇宙への挑戦

飛行士になったろう思って」家路につく浜田。夜の空に満月が輝いている。

また、「あやなみ1号」の打ち上げに向け着実に進んでいく。打ち上げ日が決まった、望月が言う。「宇宙に夢を見る時代は終わった。これからは宇宙でビジネスをする時代だ」

そんなことを言っている望月の横で、上条が何やら計算している。「これじゃあ推力が足りないと思うんです」って、おい、今更そんなこと言ってるのかよ！（笑）

いよいよ迎えた「あやなみ1号」の打ち上げ日。一方、野口と浜田は開発したロケットエンジンのテストをする。勢いよく火を噴いたロケットエンジン、その光景をみた浜田の脳裏に子供のころに見た月着陸の映像が蘇ってくる。

中盤、上条が野口の工場を訪問してそのロケットを見ていう。「これじゃぁ、推力がたりません」って、お前はロケット見るたびに、それをいうのか！（笑）。

一方、浜田は博士のロケットづくりに熱中していく。サラリーマンで家庭を持つ浜田が、大人が夢を見ることとはどういうことなのかを見せてくれる。

だが、この映画は、単に夢を思い出させてくれるだけの映画ではない。この映画に出てくる人々のセリフは、今の日本の宇宙開発に対して様々な人が抱く様々な思いを代弁しているように思える。

「その簡単なことを日本は30年間やってこなかったの。アメリカは30年も前に月までいったというのにね」

高度１００キロへ人を送り60秒の宇宙飛行を行う。書いてしまえば野口のいう通り、簡単なことである。だがこの簡単なことを行うため、あまりにも意味や理由を探し求めすぎているのではないか。

そもそもそのような意味や理由に答えがあろうがなかろうが、多くの日本人がいつか日本が独自の有人ロケットで日本人が宇宙へ行ける日が来たら素晴らしいと思っている。ただそれだけでも十分な理由になるのではないだろうか、とふと思う。

「なぜ、あなたはエベレストに登ったのか」「そこにエベレストがあるからだ」そう言ったのは、ジョージ・マロリーだった。「なぜ人は宇宙に行くのか」「そこに宇宙があるからだ」私にはそれが答えのように聞こえる。

「宇宙に夢を見る時代は終わった。これからは宇宙でビジネスをする時代だ」望月の言う言葉もまた真実である。宇宙開拓時代はアポロで終わり、30年も前から宇宙はその宇宙環境利用の時代へとはいった。そして現在は宇宙ビジネスの時代だ。それと対になるのが野口の次の言葉だ。

「30年前、日本で有人ロケットを飛ばそうと言ったら、まだ早いといわれた。引退するとき、有人ロケットを飛ばそうと言ったら、もう遅すぎると非難された。人生は上手くいかないもんだね」

　もう宇宙に夢見る時代は終わってしまった。宇宙でビジネスをする時代。夢を見るときに、夢を実現できなかった、その歴史の結果に今がある。

　野口の宇宙ロケットのニュースを見ていた望月の机にもまた、月面着陸の写真の入った雑誌が置いてある。彼もまた、本当は浜田と同じ宇宙が好きで、宇宙に夢を見ていた男だったには違いないのだ。

　野口はこう言う。「（自分が有人ロケットをつくるのは）夢じゃない意地なんだ」野口の言葉は、日本人の日本の有人ロケット開発に対する想いを代弁しているように聞こえる。この映画だけでなく、日本の有人ロケット開発への想いは映画、アニメの中で様々な形で描かれている。『宇宙兄弟』『ロケットガール』『ふたごのスピカ』『王立宇宙軍オネアミスの翼』。

　宇宙に夢を見れる時代は本当に終わってしまったのだろうか。宇宙に夢を見る時代に芽生えた日本人の有人宇宙ロケットへの思い、それは時代が変わっても、変わらず存在している。

「宇宙開発は上手くいかないもんだね」個人的な話で恐縮ではあるが、私自身、夢じゃない意地の力でも、日本人が国産有人ロケットで宇宙へ飛び出す日を夢見ている一人である。


夢はいつだって近くにあるよ。みんな手を延ばさないだけだ。

野口　仁助

第1章　宇宙への挑戦

「はやぶさ」3部作

『はやぶさ／HAYABUSA』

公開：2011年　日本
監督：堤幸彦
脚本：白崎博史、井上潔
出演：竹内結子、西田敏行、髙嶋政宏、佐野史郎

『はやぶさ　遥かなる帰還』

公開：2012年　日本
原作：山根一眞「小惑星探査機　はやぶさの大冒険」
監督：瀧本智行
脚本：西岡琢也
出演：渡辺謙、江口洋介、夏川結衣、小澤征悦、中村ゆり、吉岡秀隆、石橋蓮司、藤竜也、山崎努

『おかえり、はやぶさ』

公開：2012年　日本
監督：本木克英
脚本：金子ありさ
出演：藤原竜也、杏、三浦友和、大杉漣

DVD= 松竹

DVD=TOEI COMPANY(LTD)(TOE)(D)

DVD=20 世紀フォックス・ホーム・エンターテイメント・ジャパン

小惑星探査機「はやぶさ」。世界初の小惑星へのサンプルリターンに挑戦した宇宙エンジニアたちの挑戦を描く。2003年5月9日に打ち上げられ、度重なるトラブルに見舞われながら世界初のサンプルリターンに成功し地球に生還した小惑星探査機「はやぶさ」の奇跡の帰還の映画化3作。

2010年6月13日、小惑星探査機「はやぶさ」が地球に帰還したニュースが注目を集め、2011年、2012年と相次いで映画化された。

小惑星探査機「はやぶさ」（第20号科学衛星 MUSES-C）は、2003年5月9日にM-Vロケット5号機で打ち上げられた。その後、イオンエンジンによる飛行を続け飛行は順調に見えたが、2005年7月31日、リアクションホイールと呼ばれる3台の姿勢制御装置のうち1台が故障する。

その後、9月には小惑星イトカワとランデブー（イトカワの上空20キロに接近）、11月にはタッチダウンを行うが、その数日後に通信が途絶、翌年1月に1ビット通信によって探査機の状態を把握できない状況が続く。その後、イオンエンジンの停止などのトラブルを潜り抜け、2010年6月13日にようやく地球に帰還。小惑星の粒子サンプルを格納したカプセルを切り離し、「はやぶさ」本体は大気圏で燃え尽きる。打ち上げから7年の歳月を経ての帰還である。

同時期に公開された3本だが、同じ「はやぶさ」の帰還をテーマにしながらもその映画化のアプローチはそれぞれ異なり、それぞれに見所のある3本だ。

3本のうち、最初に公開された『はやぶさ／HAYABUSA』は、事実を忠実に再現しながら、「はやぶさ」に関わる様々な人々の人間ドラマを丁寧に描いている。

JAXAの宇宙科学研究所の管制室でロケされた「はやぶさ」の運用シーンは、科学探査機の運用の現実の姿を細部にいたるまで正確にドラマ化しており、小惑星「イトカワ」を目指す「はやぶさ」とそれを支える人々が、ミッションの成功に向かって挑戦する姿を臨場感たっぷりに伝える。皆それぞれ個性的なキャラクターだが、皆同じように、常に冷静に、しかし情熱を内に秘めて、最後まであきらめない「はやぶさ」プロジェクトのメンバー。そして、その周囲の人々の「はやぶさ」を応援する姿もまた良い。fumikaの歌う主題歌『たいせつな光』とともに、糸川英夫のペンシルロケットから続く日本の科学衛星の歴史を

第1章　宇宙への挑戦

振り返るエンディングロールもおすすめだ。

『はやぶさ　遥かなる帰還』は、渡辺謙演じる「はやぶさ」プロジェクトのプロジェクトマネージャー山口駿一郎（川口淳一郎氏がモデル）に焦点をあてたストーリーだ。さらにこの「はやぶさ」で有名になったイオンエンジンの開発設計者である江口洋介演じる藤中（国中均氏がモデル）、吉岡秀隆演じる森内（堀内康男氏がモデル）らのドラマが脇を固める群像ドラマとなっている。その他、山崎努、藤竜也らの名俳優陣の演技もあって、3作の中では最も重厚な映画に仕上がっている。「はやぶさ」を載せたM‐Vロケット5号機の打ち上げシーンから始まるオープニングにより、一気に映画に引き込まれる。

　最後に紹介する『おかえり、はやぶさ』は「はやぶさ」の帰還の物語を軸にしながら、藤原竜也演じる若手エンジニア大橋健人を中心とするオリジナルストーリーとなっている。

　事実では「はやぶさ」に先立って１９９８年に打ち上げられた火星探査機「のぞみ」。「のぞみ」は残念ながら、火星周回軌道への投入をあきらめざるを得なくなった。劇中、この「のぞみ」の元プロジェクトマネージャーで、過去の失敗を引きずり閉じこもってしまった三浦友和演じる大橋伊佐夫と、その息子でイオンエンジン技術者として「はやぶさ」に関わる大橋健人が、「はやぶさ」の奇跡の帰還を通して和解していく。「はやぶさ」の帰還に貢献した人々の史実のドラマあるいは科学技術的な話題については、数々の本が出版されているので、そちらに譲りたい。

　最後に、ここでは宇宙開発におけるサンプルリターンミッションの歴史を簡単に紹介しておく。

　地球外の天体からのサンプルリターンについては、１９６９年の月面着陸から持って帰った月の石が初である。また同じ月からのサンプルリターンでは、ソ連の無人探査機「ルナ16号」が１９７０年に達成している。

　その後、１９７６年の「ルナ24号」以降20年間ほどサンプルリターンミッションは宇宙開発の表舞台にでてこなかったが、２０００年代になって月以遠からのサンプルリターンミッションが計画される。

　２００４年に地球に帰還したNASAが開発した「ジェネシス」が太陽風の粒子を持ち帰り月以遠からのサンプルリターンを成功させた。また、２００６年には「スターダスト」が彗星の宇宙塵を持ち帰っている。

　２００６年の「はやぶさ」

の快挙は、これに続くものである。初の小惑星へのタッチダウンとサンプルリターンを成し遂げた。

ちなみに、ロシアでは、「フォボス・グルント」により、火星の衛星であるフォボスからのサンプルリターンミッションも計画実行されたが、搭載コンピュータのメモリ不具合により、地球軌道脱出に失敗しており、地球以外の太陽系惑星、および地球以外の太陽系惑星の衛星からのサンプルリターンはまだ実現されていない。

また海外の小惑星のサンプルリターン計画としては、NASAの「オシリス・レックス」があり、２０１６年の９月に打ち上げられ、２０１８年12月に小惑星ベンヌに到着した。また、NASAは「Asteroid Redirect Mission」と呼ばれる探査機のロボットアームで、小惑星の一部あるいは小惑星全部を捕獲し地球低軌道まで持ち帰って調査するという小惑星捕獲ミッションを計画していたが残念ながら計画中止となってしまった。

わが国では、「はやぶさ」に続いて、その後継機である「はやぶさ２」が２０１４年11月に打ち上げられた。「はやぶさ２」は順調に小惑星リュウグウへ向けて飛行中で２０１８年６月にリュウグウに到着し、２０１９年２月22日に歴史的なタッチダウンを行った。リュウグウには18ヵ月間滞在予定で、帰還の予定は２０２０年。「はやぶさ」に続き、本格的な小惑星探査へ向けた実用機として、その成果を期待したい。

君の名前が決まったよ。「はやぶさ」だ。

田嶋　学

第1章　宇宙への挑戦

『宇宙兄弟』

公開：2012年 日本
原作：小山宙哉「宇宙兄弟」（講談社『モーニング』連載）
監督：森義隆
脚本：大森美香
出演：小栗旬、岡田将生、麻生久美子、堤真一

小さいときに交わした兄弟の約束。2025年、夢を叶え宇宙飛行士となった日々人。間もなく日本人初となる月面歩行者として歴史に名を残そうとしていた。兄の六太は、会社をクビになり、鬱屈した日々を送っていた。そんな六太の下に、宇宙飛行士選抜の書類審査通過の通知が送られてくる。

小山宙哉氏原作のコミック「宇宙兄弟」の映画化作品である。原作は講談社の『モーニング』にて連載中の人気コミックである。

映画とは別に2012年から2014年にかけてテレビアニメも製作された。

2011年末から2012年春にかけて、一斉に公開された「はやぶさ」関連の3作に続いて2012年5月に公開され、一時的に宇宙映画が話題となった。

本映画の見どころは、物語の内容もさることながら、JAXA、NASA、ケネディ宇宙センターの協力のもとで撮影されていることだ。ケネディ宇宙センターの管制室やロケットガーデンでロケを行っての撮影や、日本人宇宙飛行士の野口聡一さん、そしてアポロ11号でニール・アームストロングと一緒に月面に降り立ったバズ・オルドリンが本人役で出演するなど、これまで日本で作られた宇宙映画では見られないスケール感が伝わってくる。

月面歩行を目指す日本人宇宙飛行士という、下手をすれば単なる夢物語で終わってしまいそうな話に、このようなリアリティが加わっていることで、違和感なく物語に入っていける。

DVD= 東宝

胸を熱くさせてくれるのがオープニングだ。「宇宙兄弟」のタイトルに続いて、有人宇宙開発の歴史を短いモンタージュ映像とポップな

ミュージックで振り返るタイトルバックが格好よく、宇宙好きにはたまらない出来だろう。

　また、同じ月面着陸のドラマを描いた『アポロ13』へのオマージュとそれを意識した演出も、宇宙好きの胸を熱くさせる部分だ。日々人（弟・ひびと）と六太（兄・むった）が、日々人の自宅の庭で、ガーデン用リクライニングチェアに並んで夜空に輝く月を見上げるシーン、親指で月を隠して見るのは映画『アポロ13』でトム・ハンクスがやっていたことの真似だ。『アポロ13』でトム・ハンクス演じるジム・ラベル飛行士は、人類初の月面着陸の中継を同僚の宇宙飛行士たちと自宅のテレビで見ている。パーティーが終わった後に庭に出て月を眺めるトム・ハンクスが、親指を月にかざしている。月面に行けなかった彼の無念が感傷的に伝わってくるシーンだ。この映画でも、自分は月には行けないと思っている六太がその無念さを日々人に語る時に同じ仕草をしている。日々人の乗ったロケットの打ち上げシーンや月面に降り立つ日々人のシーンは『アポロ13』を彷彿させる。

　映画では宇宙飛行士を目指す六太と、日本人初の月面着陸を目指す日々人の物語が並行して進む。宇宙飛行士選抜試験を順調にクリアしていった六太だが、同時に日々人は月面で絶命の危機を迎えていた。兄弟で宇宙へ行く夢をあきらめない2人のドラマは最後まで胸を熱くさせてくれる。

　オープニングと対になるようなエピローグがまた良い。人類で初めて兄弟で宇宙飛行士となった2人が月を目指す。

　少し前までは、日本人宇宙飛行士という存在が夢だったが、今では、宇宙へ行った日本人は2桁となった。米国、ロシアに比べればまだ少ないが、それでも日本人にとって宇宙は着実に身近な場所になってきた。近い将来、日本人が月面を歩き、日本人の兄弟宇宙飛行士が誕生する日も必ず来るだろう。

行こうぜ、宇宙！

南波　六太

第1章　宇宙への挑戦

『スペースウォーカー』

公開：2017年 ロシア
原題：Время первых（The Age of Pioneers）
監督：ドミトリー・キセレフ
脚本：セルゲイ・カルチュラノフ、ユーリー・コロトコフ、オレグ・ポコディン
出演：エフゲニー・ミローノフ、コンスタンチン・ハベンスキー、ヴラディミール・イリイン、アレクサンドラ・ウルスヤク、イェレーナ・パノーヴァ、アレキサンダー・イリン、アレキサンダー・ノヴィン

DVD= 日活株式会社

1960年代、アメリカとの宇宙競争の只中にあったソ連。ガガーリンに次いで、有人宇宙飛行においてアメリカより一歩先を行っていたソ連は、次に初の2人乗りの有人宇宙船の打ち上げと人類初の宇宙遊泳を急ごうとしていた。軍のエース・パイロットであるパベル・ベリャーエフ中佐（コンスタンチン・ハベンスキー）とアレクセイ・レオーノフ少佐（エフゲニー・ミローノフ）は、宇宙飛行士候補としてスカウトされるが、訓練中の事故でパベルは足を負傷してしまう。アレクセイは別の飛行士候補とパートナーを組むように言われるが、なんとしてもパベルと一緒に宇宙飛行をしたいと思うアレクセイはパベルを励まし、パベルもまたリハビリと訓練に励むことになる。

そんな中、アレクセイとパベルの飛行のための事前テストとして、ボスホート無人機が打ち上げられるが、打ち上げ後のトラブルにより試験飛行は失敗してしまう。党本部からの圧力が高まる中、現場責任者であるセルゲイ・コロリョフ（ヴラディミール・イリイン）は、計画実行と中止の選択を迫られる……無人試験機で成功していない宇宙船に宇宙飛行士2人を乗せて初の宇宙遊泳を実施するというのだ。当然、難色を示し反対するコロリョフだったが、アレクセイとパベルのもとを訪れたコロリョフは、2人の宇宙へ行くことへの情熱の強さを聞き、ついにソ連国民の人類初の宇宙遊泳への期待を背

負って、アレクセイとパベルを乗せた「ボスホート2号」が打ち上げられることになる。

ロシアの製作による宇宙開発競争の絶頂期である1960年代を舞台に、アレクセイ・レオーノフが初の宇宙遊泳に成功したボスホート2号の宇宙飛行の舞台裏と、2人の宇宙飛行士、パベル・ベリャーエフ中佐とアレクセイ・レオーノフ少佐の友情を描く作品だ。

ボスホートは、ソ連が開発していた2人ないし3人乗りの宇宙船であり、1961年にガガーリンを乗せ人類初の宇宙飛行に成功した有人宇宙船であるボストークの後継機である。

ボストークは1号機から6号機まで打ち上げられ、1961年から1963年までの間に6人のロシア人宇宙飛行士を宇宙に送り、人類初および人類初の女性の宇宙飛行士を宇宙に送るという輝かしい功績とともにその役目を終えた。ボストーク計画では、ソ連が宇宙開発でアメリカをリードしていた。

そのような成功に次いで、ソ連が目指した複数人乗りの宇宙船ボスホートの開発だったが、これも滑り出しは順調だったといえる。1964年のボスホート1号機では、ウラジーミル・コマロフ、コンスタンチン・フェオクチストフ、ボリス・エゴロフの3人が宇宙へ行き、人類初の複数人による有人宇宙飛行を行った。そして、その次に計画されたのが、本作品に描かれたボスホート2号機による宇宙飛行で、これは人類初の宇宙遊泳、宇宙飛行士の船外活動を行う挑戦的なミッションだった。

今では当たり前のように行われるようになった船外活動だが、当時、宇宙飛行士が宇宙服を着て、宇宙空間で活動できるのかどうかは全く不明であり未知であった。

ボスホート1号機は3人乗りだが、ボスホート2号機は、船外活動をするために外部に伸びるエアロックを取り付けたため、そのスペースを犠牲としなければならず乗員を2名とした。このように同じボスホートでも1号機と2号機は異なり、これに加えて宇宙服の安全性もテストしなければならず、ボスホート2号機と同型の無人試験機を打ち上げて試験飛行による検証を実施する予定だった。

だが、この事前のボスホート1号機の試験飛行は失敗に終わり、再度の試験飛行を実施する間に、アメリカが先に宇宙遊泳を実施する可能性を危惧したソ連上層部は、セルゲイ・コロリョフに対して圧力を強めた。つまり、試験飛行に成功していない状態で、有人のボスホート2号機でパベル・ベリャーエフ中佐とアレクセイ・レオーノフ少佐を打ち上げ、船外活動を実施するというものだ。

この映画に描かれるのは、このボスホート2号機の無人試験機の打ち上げ前夜からのボスホート2号機の飛行の記録である。その中でパベル・べリャーエフ中佐とアレクセイ・レオーノフ少佐の2人の物語がつづられている。

ボスホート2号機の飛行は、結果的には成功し、人類は初の宇宙遊泳、初の船外活動によって、はじめて人が宇宙服を着て宇宙空間に出るという快挙を達成した。人類が宇宙でも活動できることを、初めて示したのだ。

当初華々しい成功のみがクローズアップされたが、ソ連が解体したのち、その実態は薄氷を踏むぎりぎりの成功であり、一歩間違えればボスホート2号機は地球に帰還できず、宇宙飛行士は死亡という事態になりかねなかった危ない状況だったことが判明した。さらに、アレクセイ・レオーノフ少佐の宇宙遊泳も、間違えれば彼の死亡もあり得たというかなり危険なものだった。

宇宙遊泳中に、宇宙服が原因不明の膨張をしたため、アレクセイはエアロックに戻れず、なんとか船内に戻ったものの残酸素ぎりぎりという状況。さらに地球へ帰還するために自動軌道制御機能がうまく作動せず、手動による再突入をするはめになる。

再突入では本来分離するはずの船体後部の機器モジュールと降下モジュールがうまく切り離されずにケーブルでつながったまま錐《きり》もみ状態となり、それらのせいで着陸地点は予定よりも大きく狂ってしまった。着陸地点は雪と吹雪に閉ざされ、着陸後の捜索に2日間を費やし、アレクセイとパベルが発見されたときは、かなり危険な状態であった。これは当時の公式発表では、2日間軍の療養施設にいたこととされ隠された。

この映画は、このようなボスホート2号機の奇跡の生還を忠実に描いている。また、それだけでなく、劇中の人物描写も丁寧であり、物語に引き込まれる。

さらにもう一つ、この映画で魅せられるのは、ヴラディミール・イリイン演じるセルゲイ・コロリョフだろう。設計技師長としてソ連宇宙開発の総責任者であったセルゲイ・コロリョフだが、この映画では、宇宙飛行士のことを常に気遣い、彼らに寄り添うコロリョフの姿が描かれる。党上層部の政治的圧力の中で、無人試験機の失敗によりテスト飛行がない状態で信頼する宇宙飛行士2人を打ち上げなければならなかった状況や、その決断に至る葛藤がよく伝わってくる。

セルゲイ・コロリョフについては、『カラリョフ』（２０07年・ロシア）や『Taming of the Fire』（１９７２年・ロシア）などの映画が作られているが、これらは偉人の伝記映画として、彼の偉業と彼の理想主義や、個人の内面を描いていたのに対して、この映画では、より宇宙飛行士たちに寄り添う人間的なコロリョフの姿が描かれていて興味深い。

実際に、コロリョフは宇宙飛行士たちへ心遣いを忘れない誠実で友好的な人物であり、特にガガーリンやレオーノフは、コロリョフとの関係も良好で、宇宙飛行士の中でも特に庇護と寵愛を受けた２人である。

映画の製作にあたって、アレクセイ・レオーノフ自身が監修していることもあり、コロリョフの描かれ方や、ボスホート２号機の飛行の経過の描かれ方も非常に丁寧であり、かつパベルとアレクセイが無事地球に帰還できるのか、非常に緊迫感のあるシーンの連続でドラマとしても見応えのある仕上がりになっている。最後に彼らが無事帰還したことがわかる場面では、安堵感とともにかくも危険なリスクを冒しながら、偉業を果たした彼らの勇気と叡智と情熱に自然と称賛を送りたくなる感動を与えてくれる。

ロシアの宇宙開発史を描いた映画では、『ガガーリン世界を変えた１０８分』『サリュート７』と合わせて観ることをお勧めしたい一作である。

人間が宇宙へ飛び出した！　人が宇宙空間で自由に漂っている！

パベル・べリャーエフ

こちらもオススメ！

『ザ・ロケット』

公開：２０１３年 オーストラリア／タイ／ラオス
原題：The Rocket　監督：キム・モールダン
出演：シッティポン・ディーサムー、
ルークナム・ケーオサイナーム、
ステープ・ポーガーム、サムリット・ワーリン

ラオス北部の山奥の村で、出産時に片方は亡くなってしまったが双子が生まれる。双子は、不吉なものとして忌み嫌われていた。少年アーロは、母親からは大切にされたが、父親や祖母からはよく思われていない。ある時、アーロが住んでいた一帯にダム建設計画が持ち上がり、立ち退きを迫られ、その移住の途中母親は事故で死んでしまう。たどり着いた村では、毎年ロケット祭りが行われていて、アーロは、祭りで優勝すると大金がもらえると知る。自分の汚名を払拭しようと「過激で危険なお祭り」であるロケット祭りに参加するため、ロケット作りを始める。

作品の舞台はラオスだが、タイ北東部とラオスの村で行われるロケット祭り（プラフェニブンバンファイ）を描いた作品である。プラフェニブンバンファイは雨期の時期が近づくと行われる雨乞いの儀式である。

このようなロケット祭りは日本にもあり、その一つ、龍勢《りゅうせい》祭りと呼ばれる祭りが、埼玉県秩父市下吉田にある椋《むく》神社の例大祭で、毎年10月の第２日曜日に行われている。龍勢とは、黒色火薬を使った花火で、鎌倉時代に元寇で元軍が使用した武器であった。それが日本に伝わり、戦国時代の狼煙《のろし》として使用されて伝承され、江戸時代に祭りとして祝われることになったという。

宇宙開発の歴史は、ロケットに始まった。そして、ロケットの歴史は長い。だが、このように本格的なロケットをつくり祝う祭りがあるのは世界でタイ、ラオス、そして日本だけである。世界に珍しいロケット祭りを題材にした映画という点で、ここに紹介したい。

第２章

人類、月に立つ
～アポロと月面着陸の時代～

『月への冒険旅行』
『アポロ 13』
『宇宙からの脱出』
『月のひつじ』
『キャプチャー・ザ・フラッグ　月への大冒険！』
『アポロ 11 ／史上最大のミッション（アストロノーツ）』
『ヒューストン、問題が発生しました』
『ドリーム』
『ファースト・マン』

『月への冒険旅行』

放映：１９７５年アメリカ　原題：Stowaway to the Moon
原作：ウィリアム・Ｒ・シュムトン
「Stowaway to the Moon: The Camelot Odyssey」
監督：アンドリュー・Ｖ・マクラグレン
脚本：ジョン・ブース、ウィリアム・Ｒ・シェルトン
出演：マイケル・リンク、ロイド・ブリッジス、
ピート・コンラッド

Ｅ・Ｊ・マクノット（マイケル・リンク）は11歳の小学生だが宇宙へ飛び出すことを夢見ていた。ケネディ宇宙センターにしのびこんだＥ・Ｊは、月へ向かって打ち上げ直前のキャメロット宇宙船にこっそり乗り込んだ。

発射直前に飛行管制が宇宙船の重量が87ポンド増えていることを報告するが原因はわからず、発射は問題ないと判断、Ｅ・Ｊ君を乗せたキャメロット宇宙船は月に向かって打ち上げられる。

原題にあるStowawayとは乗り物に隠れて忍び込むこと、密航という意味である。子供がアポロ宇宙船（映画ではキャメロットという名前だが姿形含めアポロ月ロケットそのものである。劇中、キャメロット宇宙船の映像として使われているのはアポロ宇宙船の映像である）に乗りこみ、月へ行くという子供なら一度は夢みるお話である。アポロ12号の宇宙飛行士であるピート・コンラッドが彼自身の役で出演している。また、地上の管制官の責任者である飛行主任（フライト・ディレクター）のチャーリー役でロイド・ブリッジスが出演している。ちなみに、ロイド・ブリッジスは、１９８２年のおバカパニックコメディ映画である『フライングハイ２／危険がいっぱい月への旅（原題：Airplane II: The Sequel）』で、人類初の月観光旅行に向かったスペースシャトル「メイフラワー号」の飛行主任管制官役をやっている。

そう言えば、ロイド・ブリッジスは１９５０年の作品

DVD=
20th Century Fox Television

第2章　人類、月に立つ

『火星探検（原題：Rocketship X-M）』では、宇宙船X‐M号のパイロットであるフロイド大佐を演じている。フィクションとはいえ宇宙飛行士と管制官を両方演じている俳優は、エド・ハリスと彼くらいだろうか（笑）。エド・ハリスは、『ライトスタッフ』で宇宙飛行士であるジョン・グレンを、『アポロ13』で飛行主任のジーン・クランツを演じている。エド・ハリスは実在の宇宙飛行士と管制官を演じている点で、ロイド・ブリッジスと逆だが。

実は子供や動物が宇宙船に乗り込んで宇宙へ行くお話は、この他にも『スペース・キャンプ』『スペース・バディーズ』『ナットのスペースアドベンチャー』などがあるが、おそらくこの手の話が最初に描かれたのは、このテレビ映画『月への冒険旅行』が最初ではないだろうか。

さて、うまくキャメロット宇宙船に乗り込んだE・Jだったが、打ち上げ後に密航がばれてしまう。打ち上げ前に気付けよ！」という話だが（笑）。それはさておき。さあ、隠れているところがばれてしまったE・J。3人の宇宙飛行士はびっくりする。E・Jに対して「両親は知っているのか？」と問いただす。って、まあ11歳の子供だからね、とは思うが、最初にそれを聞きますか（笑）。

さてさて、冗談では済まされまい。予想外の出来事に月着陸ミッションをどうするかどうかの問題である。まったく子供のいたずらは……。国家プロジェクトの成否がかかっているのに。なんとも可愛らしいことではあるが（笑）。

さて、このE・J君は、サイエンスウェアで進学のための奨学金を獲得したいために、友達と2人でミニサイズの宇宙船の模型を作っている。宇宙飛行士になりたくて仕方がない少年なのである。

E・Jに危険が及ぶようなら月着陸を中止しなければならない。月に向かうアポロ宇宙船の中で地球へ向かってテレビ中継が行われる。E・Jが宇宙船に乗っていることも全米に中継される。地球でTV中継を見ている小学生はみな大興奮である。さあ、世界初最少年の宇宙飛行を行ったE・Jが世界へメッセージを発信する。彼の宇宙飛行の体験を語るE・J。最後に好きなことを話していいぞと言われた彼が、彼の宇宙飛行への想いを語り始める。

「宇宙飛行士でないような訓練を受けていない自分のような人でも宇宙へ行けるんだ。宇宙船で宇宙へ行くのは、飛行機でほかの場所へいくように、とっても安全なんだ。どこへ飛んでいくことも簡単になった。ぜひ月着陸を実行してほしい」

Ｅ・Ｊの名演説に中継を見ていた人々の様子が変わっていく。中継が終わった後の管制室が管制官の拍手で包まれる。Ｅ・Ｊの名演説を聞いて飛行主任のチャーリーは月着陸へ向かうことを決定するのだ。

このようなテレビ映画が作られたのは、以下のようなアポロ計画以後のアメリカ宇宙開発の実情があると思う。

１９７５年は、アポロ17号の最後の月面着陸から３年がたち、アポロ・ソユーズおよびスカイラブ計画に見られるように、宇宙開発が、これまでの有人月飛行から地球低軌道における宇宙環境の利用を主軸に展開していく過程の時代だった。

また、アポロ・ソユーズ計画が実施され、アポロ宇宙船とソユーズ宇宙船がはじめて軌道上でドッキングを行い、米ソ宇宙開発競争の時代から国際協調へと時代の転換を象徴するイベントになった。スカイラブもアポロ・ソユーズにしても宇宙船はアポロの司令・機械船を使用したものであり、宇宙往復型のスペースシャトルの開発が進められていたものの、初飛行まではあと５年を待たねばいけなかった。

スペースシャトルは、結果的に当初考えられていたほどに打ち上げコストの削減には結びつかず、その評価には賛否ある。だが、スペースシャトルがいよいよ初飛行を行った当時、このことは、もはや誰でも宇宙に行くことができる新しい時代が到来したのだと、誰もが感じたことであろう。

そのような時代が来る中、Ｅ・Ｊが子供ながらアポロの宇宙飛行士とともに月に向かうというストーリーは、その後にやってくるスペースシャトルの時代に向けたメッセージである。誰でも宇宙へ行ける時代、それがやってこようとしていたのである。

この映画は、原作小説がある。原作小説のタイトルには「Stowaway to the Moon」副題「The Camelot Odyssey」が付いている。Odyssey（オデッセイ）とは、古代ギリシアの長編叙事詩。トロイア戦争でイタケーの王オデュッセイアが勝利の後に凱旋する途中に起きた10年間の漂泊の物語である。転じて長い航海、長い苦難の旅路のことをいう。

宇宙から生還することは、まさしくオデッセイである。『アポロ13』のアポロ司令船は不吉にもその航海を予兆したようなオデッセイという名前であった。『２００１年宇宙の旅』の原題は 2001：

第2章　人類、月に立つ

Space Odessey である。２０１５年に公開された映画『オデッセイ』は原題は「The Martian」であったが、邦題は『オデッセイ』となった。

この映画でも、その名前の通り、月からの帰還は簡単にはいかない。月着陸に臨む２人の飛行士、月周回で２人を待つ司令船パイロットのベンが病気になってしまう。気絶してしまったベンを管制官の指示にしたがって冷静に介抱するE・J。もはやE・Jも４人目の宇宙飛行士である。

コースを外れて着陸地点に着陸していた着陸船の場所を見つけ出し、ランデブーに成功する。

月からの帰還の最中、バルブの故障により船内酸素が外部に漏れてしまう。酸素を節約し宇宙飛行士を生還させなければならない。このあたりは『アポロ13号』を彷彿とさせる展開である。

司令船には十分な酸素がなく宇宙服が３着分しかない。司令船の代わりに月着陸船の酸素を使うべく、E・Jを月着陸船に退避させる。宇宙船内の温度が低下する中、地球までの帰還に向けてE・Jの体力が徐々に落ちていく。いよいよ大気圏への突入。E・Jは３人の宇宙飛行士とともに地球へ帰還する。

地球に帰ったE・J。『月への冒険旅行』はかつて月を眺めて宇宙へ、月へ行きたいと願った少年たちの夢を映像化してくれた作品である。

息子が宇宙船に乗ってるんだ！

エリー・マクノット

『アポロ13』

公開：1995年アメリカ　原題：Apollo 13
製作：ブライアン・グレイザー
原作：ジム・ラベル・ジュニア、ジェフリー・クルーガー
監督：ロン・ハワード
脚本：ウィリアム・ブロイルス・ジュニア、アル・レイナート
出演：トム・ハンクス、ケビン・ベーコン、
　　　ビル・パクストン、エド・ハリス

1970年4月13日、11号の成功に続いて3度目の月面着陸のため打ち上げられたアポロ13号。月へ向かう途中、爆発事故が発生。絶望的な状況の中、宇宙飛行士を地球へ生還させるため救出ミッションが展開する。

おそらく本書で紹介している中でも、最も有名な宇宙開発を題材にした映画であろう。監督は『コクーン』『ビューティフル・マインド』『ダ・ヴィンチ・コード』などで有名なロン・ハワード、主演はトム・ハンクスである。ちなみにアポロ13号の船長でこの映画の主人公であるジェームズ（ジム）・A・ラベル・ジュニア宇宙飛行士本人は、最後に地球に帰還したアポロ宇宙船の回収に赴く戦艦イオウジマの艦長役でカメオ出演している。アポロ13号の搭乗員は、ジム・ラベル船長、ジャック・スワイガート司令船操縦士、フレッド・ヘイズ月着陸船操縦士の3人。それぞれトム・ハンクス、ケビン・ベーコン、ビル・パクストンが演じる。また本来アポロ13号の主搭乗員だったが風疹感染の疑いで予備搭乗員であったスワイガートと交代し、飛行をあきらめなければいけなかったケン・マッティングリー宇宙飛行士役をゲイリー・シニーズが、地上管制の責任者である飛行主任であったジーン・クランツをエド・ハリスが演じている。

ゲイリー・シニーズは、『フォレスト・ガンプ』『グリーン・マイル』などでトム・ハンクスとの共演が多いが、『アポロ13』の前年に公

DVD= ユニバーサル・ピクチャーズ・ジャパン

第2章　人類、月に立つ

開された『フォレスト・ガンプ』では、ゲイリー・シニーズ演じるダン中尉がトム・ハンクス演じるガンプに向かって「お前がシュリンプボートの船長になれるなら、オレは宇宙飛行士だ！」と、本作への伏線のようなことを言っているシーンがあるので見直してみると面白い。

ちなみに『フォレスト・ガンプ』の原作ではガンプは宇宙飛行士になったりするので、トム・ハンクスも『アポロ13』を待たずに宇宙飛行士になっていたかもしれません。(笑)

さて、その『フォレスト・ガンプ』で「俺は宇宙飛行士だ！」といっていたダン中尉ことゲイリー・シニーズは、2000年公開のSF映画『ミッション・トゥ・マーズ』でも、火星有人探査の宇宙飛行士ジムを演じている。そのジムは、冒頭でミッション直前に妻を失い精神を病んでしまい、宇宙ステーションに残る予備宇宙飛行士になるという役、って役どころが本作と同じではないか！(笑)いつもバックアップの宇宙飛行士がゲイリー・シニーズなのである。

エド・ハリスも宇宙映画に縁のある俳優で、『ライトスタッフ』ではマーキュリーセブンの一人であるジョン・グレンを演じている。

ジム・ラベルの妻であるマリリン・ラベル役は、『アメリカン・グラフィティー』で映画デビューをしたキャスリーン・クインランで、『アメリカン・グラフィティー』で映画デビューを果たしたといえば監督のロン・ハワードと同じである。

『アポロ13』はもちろん、アポロ13号の映画であるが、それと同じくらい、これはアポロ13号の船長であったジム・ラベル宇宙飛行士の話である。

ジム・ラベルはマーキュリー計画の2期生として1962年に宇宙飛行士となる。マーキュリー計画では飛ばなかったジム・ラベルだが、続くジェミニ計画では、ジェミニ7号、12号と2回の宇宙飛行を行う。ジェミニ7号では月着陸に向けたテストのため14日間の長期宇宙滞在を行った。12号では、アポロ計画に向けた宇宙船のランデブーや船外活動のテストのための様々なミッションをこなす。このときはのちにアポロ11号でアームストロングと月着陸を行ったバズ・オルドリンと一緒であった。

その後、アポロ8号では、フランク・ボーマン、ウィリアム・アンダースと一緒に人類で初めて月周回軌道をまわり、月の裏側を見た人間となる。そして、その次がアポロ13号であった。

4回の宇宙飛行により、スカイラブ計画が始めるまで、宇宙で最長滞在記録を持っていた。さらに月に2回行ったのは、ジョン・ヤングとユージン・サーナンと合わせて３人だけである。ヤングとサーナンは月着陸を経験している。

ジェミニ7号と12号のフライトでは様々なトラブルがあったがラベルは冷静に対処し、特に大きな問題とならずにミッションを達成している。このことからも、彼が当時の宇宙飛行士の中でも最も優秀な宇宙飛行士の一人であったのは間違いない。だがその事実をもっとも如実に物語っているのは、なにより彼がアポロ11号のバックアップクルーで船長だった事実であろう。

人類初の月面着陸を達成したアポロ11号の主搭乗員は、ニール・アームストロング、マイケル・コリンズ、そしてバズ・オルドリンだったが、予備搭乗員は、ジム・ラベル、ウィリアム・アンダース、フレッド・ヘイズの３人であった。

すなわち、もしかしたら、全世界の人は、人類初の月面着陸という偉業を成し遂げた人物の名前としてニール・アームストロングでなく、ジム・ラベルの名前を記憶しておくことになったのかもしれないのだ。

だが悲劇的にもアポロ13号では、ジム・ラベルは月着陸をすることはできなかった。アポロ８号でも、アポロ13号でも、彼は月周回軌道を回って地球に帰還する運命だったのだ。月までの距離38万キロを考えると、月周回軌道は月面からわずかに百数十キロである。４２・１９５キロのマラソンでたとえるならば、ゴール直前、十数メートルまで行って引き返すのに等しい。しかも2回もである。

月へ着陸したかった想いはどれほど強かっただろうと筆者は思う。アポロ13号のフライトで、彼は一体どんな思いで眼下を通過していく月面を眺めたのだろうか。

ジム・ラベルとジェフリー・クルーガーの共著である本映画の原作「アポロ13（原題：Lost Moon: The Perilous Voyage of Apollo 13）」では、その思いが彼の人生の回顧録とともに語られている。

本映画でもトム・ハンクス演じるジム・ラベルが月の裏側を通過するときに月面を眺めるシーンがある。月面に立つ自身を思うラベル。彼の宇宙飛行士としての履歴を知って見ると、また深く感じ入るものがあるシーンである。

『アポロ13』は宇宙映画の中でも一つのマイルストーンになった映画である。まず本作品はＮＡＳＡの映像をまったく使わずにアポロ13号の飛行

第2章　人類、月に立つ

を再現している。

　これ以前の宇宙映画では、ロケットの打ち上げシーンにはマーキュリーやサターンV、スペースシャトルなどのNASAにある実際の打ち上げ記録映像を使っていたが、『アポロ13』ではサターンVロケットの打ち上げシーンからすべての宇宙船の映像は模型とコンピュータ・グラフィックスによって再現している。

　そのため打ち上げシーンは、今までの映画では見られなかったダイナミックなシーンになっている。打ち上がっていくロケットを、上から見下ろす視点で、画面外側にむかってロケットが打ち上がっていく。NASAの記録映像では当然ロケットの打ち上がる方向のそのような位置にカメラはないから、垂直に画面上にあがっていくロケットを横からとらえるという構図の映像しかなかった。


『アポロ13』の空からの視点でロケットの打ち上げを映す構図というのは、この後の宇宙映画でも多々真似され、『はやぶさ／HAYABUSA』『宇宙兄弟』『明日があるさ THE MOVIE』でも、みんなこの構図のカットを入れている。

　この映画は、アポロ13号の奇跡の生還に注目がいってしまうが、その原因となった酸素タンクの破裂については詳しく紹介される機会が少ない。本書でも、この点の詳細な説明は少し技術的な話になるので割愛する。興味のある方は、原作の『アポロ13号』（新潮文庫）や『アポロ13号　奇跡の生還』（ヘンリー・クーパー・ジュニア著、立花隆訳、新潮文庫）などに詳しいので、そちらをお読みいただくことをおすすめする。

　今でこそ、宇宙開発史の史実を背景にした映画は多数作られているが、『アポロ13』はその牽引となった映画であり、間違いなくその中でも傑作であるので、宇宙に興味のない方でも、是非とも一度はご覧頂きたい映画である。


時に月を見上げて思う。我々はいつあそこに戻るのだろうか、そして誰が戻るだろう。

ジム・ラベル

『宇宙からの脱出』

公開：1969年アメリカ　原題：Marooned
監督：ジョン・スタージェス
脚本：メイヨ・サイモン
出演：グレゴリー・ペック、リチャード・クレンナ、
　デヴィッド・ジャンセン、
ジェームズ・フランシスカス、ジーン・ハックマン

宇宙船アイアンマン1号は、最初の宇宙ステーションの設置作業をおこなっていたが、原因不明の故障のため帰還不能になってしまった。アイアンマン1号の飛行士を帰還させるため地上クルーとアメリカ、ソ連の飛行士の奮闘がはじまる。

公開は1969年。アポロ11号が月面着陸をしたわずか4ヵ月後に公開された映画である。原作は、航空宇宙問題評論家であったマーティン・ケイディンが1964年に発表した同名小説で、小説では当時のマーキュリー宇宙船をジェミニ宇宙船とソ連の宇宙線が救出に向かうというストーリーであった。

『宇宙からの脱出』は、まさしくアポロ時代のただなかに製作された映画である。そして、何よりこの映画の公開の翌年、アポロ13号の事故が起きる。まるでそれを予期していたかのようなストーリー展開は、この映画のSF映画としての創造性とリアリズムの高さを物語っている。また、近年公開された『ゼロ・グラビティ』『オデッセイ』につながる宇宙空間に取り残された宇宙飛行士のサバイバルものとしての原点となった映画でもある。

DVD= ソニー・ピクチャーズエンタテインメント

監督は『荒野の七人』『大脱走』のジョン・スタージェスで、出演は『ローマの休日』でオードリ・ヘップバーン演じるアン王女と恋におちる新聞記者役を演じたグレゴリー・ペックが地上飛行責任者で登場する。また、宇宙飛行士役で『俺たちに明日はない』で主人公クライドの兄バック役を演じてようやく日の目を見たジーン・ハックマンが出演している。ジーン・ハックマンはこの後、『フレ

第2章　人類、月に立つ

ンチ・コネクシ』『ポセイドン・アドベンチャー』で有名になっていく。

映画はアイアンマン1号の打ち上げシーンから始まる。打ち上げは実際のサターンVロケットの映像である。アイアンマン1号の宇宙船は完全にアポロのそれと同じであるが、宇宙船の内部、管制室のセットなど当時としての映像の完成度の高さは見事であり、映画に迫力を与えている。

アイアンマン1号は地球周回軌道上で宇宙ステーションとドッキングする。惑星間飛行のためのテストを行うため7ヵ月間、宇宙ステーションに滞在するという計画である。この設定は、公開当時はまだアポロ11号の月着陸から間もないころであったが、当時のこれから到来する宇宙開拓時代の未来の姿としては容易に想像できるものだったに違いない。実際にアポロ計画終了後は、アメリカのスカイラブにせよ、ロシアのミールにせよ、宇宙開拓という性質は薄くなり、科学技術発展のための宇宙環境の利用という性質へと変わっていく。

さて、5ヵ月の宇宙ステーション生活を終え、アイアンマン1号はステーションを離れ帰還の途につく。大気圏突入のため逆噴射を行うが、ロケットが故障で点火しない。異臭が発生する。再度の噴射を試みるも上手くいかない。船内と管制室の間に緊張が走る。噴射ができなければ地球には帰れず、宇宙船は地球を回り続けるしかない。

ここから3人の宇宙飛行士のサバイバルが始まる。地上のクルーも総力を挙げて宇宙飛行士の帰還のために知恵を絞る。救出のための手立てがない、宇宙船の酸素が尽きるまでのタイムリミットは42時間。救出のためタイタンロケットで救出船を打ち上げることが提案されるが、打ち上げの準備には数十日かかる。他に手段がない中、救出船を42時間で打ち上げるための地上クルーの奮闘が始まる。

救出船は、劇中でXRVと呼ばれる有翼型の小型飛行艇である。一人乗りを4人乗りに改良して、アイアンマン1号の3人を救出するという設定である。

救出船を打ち上げることになったNASAだが、打ち上げ時刻に発射場のあるヒューストンにハリケーンが迫っているとの気象予報が告げられる。宇宙船内では宇宙飛行士の精神状態も限界に達しつつある。救出は成功するのか、緊迫したドラマが描かれる。

さて、この映画の持つ近年の宇宙脱出ものの映画『ゼロ・グラビティ』『オデッセイ』の原点としての特長はもう一つある。それは、宇宙飛行士の生還に向けて敵対していた大国が手を取り合うというプロットだ。『オデッセイ』ではアメリカに対する中国の協力が描かれていたが、本作品では、アメリカとソ連である。

救出船の打ち上げ準備をしている中、ソ連が宇宙船ボスホートを打ち上げる。ボスホートは１９６４年当時のソ連の３人乗りの宇宙船である。

徐々に失われていく宇宙船内の酸素に、宇宙飛行士の生命の限界が近づく。そのとき太陽を背に近づいてくる宇宙船がある。ソ連のボスホートである。

アメリカとソ連の宇宙飛行士が協働してアイアンマン１号の救出をするラストシーン宇宙好きとしては、その後の『アポロ13』『ゼロ・グラビティ』『オデッセイ』に通じる宇宙脱出劇の原点としてお楽しみ頂きたい映画である。

彼らのような者たちのおかげで、我々は宇宙への第一歩を踏み出した。月旅行は界隈の散歩に過ぎない。我々は星々の世界、他の世界、新しい文明世界を目指す。

チャールズ・キース

第2章　人類、月に立つ

『月のひつじ』

公開：2000年 オーストラリア　原題：The Dish
監督：ロブ・シッチ
脚本：サント・シラウロ、トム・グレイスナー、ジェーン・ケネディ、ロブ・シッチ
出演：サム・ニール

　1969年、アポロ11号の打ち上げ。NASAは世界に月面着陸の様子を生中継すべく、カリフォルニア州ゴールドストーンの受信設備を使う予定だった。月がアメリカの裏側にあって電波が届かない時間帯に月面着陸を行うことになり、急遽、オーストラリアのニューサウスウェールズ州の田舎町パークスにあるパークス天文台のパラボラアンテナを使うことになった。かくして、世紀の一大イベントの中継成否が、この小さな町の天文台に託されたのだった。

　1969年7月20日、宇宙開発史、人類の科学技術史、文明史に残るアポロ11号の月面着陸という偉業が達せられた日である。この映画は、このアポロ11号の月面着陸のテレビ中継を実現するために奮闘した人々の実話に基づく話である。

　この映画の見どころ、まずはオープニングである。アメリカの宇宙開発史、ケネディ大統領の有名な演説から月面着陸前夜までをNASAの映像で一気に振り返るシーンは観客を月着陸に沸いた当時の時代に連れ戻す。

　アポロ11号の月面着陸は世界40ヵ国以上に同時中継され、6億人が見たといわれている。当時の世界人口が36億人であるから世界の6分の1だ。また、日本の話をすれば、NHKの調査では、月面着陸の瞬間を同時中継で見た人は、NHK・民放合わせて68・3%。同じ日に定時ニュースを含めて、テレビで月面に立った宇宙飛行士を見たと答えた人は、90・8%だそうだ。

　このテレビ中継は、月に降り立った月面着陸船の横に取

DVD= 角川映画

り付けられた低速度走査テレビジョンで撮影されており、これが月面に設置されたアンテナから地球に送られる。地球では3ヵ所でこの電波を受信していた。カリフォルニア州ゴールドストーン、オーストラリア、キャンベラ郊外のハニーサックル・クリーク中継所、そしてニューサウスウェールズ州パークスのパークス天文台である。パークス天文台には、直径63メートル、1000トンで南半球最大のパラボラアンテナがあった。原題の「The Dish」とは、このパラボラアンテナのことである。

クリフ・バクストン（サム・ニール）はパークス天文台の所長である。月面着陸の中継のために必要な人材がパークス天文台に集められる。

アポロ11号は無事に打ち上げられ、パークス天文台の連中もテレビ中継へ準備を進める。パークスのオーストラリア訛りの技師とNASAからやってきた男たちの間のドラマが面白い。直径63メートルのパラボラアンテナThe Dishが回転する様子は迫力である。

アポロ宇宙船からの音声、テレメトリデータがパークス天文台により受信され、ヒューストンに送られる。パークス天文台の運用も順調で、アポロは順調に月に向かう。

月面着陸を世界中が待ちに待っている様子を、当時の実際の世界のニュース映像を使って表している。この場面、石田武アナウンサー（アポロ11号の月面着陸を中継したNHKアナウンサー。俳優・石田純一の父親である）も当時のニュース映像の中で出ているところもちょっとした見どころである。

アメリカ大使やオーストラリア首相もパークスにやってくる。羊しかいない田舎町がいきなり世界の話題の中心になってしまったので、パークスの人たちもざわめく。大使の歓迎パーティーでアメリカ国歌演奏が行われるが、今までこんな一大事はなかったので間違った国歌を演奏してしまうバンドも面白い。

さて、順調にテレビ中継に向けて準備がすすんでいたパークス天文台だが、突然電源が落ちるトラブルが発生してしまう。バックアップ電源も用意していたが電源が入っていなかった。これによってアポロを追跡していたアンテナが捕捉を外してしまう。アポロの位置データも失われている。再び追尾を開始するには、データを再びプログラムしなおす必要がある。さて、アポロはすでに月周回軌道にのる軌道修正をしている。軌道計算をやり直さなければいけない。テレビ中継が可能な

第2章　人類、月に立つ

のはパークスだけである。月着陸までに復旧できるのか。

　そして、いよいよ1969年7月20日の月曜日を迎える。月着陸に向かって降りていく月着陸船。アームストロングとオルドリンの音声がマイクから流れている。月着陸の瞬間に向かって高まる緊張。その様子を静かに見守るクリフたち。

　着陸に続いて、アームストロング船長の月への第一歩のテレビ中継の瞬間が近づく。だが天文台では一つの不安が残っていた。風である。強風の中、アンテナを動かせば強度が持つか。

　アームストロングの一歩、中継の時刻が迫っているが、風は強いまま。当時の人々がどのような気持ちでこの月面着陸という歴史的瞬間を目撃し、その一部になり、その偉業を見守ったのか。

　当時NASAだけでも40万人の職員がいた。この映画で描かれているように陰の主人公たちを合わせれば、月に立った2人の宇宙飛行士のほかに、その裏側にどれだけのドラマがあっただろうか。

　この映画は、今まで注目されなかった偉業の裏の人々のドラマの映画である。

「月については土壌、密度、重力など多くのことがわかっている」
「そんなに沢山のことが分かっていて、なぜ行くの？」
「一つだけわからないことがあるからさ。そこに行けるかどうかがね」
クリフ・バクストン

『キャプチャー・ザ・フラッグ 月への大冒険!』

公開：2015年 スペイン 原題：Capture the Flag
製作：ジョルディ・ガズル、ニコ・マトヒ、ジスラン・バロワ、エドモン・ロシュ
監督：エンリケ・ガト
脚本：ジョルディ・ガズル、ハビエル・バレイラ、ニール・ランドー
出演：カルメ・カルベル、ミシェル・ジェネール、ハビエル・バラス、カミロ・ガルシア、ダニ・ロビラ

DVD= パラマウント

12歳の少年、マイク・ゴールドウィング。かつてアポロの宇宙飛行士だったおじいちゃんと現役の宇宙飛行士であるパパを持つ宇宙飛行士一家の息子である。億万長者のリチャード・カーソンという男が月の鉱物資源と月面のアメリカの旗を盗むという計画をひそかに計画していた。それを知ったマイクはおじいちゃんと親友のエイミー、マーティと頭の良いトカゲと一緒に、彼らの計画を阻止しに月へ向かう!

2016年のゴヤ賞長編アニメーション賞受賞作品であるスペインのアニメーション映画である。監督は、2013年に『タデオ・ジョーンズの冒険』で「ゴヤ賞」の長編アニメーション賞、新人監督賞を受賞しているエンリケ・ガトである。また、アポロ12号の宇宙飛行士であったアラン・ビーンとスペイン系初のアメリカ人宇宙飛行士であるミゲル・ロペス・アレグリアが技術アドバイザーとして製作に参加している。

有人月探査は、1972年のアポロ17号以降行われていないが、スペースシャトル引退後のアメリカの有人宇宙計画として度々話題にあがっていた。近年で有名なのは、

第2章　人類、月に立つ

2004年に、当時のブッシュ政権が発表したコンステレーション計画である。コンステレーション計画では、アポロ宇宙船に似たカプセル型の宇宙船「オリオン」と、同じくアポロ計画で使用した月着陸船に似た「アルタイル」着陸船、打ち上げロケットとしてアレスVを開発、2020年までに月に人を送る計画だった。そして、その先には火星への有人探査を視野に入れていた。

コンステレーション計画は、2008年にオバマ政権が発足すると、2010年に予算不足を理由に一旦中止が発表されたが、同年4月に、国際宇宙ステーションの緊急脱出用の宇宙船として計画は再開された。その後、2011年5月にNASAは、月、火星、小惑星探査を視野に入れた多目的宇宙船の開発計画を発表、名称も「オリオン」の名前を受け継ぎ、オリオン多目的宇宙船（MPCV：Multi- Purpose Crew Vehicle）として、開発の継続が決定され、事実上コンステレーション計画が復活した。また、アレスロケットの開発は、新たにスペース・ローンチ・システム（SLS）に引き継がれている。

そのオリオン宇宙船は、2014年12月5日に無人飛行試験を終了し、2018年11月までに無人の月周回飛行、その後、2021年から2023年の間に、有人月周回飛行を行う計画である。

この映画は、主人公の少年マイクがかつて宇宙飛行士だったおじいちゃんとパパと一緒に月への冒険をするというお話である。この映画におけるマイクの祖父フランクは、アポロ計画で月へ行くことができなかった宇宙飛行士である。そのフランクとマイクが再び月へ向かう。

現在12歳の少年にとってみれば、アポロ計画はおじいちゃんの世代のお話である。アポロから半世紀の時を経て、ようやく今、人類が再び月へ向かう時が近づいている。そんな時代の今に、受け継がれる月へ向かうことの思い、それを見事に描いた作品である。

ちなみにこっそりとアポロ宇宙船に乗り込んで月に行く少年の話としては、1975年のテレビ映画作品である『月への冒険旅行』がその原点にあたる。40年の時を経て、繰り返される題材という意味で大変興味深い。

本映画で、億万長者のリチャード・カーソンがアメリカの月面着陸は嘘であったと主張して、自分が月に降り立つ初めての男になるという。しかもカーソンは月面の鉱物資源の独占を狙い、アメリカがおいてきた星条旗を奪うつもりでいる。ちなみにカーソンが月着陸嘘説を主張するときに大衆に流す映像が、スタジオで月面着陸の映像を撮影しているという動画なのだが、このニセ月着陸動画の撮影をしている監督が明らかにスタンリー・キューブリック的外見をした男で面白い(笑)。スタンリー・キューブリックが月着陸の映像をスタジオで撮ったというのは、当時からささやかれていた月着陸陰謀論そのものである。

さて、そんなことをされては歴史の改竄《かいざん》、とても許されることではない。アメリカ政府はなんとカーソンが月へ行く前にもう一度月へ人を送るミッションを立てる。

カーソンが主張する月着陸陰謀論は、今でも巷《ちまた》で有名だが、劇中、少年であるマイクが父親にこう聞くシーンがある。「なんであれ以来月に行かないの？」

現在に生まれた少年にとって、アポロ計画は生まれるはるか前のことであり伝説に過ぎないだろう。少年マイクの言葉は、そんな現代に生まれた若い人の疑問を素直に表した言葉に聞こえる。そういった素直な疑問に忠実になると、むしろ陰謀論がリアルに聞こえてしまう人も少なくないのではないだろうか。

ＮＡＳＡが再び月へ行くとなり、かつて月をあきらめざるをえなかった祖父のフランクをマイクが訪ね、アポロ計画の遺産をたどるというこの映画は、現代に生まれた少年が、かつての人類の偉業を彼自身の人生の中に消化していくという過程を描いたストーリーである。

僕は月に行くんだ！

マイク・ゴールドウィング

第2章　人類、月に立つ

『アポロ11／史上最大のミッション（アストロノーツ）』

放映：1996年アメリカ　原題：Apollo 11
監督：ノルベルト・バーバ　脚本：フィル・ペニングロス
出演：ジェフリー・ノードリング、ジム・メッツラー、ザンダー・バークレイ、マット・フリューワー、ジェイク・ロイド、カーメン・アルジェンツィアノ、タック・ミリガン、デニス・リプスコム、ウィリアム・ミスニク、ジャック・コンレイ

1969年7月20日、人類初の月面着陸に成功したアポロ11号の打ち上げと月面着陸までの物語、11号の宇宙飛行士とその家族、ジーン・クラウンツを中心とした地上管制チームなどアポロ11号の飛行を支える人たちを描いたテレビ映画である。日本での放映時のタイトルは、『アポロ11／史上最大のミッション』だったが、ビデオリリースときは改題されて『アストロノーツ』となっている。

前年に公開された『アポロ13』のヒットと月面着陸30周年が近い1996年に製作され、監督はTVドラマの監督として有名なノルベルト・バーバ。出演者もテレビを中心に活躍している俳優が主だが、意外なところでは、ニール・アームストロングの息子であるマーク・アームストロングを演じているのは、あの『スターウォーズ　エピソード1／ファントム・メナス』でアナキン・スカイウォーカーを演じたジェイク・ロイドである。また、月着陸船操縦士であったバズ・オルドリンを演じているザンダー・バークレイは『アポロ13』にも出演している。

近年になってニール・アームストロングを描いたライアン・ゴスリング主演の『ファースト・マン』が公開され、またアポロ11号の月着陸50周年にあたって多くのドキュメンタリーが製作されているが、意外にも、アポロ11号の飛行を描いたドラマ映画というのは、本作品まで製作されていなかった。アポロ13号の事故と帰還については、すでに74年に『ヒューストン、問題が発生しました』がTV映画として放映され、95年に『アポロ13』として劇場公開作品が製作されているのと対比すると、11号の実績は映画の題材として扱われ

てなかった。

　これは、ある意味で仕方ないことかもしれない。そもそも『アポロ13』でＣＧが登場するまで、アポロの宇宙飛行を映像で再現するような映像技術がなかったし、アポロ13号の事故の生還と比べて、アポロ11号の任務はその輝かしい実績に対してドラマ性が薄い。実際には、着陸に至るまでに緊迫する場面はあったがわけだが、これらの話題はあまり多く語られなかった。また、アポロ13号での体験を本にしたジム・ラベルと違って、ニール・アームストロング自身がアポロ11号の任務について多くを語ろうとしなかったことも影響しているかもしれない。実際に、この映画にはバズ・オルドリンが技術アドバイザーとして参加しているが、ニールは参加をしていない。

　先に挙げた１９７４年の『ヒューストン、問題が発生しました』でも物語は地上の管制官が主人公の室内劇として進み、アポロ宇宙船の船内などは描かれなかったし、当時、宇宙空間の映像は、ＮＡＳＡの記録映像を使うしかなかった。

　本作品自体、『アポロ13』のヒットと月面着陸30周年という節目でなかった製作されていなかったかもしれないと考えると、『アポロ13』の宇宙開発映画史に残した影響はやはり大きかったと言える。


　オープニングは人類の空そして宇宙への挑戦の歩みを記録映像で紡ぐ。また同時に１９６０年代のアメリカを振り返る。ケネディ大統領の演説と暗殺、ジョンソンの就任、ベトナム、キング牧師、人種差別、貧困、ロバート・ケネディ暗殺。月着陸の快挙の裏で様々な問題を抱えた６０年代という当時の時代背景を説明してみせる。

　このオープニングで流れる曲は、ジミー・ヘンドリックスの『パープル・ヘイズ』で、映画『アポロ13』でも使用されていた。

　アポロ11号で人類初の月面着陸を遂行することが決定するが、１９６０年代最後の年に入り与えられた時間は７ヵ月。この期間で打ち上げに向けての準備をしなければならない。当初、有力だったフランク・ボーマンが準備不足を理由に辞退し、ニール・アームストロング（ジェフリー・ノードリング）、バズ・オルドリン（ザンダー・バークレイ）、マイケル・コリンズ（ジム・メッツラー）のチームが人類初の月面着陸に挑むメンバーに選定される。

　残り時間が迫る中、月着陸に向けて管制チームも訓練に余念がない。誘導担当の管制官は、降下シミュレーション中に模擬された高度計のエラーに対する判断ミスで着陸船を月面に激突させてしまい、自分は前線に向かないと自信を喪失する。「失敗は誰

第2章　人類、月に立つ

にでもある。そこから学ぶことだ」管制チームを取りまとめるジーン・クランツ（マット・フリューワー）が叱咤激励する。また、月に行くことを喜んだのはいいが、同時に生還と生死を心配する宇宙飛行士の家族の姿も丁寧に描写されている。

　また、よく語られるニール・アームストロングとバズ・オルドリンの確執も取り上げているが、バズが月面一番乗りにこだわる理由が、単なる彼の利己心や名誉欲でなく、その裏に、父エドウィン・オルドリン（マイケル・）からのプレッシャーと葛藤があったことも描かれており、一面的な描き方でない点は好感が持てるし、このあたりはドラマとして表面的ではない見応えがある。

　さて、いよいよ月への旅立ちを向かえ、妻と家族との別れの挨拶を済ます宇宙飛行士たち。ニールも家族にしばしの別れを済ますが、そこにパパとの別れが寂しくなって、おもわず走ってきた少年は、ニールの息子のマーク、演じるのは先ほど紹介したジェイク・ロイドだ。ニールを寂しそうに見つめながら、父親と「必ず帰ってきて」と抱擁しあうジェイク・ロイドの表情としぐさは、この翌年公開される『スターウォーズ エピソード1／ファントム・メナス』のアナキンと彼の母親との別れと全く同じにしか見えないから面白い。作品を見た方なら思わず思い出してしまうに違いない（笑）。

　7月の月着陸が決定し、月面に立てる星条旗のために、NASAの事務所にアメリカ国内の製造業者から大量の星条旗のサンプルが送られてきたり、打ち上げ前の宇宙飛行士の最後の晩餐のために最高級の料理を提供しようとするシェフなどの裏方の人物の挿話も面白い。ちなみにシェフの助手として登場する若い男は、監督のノルベルト・バーバで監督自身のカメオ出演である。

　本映画の一つの特徴は、アポロ11号をのせたサターンロケットの打ち上げシーンだ。『アポロ13』でもそうだったが、通常ロケットの打ち上げシーンは、緊迫感とスピード感を出すために、打ち上げのシーケンスを短いカットで、切り替えて、畳み込むように見せていく方が多い。だが、この映画は、ロケットが発射台を離れて最終ステージを切り離すまでを、ロケット内の宇宙飛行士の緊迫した表情のアップ、TV中継でそれを見守っている宇宙飛行士の家族の表情、管制室の様子、ロケットの様子を、コーラス調の音楽で、比較的長い時間をかけて見せるように編集している。これにより、観客がそれぞれの立場で打ち上げに向かい合っている劇中の人物と近い立場になり、彼らの心情に移入しやすいような形にしているように思える。

アポロ11号のミッションは、順調に見えて、実際には様々な不測の事態が発生した。月面に向けて降下を続ける月着陸船「イーグル」だが、降下途中でコンピューターがエラーメッセージを吐き出す。エラーの内容が致命的ならば着陸中止をせざるを得ない。判断は管制チームの誘導担当に委ねられる。訓練では高度計のエラーに対する判断を誤ってしまった彼。中止か継続か、僅かなタイムリミットの中で、彼が出した判断は「着陸継続」。コンピューターの過負荷状態を告げるエラーだが連続して発生しなければ問題ないという判断だ。着陸を継続する「イーグル」に、再びエラーメッセージが出る。一瞬ひやりとさせられるが、誘導担当は、すぐさま問題ないと判断し、着陸へ向けて降下を継続するニールとバズの二人。

映画の前半は、このように11号の打ち上げに向けての盛り上がりと緊迫感とそこにある人間ドラマが中心に描かれていくが、映画の後半、月へ行ってからは、音楽の調子も変わり、宇宙飛行士たちのインタビューによるナレーションも加わり、前半の人間ドラマよりも、アポロ11号が人類にもたらしたもの、宇宙開発の意義に対する問いかけにつながるラストになっている。人類が月を目指して、見つけたものは地球だった。本作品のメッセージはこれだろう。冒頭に描かれた60年代の時代背景を振り返る映像がここで効いてくる。

本作は、アポロ11号を初めて本格的に扱ったドラマ映像作品であり、見どころも多く宇宙開発映画では欠かせない作品と言えるが、テレビ映画であるためか、それにしては知名度も低く、DVD化もされていないのは悲しい限りである。

ビデオリリース時に邦題が『アストロノーツ』とされたのも、個人的には原題のまま『アポロ11』とした方が良かったと思うし、それも知名度が低い原因かもしれない。なかなか知られていない本作だが、アポロ11号を描いたドラマとして一度見ておくことをお勧めしたい作品である。

西暦一九六九年七月、人類が惑星地球より来た。ここ月面に初めて降り立つ。我々は全人類を代表し、平和のうちに来た。

月着陸船「イーグル」の記念銘板の言葉

第2章　人類、月に立つ

『ヒューストン、問題が発生しました』

放映：1974年アメリカ　原題：Houston, We've Got a Problem
監督：ローレンス・ドヒニー
出演：ロバート・カルプ、クルー・ギャラガー、ゲイリー・コリンズ、サンドラ・ディー、エド・ネルソン、スティーヴ・フランケン

アポロ13号の事故と奇跡の生還を題材に、ユニバーサルが制作、ABCで放映されたテレビ映画。アポロ13号の事故と帰還は1970年4月の出来事だったが、本作の放映は1974年で、アポロ13号の事故の初めてのドラマ化であり、初の映像作品である。

同じユニバーサルによる1995年公開の「アポロ13」はアポロ13号の船長だったジム・ラベルを中心にしたストーリーだったが、こちらは地上管制官たちの活躍に焦点をあてて作られている。

タイトルの「ヒューストン、問題が発生しました（Houston, We've Got a Problem)」は、アポロ13号のクルーが事故を管制官に報告した言葉の誤引用である。よく間違えられるが、正確に言うと、実際の通信では、司令船操縦士だったジャック・スワイガートが、「We've got a problem, here...（こちらに問題が発生）」と最初に地上に報告して、それに対して地上管制官（ジャック・ルーズマ）が「もう一度お願います」と尋ねた言葉に対し、船長のジム・ラベルが答えた言葉が、「Houston, we've had a problem.（ヒューストン、こちらに問題が発生した）」であった。

本作品の内容は、アポロ13号の事故を題材した完全なフィクションであり、地上管制官のスティーブ・ベル（ロバート・カルプ）が事故への対応と宇宙飛行士の生命の安全に対する懸念によるストレスと闘いながらアポロ13号の帰還のために全力を尽くすというもので、かなりドラマ化されたストーリーになっている。

出演者は、主演のロバート・カルプをはじめ、70年代にテレビで活躍していた俳優陣が主で、『アポロ13』で飛行主任のジーン・クランツをエド・ハリスが演じていたエド・ネルソンが演じている。本作品では実在の人物を

モデルにした登場人物はこのジーン・クランツくらいで、残りは架空の管制官だ。

　物語は、アポロ13号の事故からの生還の物語と、ロバート・カルプ演じる管制官のスティーブとゲイリー・コリンズ演じる同じく管制官のティムと彼らを取り巻く家庭環境を中心にして進む。アポロ13号の事故の対応で多忙を極めるティムに対して苛立つ彼の妻と徐々に仲違いしていく。一方、スティーブは宇宙飛行士を生還させるためのストレスで身体を壊しかけながらも、最後まで生還を信じて仕事を全うし、彼の妻もそんな彼を理解していくというものだ。

　さて、物語の冒頭で、ＮＡＳＡの管制室へやってきたスティーブ。その直後、アポロ13号からの事故の第一報が入る。「ヒューストン、問題が発生しました。」その言葉に時が止まる管制室。ここから管制官の闘いが始まる。

　この映画は、このアポロ13号の事故で管制官たちが管制室にやってくるところから始まり、徐々にそれぞれの管制官のそれぞれの事情が明かされ語られていく。

　さて、アポロ13号の事故が発生した１９７０年という年は、映画史的にみるとパニック映画の元祖とされるユニバーサル製作の『大空港』が公開された年であり、ここから続くエアポートシリーズは１９７０年代のパニック映画の代名詞的存在となった。これは、またいわゆるグランドホテル形式による物語表現でも有名になり、『ポセイドン・アドベンチャー』『タワーリング・インフェルノ』といった７０年代パニック映画の典型を作った。

　このような視点で見てみると、１９７４年放映の本作品も、アポロ13号の事故というパニック要素を題材にした管制官の群集劇を取り込んでいる点で、７０年代パニックものとの類似点を見出すことができる。ちなみに、先ほど紹介したジーン・クランツ役のエド・ネルソンは同年に公開されたエアポートシリーズの２作目『エアポート'75』にも出演している。

　内容はフィクションだが、劇中で起きるアポロ13号側の事故の発生からそのあとの帰還に至る出来事は時系列に沿って描かれており、劇中で使われているアポロ13号との交信音声などは実際のものが使われており、管制室内でのドラマはリアリティがあって楽しめるし、『アポロ13』と比較しても面白いかもしれない。

第2章　人類、月に立つ

『ドリーム』

公開：2016年アメリカ　原題：Hidden Figures
監督：セオドア・メルフィ
脚本：アリソン・シュローダー、セオドア・メルフィ
出演：タラジ・P・ヘンソン、オクタヴィア・スペンサー、ジャネール・モネイ、ケビン・コスナー、キルスティン・ダンスト、ジム・パーソンズ、マハーシャラ・アリ

1961年、アメリカはソ連との宇宙競争の只中にいた。アメリカ南東部のバージニア州ハンプトンにあるNASAラングレー研究所では、有人宇宙飛行のための研究と実験が日々行われていた。優秀なアフリカ系女性であるキャサリン（タラジ・P・ヘンソン）は、同僚のドロシー（オクタヴィア・スペンサー）とメアリー（ジャネール・モネイ）と共にラングレー研究所で働く計算手だ。

ソ連のユーリ・ガガーリンによる人類初の宇宙飛行により先を越されたアメリカでは、宇宙飛行へのプレッシャーが高まっていた。そんな中、キャサリンはアル・ハリソン（ケビン・コスナー）率いるスペース・タスク・グループへの配属を命じられる。だが、初のアフリカ系アメリカ人の女性スタッフとなり働くことになったキャサリンの前に立ちはだかったのは、同僚らからの露骨な人種差別的な嫌がらせであった。

また、キャサリンの友人であるドロシーとメアリーも、人種差別的環境に苦しんでいた。ドロシーは事実上、計算手の管理者でありながら、その待遇が白人と異なることに不満を抱いていた。管理職として昇進を白人女性の上司であるミッチェルに願い出るも「黒人管理者の前例がない」ことを理由に断られていた。また、メアリーは計算手からエンジニアへ転身したいと考えていたが、エンジニアになるためには学位が必要であり、さらにその学位を取得するためには白人専用の学校へ通う必要があったのだ。

一方、ソ連に先を越された

DVD=20世紀フォックス・ホーム・エンターテイメント・ジャパン

アメリカは、その威信をかけマーキュリー計画によるアメリカ初の有人宇宙飛行に向け突き進んでいく。スペース・タスク・グループ（ＳＴＧ）でのキャサリンの仕事はさらに多忙になっていく。ある日上司のアルは、仕事中にキャサリンが離席したまましばらく帰らないことに対して叱責する。キャサリンは、自分の職場のある建物には黒人用のお手洗いがなく、８００メートル離れた場所の黒人用トイレまで徒歩で往復していたのだ。叱責を受けたキャサリンは、アルや同僚に対して、黒人差別的な環境に対して訴えるのだった。

　１９６１年、マーキュリー計画によるアメリカの有人宇宙開発の前夜の時代、黒人および有色人種に対する偏見と差別が支配的だった時代において、陰でアメリカの宇宙計画を支えたアフリカ系アメリカ人の女性たち3人、Hidden Figures という原題が示すように、これらの隠れた人物たちの功績を取り上げて称えた作品である。

　彼女たちのアメリカの航空宇宙開発への貢献は、これまで長い間世の中に知られることがなかったが、２０１６年にマーゴット・リー・シェッタリーが著書『Hidden Figures』（訳本『ドリーム――ＮＡＳＡを支えた名もなき計算手たち』２０１７年）の中で取り上げたことで知られることになった。キャサリンをはじめとする本作品に登場する3人の黒人女性たちは、実在の人物であり、映画内での描写は、史実を脚色している部分もあるものの、映画は、この原作に描かれた彼女らをモデルにした伝記映画となっている。

　原作の著者マーゴットはバージニア州ハンプトンの出身であり、彼女の父親はＮＡＳＡラングレー研究所で働くエンジニアだったため、ＮＡＳＡで働いていたアフリカ系アメリカ人女性たちの話を知っており、彼女らの実話に感銘を受けた彼女が本にまとめたものだ。２０１０年から本書の執筆を始め、２０１６年に出版された。映画の公開とともに、２０１７年にはニューヨーク・タイムズのノンフィクション分野のベストセラー入りしている。

　この映画で登場する計算手というのは、電子計算機が登場する以前に、研究機関や企業において数学的な計算を担っていた人たちのことである。電子計算機登場以前は、当然すべての計算は手計算であり、人の手によって行われていた。特に第2次世界大戦になると、男性が徴兵されたことで、女性がその担い手になる。

　１９４３年には、ＮＡＳＡ

第2章　人類、月に立つ

の前身組織であるＮＡＣＡ（アメリカ航空諮問委員会）が、ラングレー研究所内にウエスト・エリア・コンピューティング・ユニットと呼ばれる黒人女性のみで構成された計算手の組織を作り、彼女たちに数学的な計算を担当させていた。

　本作品で登場する３人の女性たちも、このウエスト・エリア・コンピューティング・ユニットで計算手として採用され働いていた人たちである。

　キャサリン・ジョンソンは、計算手を務めた後、軌道力学の計算を担当し、アラン・シェパードやジョン・グレンらのマーキュリー宇宙船の軌道計算や打ち上げウィンドウの計算、緊急時の着陸プランや着水地点などの割り出しなどに貢献している。２０１５年には長年の業績を称えられ、バラク・オバマ大統領から大統領自由勲章を授与されている。また、２０１７年にラングレー研究所に新しくできた研究施設には、彼女の功績を称えて、キャサリン・Ｇ・ジョンソンの名前が付けられている。

　ドロシー・ヴォーンは、ラングレー研究所で計算手として働いていたが、ＮＡＣＡがＮＡＳＡとなるときに、ウエスト・エリア・コンピューティング・ユニットの管理者となり、これによりＮＡＳＡでアフリカ系アメリカ人女性とし初のマネージャーとなる。１９６１年にＮＡＳＡがデジタル・コンピューターを導入すると、率先してＦＯＲＴＲＡＮ言語を学び、また計算手たちにもコンピューター言語を教えた。主にスカウトロケット（ラングレー研究所で設計された小型衛星を打ち上げるためのロケット）の開発に貢献している。

　メアリー・ジャクソンは、ラングレー研究所でドロシーの下で働いていた女性で、計算手として勤務していたが、のちにＮＡＳＡで初のアフリカ系アメリカ人女性エンジニアとなる。彼女は、主に空洞実験でのデータ分析や、航空力学の分野で多大な貢献を残した。

　さて、本作はあくまでノンフィクション小説を原作としながら作られた映画であり、物語をドラマチックにするために脚色がされている。

　ウエスト・エリア・コンピューティング・ユニットのある施設では、当時のジム・クロウ法によりトイレやカフェテリアにおいて隔離政策がとられていたが、史実では、１９５８年にＮＡＳＡが設立されると、ウエスト・エリア・コンピューティング・ユニットを含むこれらの施設では人種差別政策による隔離は廃止されている。

　また、映画ではキャサリンになっているが、実際に有色人種専用のトイレを使うために遠く歩かなければならなかったのはメアリーであった。また、キャサリンは、トイレが隔離されていることを知らず、表札が出ていない白人専用トイレを使用しており、これには同僚から苦情が出たが、彼女が無視していたところ問題は自然消滅したということらしい。

映画では、ドロシー・ヴォーンは、管理職への昇進を白人女性のミッチェルに訴え出るが、実際には１９４９年にすでにマネージャーとなっているため、映画で描かれていた時系列での出来事とは異なっている。

メアリー・ジャクソンは、１９５８年にバージニア大学の学位を取得し、ＮＡＳＡにおけるアフリカ系アメリカ人女性初のエンジニアとなっている。だが、バージニア大学では、この学士取得に必要な単位を得るための夜間の授業を、白人専用の高校で実施していたため、彼女はハンプトン市に特例を認めてもらい、この夜間授業に参加している。

また、ケビン・コスナーが演じるキャサリンの上司であるアル・ハリソンは創作キャラクターで、実際に、スペース・タスク・グループ（ＳＴＧ）と呼ばれる有人宇宙船開発を担った部門を率いていたのは、ロバート・ギルルースという人物である。

このように、映画をドラマとして成立させるために演出されている部分は少なからずあるが、白人男性が圧倒的であった時代に、未踏の宇宙開発に挑んだ彼女たちの功績が消えるものではないし、大いに称賛されるべき多大な貢献である。

アメリカの宇宙開発に関するドラマはもはや語りつくされた感もあったが、近年になり再び月、惑星、有人宇宙開発にスポットが当たるようになるなかで、これまで焦点が当たってこなかった多くの人々の業績が、このような形で世に認識され認められることは非常に嬉しいことだ。

ちなみに、宇宙開発に関わる女性たちを描いたものは、２０１５年にＡＢＣで放映されたテレビドラマ『The Astronaut Wives Club』がある。また、ＮＡＳＡで働いていた計算手の女性たちを描いた文献としては、ナタリア・ホルトによる『ロケットガールの誕生／コンピューターになった女性たち』があるので、興味のある方は本作の原作と一緒に、ご参考に一読されてみることをお勧めする。

「我々は月に行けると思うか？」
「もう行ってますわ」

キャサリン・ジョンソン

第2章　人類、月に立つ

『ファースト・マン』

公開：2018年アメリカ　原題：First Man
原作：ジェームズ・R・ハンセン
　　『ファーストマン：ニール・アームストロングの人生』
監督：デイミアン・チャゼル
脚本：ジョシュ・シンガー
出演：ライアン・ゴズリング、クレア・フォイ、
　　ジェイソン・クラーク、コリー・ストール、パトリック・フェジット
音楽：ジャスティン・ハーウィッツ

DVD=NBC ユニバーサル・エンターテイメントジャパン

アポロ11号の人類初の月面着陸により、月面を歩いた最初の人間となったニール・アームストロングとアポロ計画を描いた映画。ニール・アームストロングを演じるのは、『きみに読む物語』で注目を集め、一躍実力派俳優となったライアン・ゴズリング。監督は『セッション』『ラ・ラ・ランド』のデイミアン・チャゼルで、脚本はジョシュ・シンガー。また音楽は、デイミアン・チャゼル作品で作曲を手がけてきたジャスティン・ハーウィッツが担当。

ジェームズ・R・ハンセンによるニール・アームストロングの伝記『ファーストマン：ニール・アームストロングの人生』の映画化である。

アメリカの歴史としてだけでなく、また宇宙開発史としてだけでなく、人類の歴史における科学技術の偉大な業績ともいえる月面着陸だが、その第一歩を刻んだ最初の男、ニール・アームストロングほどの人物について、伝記映画が作られてこなかったのは不思議ではあるが、これには、彼自身がとても謙虚でかつ静かな人物であったことや、彼が自分の伝記が書かれることを断ってきたという経緯が影響している。ようやく2005年になって、本映画の原作で彼の初めての伝記である『First Man：The Life of Neil A. Armstrong』（ジェームズ・R・ハンセン著）が出版されたが、それまでも彼は伝記本の出版のオファー

を断り続けてきた。

本作品は、ニール・アームストロングという人間の知られてこなかった側面と、これまで描かれなかったジェミニ・アポロというアメリカの初期の宇宙計画における宇宙飛行士たちの悲劇的な宿命を描き出す映画である。

彼はオハイオ州の出身で、大学で航空工学を学び、海軍へ勤務。朝鮮戦争では海軍航空部隊で偵察飛行のパイロットとして従軍している。のちにテストパイロットとなった後、1961年に第2次宇宙飛行士選抜に合格して宇宙飛行士候補となる。宇宙飛行士となってからは、ジェミニ8号、アポロ11号で宇宙へ行った。

彼は、大学時代に知り合ったジャネット・シャーロンと、テストパイロット時代の1956年に結婚をし、リック、カレン、そしてマークという3人の子供を授かっているが、娘のカレンは、脳の悪性腫瘍とそれに伴う健康の悪化で、1962年、わずか2歳半で肺炎のためこの世を去っている。

映画では、彼がNASAにやってきた1961年から、その8年後の月面着陸までを描く。

1962年1月末に彼は娘カレンを亡くすが、その数ヵ月後に、宇宙飛行士選抜試験に申し込んでいる。そして、その時以降、宇宙飛行士としてのキャリアを進む彼の心の中に、カレンの存在は影のように常につきまとうのである。

ニール・アームストロングがアポロ11号で人類初の月面歩行者となった理由は様々だろうが、一つには、彼が幾多の事故や危機的状況でも冷静に対処しながら帰還しており、月面での予測不能な事態でも対処できる能力があると考えられたことがあるかもしれない。

テストパイロット時代には、彼の操縦技術は高く評価されていた。何度もあわやという状況に遭遇しながら、冷静に対処して墜落や惨事を免れている。これは、彼が宇宙飛行士になってからも同じだ。

彼が初めて宇宙へ行ったジェミニ8号は、最初から敷居の高いミッションだったと言っていい。ジェミニ計画では、月着陸のために必要となる軌道上でのランデブー、ドッキング技術開発のために、アジェナ標的機という無人宇宙船との最初のランデブー、ドッキングが実施されたが、ジェミニ8号による宇宙空間で2機の宇宙船がドッキングするのはアメリカ初、かつ史上初であり、このミッションに、ニール・アームストロングはデイヴィッド・ス

第2章　人類、月に立つ

コットとともに選ばれている。

船長であるアームストロングは、自身のジェミニ宇宙船を巧みに操縦し、アジェナ標的機とのドッキングを果たす。しかし、このミッションはここからが試練だった。アジェナ標的機と連結したジェミニ宇宙船は、急激なロール回転を始めてしまったのだ。

アームストロングは、ジェミニの軌道姿勢制御システム（ＯＡＭＳ）のスラスタを噴射しながらロールを止めようと奮闘したが回転は止まらなかった。回転が激しくなることによりアジェナ標的機が分解、爆発することを危惧した２人は、アジェナ標的機を切り離す。だが、突然質量が少なくなった分、小型のジェミニ宇宙船の回転数が急激に上昇し、このとき回転は１秒間に１回転という状態に達したようだ。この急激な回転の原因は、軌道姿勢制御システム（ＯＡＭＳ）の故障だったと後に判明したが、アームストロングは、大気圏再突入システム（Re-entry Control System, ＲＣＳ）を使用して姿勢を安定させ、無事帰還することに成功する。

また、そののちのアポロ計画でも、落命の危機から間一髪で生還している。

１９６０年代の終わりが近づいていたが、月面降下用のために必要な月着陸船の開発が大幅に遅れていた。１９６８年初頭にようやく無人月着陸船による初飛行と初試験が実施された月着陸船だが、同時に宇宙飛行士たちは地上で月着陸練習機を使った月着陸船の操縦技術と降下訓練を行っている。

１９６８年５月、アームストロングはこの月着陸練習機での練習中、地上30メートルで、機体が不安定になる事態に遭遇した。このとき、射出座席で脱出し無事に一命をとりとめているが、脱出タイミングがあとわずかに遅れていたら事故死していたとも言われる。

このように、ニール・アームストロングはアポロ11号以前にミッション中や訓練中に九死に一生を得る奇跡を繰り返している人物だが、その度に確かな操縦技術を見せている。

月着陸船は、ようやく１９６９年３月にアポロ９号でドッキングや分離技術のテストを行い、５月にはアポロ10号で月周回軌道まで到達し、降下テストを実施、月面10メートルまで接近している。同年の７月のアポロ11号による月面着陸は、これらのテストが正常に実施された後だったとは言え、１９６０年代の月面着陸のためには後がないぎりぎりのタイミングであり、月着陸船のテストは十分とは言い難く、当然ながら初の月面着陸では何が起きるか予測ができない、極めて難しいミッションであった。

実際に、アポロ11号の月面着陸でも、不測の事態が発生している。アームストロングは順調に月着陸船を操縦しながら降下したが、月面は予想以上に大きなクレーターや岩石が多く、平坦な場所を見つけ着陸することが難しかった。そのため燃料を予想以上に使う結果になったが、冷静に着陸を成功させている。

宇宙開発の初期において、宇宙飛行士の任務は常に死と隣り合わせだった。輝かしい国の英雄としての彼らの姿の裏側は、これまでほとんど描かれてこなかった。この映画で描かれるのは、そんな初期の宇宙飛行士たちが背負った宿命と、国家のために命を捨てなければならなかった国家プロジェクトの捨て駒としての宇宙飛行士の姿である。

宇宙飛行士に応募したニールと最初に友人となったエリオット（パトリック・フェジット）だが、彼はジェミニ9号の船長に任命されながらも、搭乗前の訓練中の事故で亡くなってしまう。そして同じように、彼はまた友人のエド（ジェイソン・クラーク）をアポロ1号の火災で失った。

それだけではない。彼の孤独の裏には常に、亡くした娘カレンのことがあった。劇中、感情を表に見せず、常に冷静かつおだやかで、孤高の存在であるニールだが、唯一感情を出すのは、娘カレンを思い出す時だ。友人と娘の死、自身も死と隣り合わせの経験をした彼は、月面着陸への執念を見せていく。何かに駆り立てられるように月を目指す姿は異常にも見える。

実際に、ニール・アームストロングの娘を亡くした悲しみと喪失感は非常に大きいものだったようだ。これは、ジェームズ・ハンセンの本の中で詳しく語られているが、カレンの死後、ニールは自分の殻に閉じこもりがちになったようだ。本人は、娘の死と宇宙飛行士になる決断との個人的な関係については否定していたようだが、ジェームズ・ハンセンは無関係ではなかったと考えているし、私も、彼が宇宙飛行に対して集中して突き進んだのは、娘の喪失感を埋めて逃避できるものが必要だったからのように思うのだ。

このように、本作で描かれるニールの姿と娘カレンの影響は、劇中ドラマとしての演出は追加されているものの、ジェームズ・ハンセンの原作に基づき、史実に沿うように上手くまとめられ、ニール・アームストロングの内面に迫る伝記映画として素晴らしい作品に仕上がっている。

本作品の中で、月に行ったニールが、リトル・ウェス

第2章　人類、月に立つ

ト・クレーター（アポロ11号の着地点から60メートルほどのところにあったクレーター）で、娘カレンのブレスレットを置くという場面がある。

　実際には、ニール・アームストロングがカレンの形見を月に捧げたのかどうかはわからない。そもそも、ＮＡＳＡは宇宙飛行士の個人的な持ち物に関しては秘密にする方針だったし、自分自身や家族のことについてのプライベートを全く話さなかったニール・アームストロングも当然、このようなエピソードを自ら語ったことはない。したがってこの場面は、製作者たちの推測に基づいた描写だ。

　だが、この描写が、全くデタラメのでっち上げとも言えないと感じるのは、製作者たちの、この映画とニールに対する敬愛の気持ちをよく表しているところだろう。月に行った宇宙飛行士たちはそれぞれ記念品を持ち込んでおり、月面に置いてきたりしている。例えば、バズ・オルドリンは子供の写真を月へ持っていったし、チャーリー・デュークはアポロ16号で月に家族の写真を置いてきた。また、アポロ17号で月に行ったユージン・サーナンは、月面の砂に、娘の名前のイニシャルを書いたりしている。

　月面に降り立ったニール・アームストロングとバズ・オルドリンの2人の宇宙飛行士は、月面での様々な活動をこなすことになっていたが、ニール・アームストロングは、リトル・ウェスト・クレーターの淵で写真撮影をした。このときに、2歳半で亡くなった彼の愛娘カレンのブレスレットをクレータに残したことは考えられるかもしれない。

　原作者のジェームズ・ハンセンは、アームストロングの家族、元妻のジャネット、２人の息子のエリックとマーク、そして妹のジューンに対してインタビューを行っている。彼はジューンに、「ニールがカレンの形見を月に持っていったことはあるでしょうか？」と聞いており、彼女が「そうだったらいいと思います」と答えたことから、このようなシーンが生まれた。

　歴史的瞬間だったニールの月面への第一歩も、この映画ではひたすらニールの視点から描かれる。これまでの宇宙開発映画のように、地球で見守る大衆や地上管制側の興奮と喜びはなく、月に降り立った個人と月世界の静寂のみがある。月と地球の距離感とニール個人とその他大衆、そして家族との心の距離感がここに象徴的に描かれている。

『セッション』『ラ・ラ・ランド』で、デイミアン・チャゼル監督作品の音楽を担当したジャスティン・ハーフィッツの音楽がニールの孤独な心情描写にぴったりとマッチする。ここで流れるニールの主題は『ラ・ラ・ランド』のラストでライアン・ゴズリングが弾くピアノ曲の旋律を彷彿させる。

また、劇中でニールが宇宙飛行士となり講義を受けるシーンや、アポロ11号の打ち上げ前の朝食、宇宙服を装着するシーンは、映像の質感やカット割り、構図を、NASAの記録フィルムのものに近づけてこれを再現するように凝った演出をしている。

この映画ではニールやアポロ計画に縁のある人たちも多数カメオ出演している。ジェミニ８号の管制室にはニールの息子であるマーク・アームストロングとリック・アームストロング、そしてマークの息子であるアンドリューが登場している。ホワイト・ハウスの晩餐シーンで、ニールに電話があったことを取り次ぐ女性はデイミアン・チャゼル監督の妹のアナだ。また、ニールら３人の宇宙飛行士が射場へ向かうバンに乗り込むシーンで、建物を出た時に脇に立っているスーツ姿の男性は、初代ケネディー宇宙センター所長であったクルト・デブスを演じる原作者のジェームズ・ハンセンである。打ち上げ前の飛行士たちの朝食シーンで、ニールの顔のスケッチをしている男がいる。史実では美術家のポール・カルがNASAに雇われて宇宙飛行士や宇宙開発に係わる多くの絵画やデザインをしたが、ここでこのポール・カルを、彼の息子で同じく宇宙芸術家であるクリス・カルが演じている。

ニール・アームストロングは、アポロ計画終了後は大学の教鞭を取ったり、企業経営に参加したりしていたが、世の名声を求めることもせず、最初の男としてメディア出演することもほとんどせずに、ひっそりと穏やかに暮らし、２０１２年８月25日、心臓血管の手術後の合併症のために82歳でこの世を去った。

アメリカ国民の英雄で、歴史に名を刻んだ男の知られざる姿を描く必見の作品である。

一人の人間の小さな一歩だが、人類の大きな飛躍である。
ニール・アームストロング

〈宇宙×映画雑話1〉

映画に描かれたロケット開発

宇宙開発を題材にした映画における一つの楽しみ、それはロケットの打ち上げシーンである！ ロケットが打ち上がる瞬間は、なぜあんなにかっこいいのだろう。本書で解説した映画の中にも、様々なロケット発射シーンが盛り込まれているが、ロケットの発射シーンも比較してみるといろいろと面白い。ここでは、それらを紹介したい。

『月世界旅行』で初めて描かれた宇宙旅行

ロケットの打ち上げを最初に描いた映画は、やはり、1902年の『月世界旅行』である。フランスのジョルジュ・メリエスが脚本・監督した14分間のモノクロ・サイレント映画で、世界初のSF映画と言われる。原作はジュール・ヴェルヌの『地球から月へ』『月世界へ行く』『月世界旅行』と、H・G・ウェルズの『月世界最初の人間』である。ここでのロケット発射シーンは、ヴェルヌの原作小説にある通り、人間を乗せた砲弾を、巨大なアームストロング砲に入れ、ぶっぱなすというもの。

まだ近代的なロケットという概念がない時代だが、この翌年の1903年に、ツィオルコフスキーが「ロケットによる宇宙空間の探求」という論文を発表している。この中でツィオルコフスキーは、大砲で弾丸を打ち上げる場合には、空気抵抗を無視しても初期加速度が1000Gに達するため実現できないことを言い、代わりに均一的に加速度を与え続けられるロケットによる宇宙空間への飛行について述べている。だが、この論文が着目されるようになるのは、1910年代に入ってからである。

『月世界の女』で初登場ロケットの打ち上げシーン

さて、これより5年後の1908年には、当時のオーストリア＝ハンガリー帝国のヘルマン・オーベルトが、ツィオルコフスキーと同じように宇宙空間へ到達する手段はロケットであることを発見する。ヘルマン・オーベルトは、1923年に『惑星空間へのロケット』を出版し、ロケットに関する基本的な運動方程式や、液体燃料を用いた多段ロケットの概念、構成、構造から加速度が人体に及ぼす影響までを著した。この画期的な著書は他の学者から非難されたが、そのヘルマン・オー

『月世界旅行』（1902年、仏）に描かれた世界初の宇宙船（正確に言えば、人を乗せた大砲の弾丸）の打ち上げシーン

ベルトは、ロケットの研究費をねん出するために、むしろ積極的に研究成果を発表し、様々な広報活動に協力した。その結果が、1929年の映画『月世界の女』への協力である。映画監督のフリッツ・ラングに呼ばれたオーベルトは、この映画に技術アドバイザーとして参加したのだ。

『月世界の女』は、その意味で画期的な映画である。『月世界の女』におけるロケット打ち上げシーンは、宇宙SF映画史上初めて、本格的で科学的考証の下作られたものである。その迫力ある映像はのちに来る宇宙開発時代の到来を予見している。

　劇中に登場するロケット「フリーデ」（ドイツ語で平和という意味）は、多段式の液体燃料を用いたロケットである。これは、「惑星空間へのロケット」でオーベルトが発表した当時の最先端のロケット工学に基づいたものだ。

　劇中、ロケットの搭乗員が背を下に向けた体勢で椅子に座っているが、これは発射時の加速度をうけるのに適した体勢で、今では当たり前のようであるが、以後の有人ロケットでは、打ち上げ時、宇宙飛行士はこの体勢を取っている。オーベルトが、著書の中で、加速度が人体に及ぼす影響について論じていたことは、忠実にこの映画に描写されている。

　宇宙飛行士は、無重力から体を浮かないように椅子につけたストラップで体を固定している。また、打ち上げが水を張ったプールの上から発射される描写があるが、今日の打ち上げでも、打ち上げ時の熱を処理するためにロケット噴射時には、噴射口直下部で大量の水を使った散水が行われる（ウォーターカーテンと呼ばれる）が、これらもオーベルトの研究成果を取り込んだものである。

　また、この映画で初めて、発射時のカウントダウンが登場した。今ではロケットの打ち上げと言えば、カウントダウンは当然のことと認識されているが、ロケットのカウントダウン自体は特に必要なものではない。実際に、初期におけるソ連のロケットの打ち上げは、カウントダウンはなかったし、実際にロシア宇宙開発の父であるコロリョフは、アメリカ人が打ち上げの際にカウントダウンを行うのは、大衆に向けた演出でしかないと考えていたくらいである。私は、逆にオーベルトの弟子だったフォン・ブラウンが、『月世界の女』から着想を得てカウントダウンを始めた、と思っているが。

　オーベルトはこの映画の監修に当たって、実際にプレミアイベントと小さなロケットを打ち上げることも考えていた。このようにして、オーベルトはロケット開発の資金を、実際にラングから得ようとしていた。

　のちにV-2ロケットの開発に協力していくことになるオーベルトだが、時代が下ってナチ

〈宇宙×映画雑話１〉
映画に描かれたロケット開発

ス政権下のドイツでは、ヒトラーがこの映画のロケット発射の描写が実際のＶ・２ロケットと酷似していたため機密漏洩を防ぐ目的でネガを焼却させている。

この作品は、オーベルトらドイツ宇宙旅行協会のメンバーの中では有名であり、ドイツ宇宙旅行協会のエンジニアたちはＶ・２ロケットの開発に参加し、戦後アメリカに渡りアポロ計画を支え、人類の月面着陸を実現することになる。『月世界の女』が公開されてからわずか40年後のことだ。

本格的な宇宙時代に突入、打ち上げシーンはＮＡＳＡ記録フィルムで

さて、１９５７年にスプートニク１号が打ち上げられると、宇宙映画に登場するロケット打ち上げシーンには、実写映像を用いられることが多くなった。セットやミニチュアでロケットの打ち上げを再現するよりは、実録の映像を織り込んで編集した方が安く、その上本物だから当然リアル感はミニチュアの比ではないから、使えるのであれば使う方がいいに決まっているのだから。

１９６０年代、１９７０年代における宇宙映画では、ハードＳＦでも、ＳＦコメディーでも、アクションでもこのようにＮＡＳＡのロケットの打ち上げフィルムを使うことがほとんどになる。

例えば、『宇宙からの脱出』『月への冒険旅行』、『The Reluctant Astronaut』、『ムーン・パイロット』などがそうだ。１９６０年代は、月着陸に向けて、驚異的な速さでロケットは大型化していったから、ＳＦで描かれた未来よりも現実の方が追いついていくようなそんな時代だったに違いない。さらに、映画で映し出されるＮＡＳＡの実録映像は、月着陸や最新の月ロケット技術に対する大衆の啓蒙にも一役買ったに違いない。

また、アポロの月面着陸がせまった１９６８年は、『２００１年宇宙の旅』『猿の惑星』が登場し、宇宙ＳＦ映画も一つの最盛期を迎えた時代である。

その後、１９７０年代、アメリカは、いわゆるアメリカン・ニューシネマの時代を迎える。アポロ計画も終了したためか、宇宙を題材にした映画はほとんどなくなってしまう。宇宙映画がスクリーンに戻ってくるのは、１９７７年の『スター・ウォーズ』の公開が一つのきっかけになったと言える。

『スター・ウォーズ』が出て、特撮技術、ＳＦＸが進歩してくると、１９７０年代後半から１９８０年代にかけて宇宙を題材にしたＳＦ映画が再び盛り返してくる。また、１９８０年代も後半になると、ＶＨＳやレンタル・ビデオの普及が始まったこともあり、多種多様な宇宙ＳＦ映画が作られた。

宇宙開発史を描いた宇宙映画では、1983年に『ライトスタッフ』が登場する。こうして、1980年代に蓄積されていったSFX技術と、コンピュータの発展が融合して、CGが現れ、そして、それは、1995年に製作された『アポロ13』において、宇宙映画における一つの完成形を見せたといっていいだろう。

『アポロ13』以後、CGの登場で変わった打ち上げシーン

宇宙映画を見ていくと、『アポロ13』以前以後で、明らかに大きく変わったことの一つが、ロケットの打ち上げシーンの描き方だろう。

これまで、NASAの記録フィルムに頼っていたものが、CGによって本物以上にリアルで迫力のある映像を作ることができるようになった。

ロケットの進行方向上の高い空の上から地上を見下ろした視点で、ロケットが画面の方に向かって飛んでくるという画の構図は、『アポロ13』で初めて登場した。

『アポロ13』以前の宇宙映画では、先にも紹介した通り、NASAの記録フィルムを使っているから、実際に撮影のために置かれたカメラの位置からの映像しかなかった。だから、打ち上がるロケットを真横から撮った映像がほとんどになる。『アポロ13』のような映像を実際に撮影するには、打ち上がるロケットの進行方向にカメラがないとできないが、当然打ち上げの時に、そんなところに例えばヘリコプターなどでカメラを持っておくことはできないから、そんな映像は撮れないし、NASAの記録フィルムを使っている限り、観客に見せることはできなかった。

『アポロ13』以後の宇宙映画に描かれたロケット打ち上げシーンを比較してみると似た構図になっているのがわかる。飛んで行くロケットを迫力ある映像にしようとするとなると、おのずとこの構図になるのかもしれないが、それでもこれは、CGによって好きな角度から好きなものを描けるという映像技術ができたから可能になったと言える。

このようにロケットの打ち上げシーンの描き方だけをとっても映画の中にその変遷を見ることができて面白い。

ロケットや宇宙船の打ち上げシーンは、映画の中でも盛り上がる場面でもある。本書で紹介している映画でも多くのロケットの打ち上げシーンが登場するが、印象的なもの、特徴的なものは本文の中で紹介したつもりだ。宇宙映画をご覧になるときは、打ち上げの描き方にも注目してみると面白い発見があるかもしれない。

第３章

スペースシャトルと宇宙ステーションの登場

～誰でも宇宙へ行ける時代へ～

『スペースキャンプ』
『スペース・カウボーイ』
『ＳＦスターフライト１』
『チャレンジャー号　73 秒の真実』
『飛行時間 73 秒／チャレンジャー号の悲劇』
『ゼロ・グラビティ』
『セルジオ＆セルゲイ　宇宙からハロー！』
『サリュート７』

『スペースキャンプ』

公開：1986年アメリカ　原題：SpaceCamp
監督：ハリー・ウィナー
脚本：W・W・ウィケット、ケイシー・T・ミッチェル
出演：ケイト・キャプショー、リー・トンプソン、リーフ・フェニックス

DVD=JVC エンタテインメント

フロリダ州のケープ・カナベラル、ケネディ宇宙センターに夏休みでスペース・キャンプに来ていた5人の子供たち。念願の女性宇宙飛行士になったが未だ宇宙飛行を果たせていないアンディと5人の子供を乗せたスペースシャトルが訓練中に本当に宇宙へと発射されてしまう！

監督は、ハリー・ウィナー。音楽はあのジョン・ウィリアムズである。主演は、『インディ・ジョーンズ／魔宮の伝説』でインディ・ジョーンズと恋仲になる女性ウィリーを演じ、スティーブン・スピルバーグと結婚したケイト・キャプショー。そのキャプショー演じるアンディは女性宇宙飛行士、女性初のシャトル操縦士だが、未だ宇宙に行けないことに苛立ちを感じている。夫のザック（トム・スケリット）は月面を歩いた宇宙飛行士であるという設定だ。

そのアンディは、スペース・キャンプの教員の担当になる。スペース・キャンプとは、1982年に始まったNASAが主催する子供たちのための教育プログラムである。子供たちはNASAの宇宙飛行センター内の施設に寝泊まりしながら夏の間、様々な授業や講義、体験型学習などを受けて科学、数学、宇宙に関する様々なことを学ぶ。

アンディのもとにキャンプに参加しにやってきたのは5人の子供たち。『バック・トゥ・ザ・フューチャー』で主人公マーティーの母親役を演じて有名になったリー・トンプソンが演じるのは、女性初のスペースシャトル船長を夢見ている少女キャサリン。ケビン（テイト・ドノヴァン）は多少軽薄で、いきなり

第3章　スペースシャトルと宇宙ステーションの登場

キャスリンに接近するという男の子。

　マックス（リーフ・フェニックス）はスター・ウォーズ大好きっ子で宇宙に行きたいと強く願っている男の子だ。

　この映画、このマックスのセリフにスター・ウォーズの小ネタがいっぱい詰まっており、スター・ウォーズファンはたまらずニヤリとしてしまうので必見だ。

　リーフ・フェニックスは本作品で子役デビューを果たし、いまや実力派俳優である。ティッシュ（ケリー・プレストン）は、映像記録能力を持っている女の子。一度見たものはすぐ暗記してしまう才能を持っている。

　ルディ（ラリー・スコット）は科学好きな黒人の男の子で宇宙に最初のファストフードチェーン店を作るのが夢だ。

　さて、マックスはロボットのジンクスと仲良くなる。ジンクスはマックスにとってのドロイド、Ｒ２‐Ｄ２みたいな存在だ。（笑）

　個性派ぞろいのメンツで始まったスペース・キャンプだが、最初のシミュレータでは突如起こった停電の事態を前に、チームはバラバラ、シャトルは大気圏で燃え尽きて全員死亡の結果に。軽薄なケビンは船長役にもかかわらず責任をとろうとせず、ふざけてばかりいる。キャスリンも全員死亡の結果に思わず「ルディが……」と言いかけて彼に責任を押し付けて言い逃れをしようとしてしまう。そんな子供たちにアンディがいう。「何を言っても無駄なのよ、みんな一致団結しないから死亡したのよ」

　さて、スペース・キャンプが行われている最中に、アトランティス号のメインエンジンテストが実施されることになる。キャンプに参加していた5人の子供たちは、そのテストの最中にシャトルに搭乗できることになる。本物のシャトルに乗ることができると聞いて、興奮と驚きを隠せない子供たち。

　メインエンジンテストの直前、マックスを宇宙に行かせたいと思ったジンクスは、こっそりとＮＡＳＡのコンピュータに忍び込み補助ロケットの異常を起こしてしまう。

　これによって片側の補助ロケットが点火してしまう。補助ロケットは固体燃料のため一度点火すると燃焼を止められない。地上での爆発を避けるためには、もう一方の補助ロケットを点火するしかない。2本の補助ロケットが点火されたアトランティス号はアンディと5人を乗せて宇宙へ向かって飛び立つ。

　アンディと5人は初めて見る宇宙の光景に興奮を隠せない。しかし、それもつかの間、地球へ安全に帰還する方法を考えなければいけない。実験機であるアトランティス号はまだ飛行準備が完璧ではない。酸素タンクの残量も少ない。生存できるのは12時間、再突入には酸素が足りない。

「どこかで酸素を入手しないと」とアンディ。それを聞いてルディがつぶやく。「宇宙にコンビニはないしなあ」この言葉にアンディがあることに気が付く。軌道上には建設中の宇宙ステーション、ダイダロスがある、そこには酸素がある。

キャスリンとアンディがシャトルを操縦し、ダイダロスに接近する。アンディが宇宙服を着てダイダロスから酸素タンクをシャトルへ移動することになる。

だが成人のアンディでは体が大きく宇宙ステーションにあった酸素タンクまで手が届かない状況が発生してしまう。さあ、どうする？状況を見ていた一番体の小さいマックスが言う。「僕が行く！」

宇宙服を着て外に出たマックスが思わず叫ぶ。「スカイウォーカー中佐、参上！」。そんなマックスだが宇宙空間を見てパニックになってしまう。皆が「落ち着いて」と言うがマックスのパニックはおさまらない。それをみていたケビンが何かを思いついて静かに言う。「ルーク、フォースを使うんだ」「そうだ、フォースがある。僕にもできる」落ち着きを取り戻してアンディを助けに向かうマックス。

アトランティスの中ではいよいよ酸素が少なくなっていく。6人は無事地球へ帰還できるのか。帰還へ向けて6人が次第に力を合わせていく。

この映画は、映画公開5ヵ月前の１９８６年1月28日、チャレンジャー爆発事故が発生し、残念ながら興業的には失敗した。

だが、１９８０年代、スペースシャトルが初飛行し、宇宙がより近くになった時代。誰もが宇宙に行ける、そんな時代の到来に夢と希望を抱いていた当時を反映した時代を語るには欠かせない映画である。80年代の名優たちの演技とともに楽しんで頂きたい30年の時を経ても衰えない魅力を持った一本である。

「やったわね、キャスリン！」
「違うわ、みんなでやったのよ」

キャスリン・フェアリー

第3章　スペースシャトルと宇宙ステーションの登場

『スペース・カウボーイ』

公開：2000年アメリカ　原題：Space Cowboys
監督：クリント・イーストウッド
脚本：ケン・カウフマン、ハワード・クラウスナー
出演：クリント・イーストウッド、トミー・リー・ジョーンズ、ドナルド・サザーランド、ジェームズ・ガーナー

かつてはアメリカ空軍の英雄で、アメリカ初の宇宙飛行士になるはずだったチーム・ダイダロス。その一人であるフランク・コーヴィンは、直前で計画が中止されたことで夢をあきらめ、今は技術者として生きていた。そんな退役した彼のもとに突如、NASAから宇宙へ行って故障したロシアの宇宙衛星システムの修理をして欲しい、という依頼がやって来る。フランクはかつてのチーム・ダイダロスのメンバーを再結成し、ミッションに挑む。

あのクリント・イーストウッドが製作・監督・主演した宇宙映画である。イーストウッド自身が演じる宇宙飛行士フランクのかつてチームメイトには、トミー・リー・ジョーンズ、ドナルド・サザーランド、ジェームズ・ガーナー、豪華ベテラン俳優陣が揃い、かつてのアメリカ空軍の英雄が、昔夢見た宇宙へ再チャレンジするという映画である。

この映画で、フランクとホークをはじめ4人のスペース・カウボーイは、元アメリカ空軍のXプレーン計画のテストパイロットであるという設定だ。宇宙計画推進の中心組織としてNASAが設立され、それまで行われていたアメリカ空軍の宇宙飛行計画が中止させられてしまい、同時に彼らの宇宙への夢も絶たれてしまう。

アメリカ空軍のテストパイロットチームの名前はダイダロス。ダイダロスのメンバーは、フランク（クリント・イーストウッド）、ホーク（トミー・リー・ジョーンズ）、ジェリー（ドナルド・サザーランド）、タンク（ジェームズ・ガーナー）の4人。

DVD= ワーナー・ホーム・ビデオ

ちなみに、この中の一人、ジェームズ・ガーナーは１９５７年の航空映画『ロケット・パイロット（原題：Toward the Unknown）』で映画デビューしており、当時のエドワード空軍基地で音速に挑むXプレーンのテストパイロットの一人で、墜落死してしまう男を演じている。『ロケット・パイロット』でも描かれた当時の超音速実験機X‐２（スターバスター）はこの映画の冒頭にも登場する。若き日のフランクとホークが操縦するX‐２は音速の壁を超えようとしていた。操縦席から見える月にむかってホークが言う。「いつか必ずあそこに行く。どんな方法でもな」。そして歌う「Fly me to the moon, let me sing among the stars…」。言うまでもない。フランク・シナトラが歌い、今ではジャズのスタンダード・ナンバーになっている名曲「フライ・ミー・トゥー・ザ・ムーン」だ。だが、その直後、順調だったエンジンが突如不調となる、どんどん高度を落とし失速するX‐２。フランクとホークはなんとかパラシュートで脱出する。

史実を紹介しておくと、NASAの設立前からアメリカ空軍はXプレーンと呼ばれる実験機で超音速への挑戦を続けていた。ノースアメリカン社が開発したX‐15は、ロケットエンジンを搭載したロケットプレーンで、極超音速（マッハ４以上）飛行に挑戦し、１９６３年には、ジョセフ・ウォーカーが高度10万７９６０メートルに到達し、宇宙の境界と定義されている高度１００キロ（カーマン・ライン）を超えた。これは現在まで有人航空機として最大速度、最高高度の公式記録である。２００４年、スペースシップワンが民間企業初の有人宇宙飛行を達成するが、これはあくまで非公式記録となっている。

のちにアポロ11号で人類で初めて月に降り立つことになるニール・アームストロングもX‐15計画のテストパイロットで、NASA設立後、宇宙飛行士選抜に応募しているが、これは２０１８年の『ファースト・マン』の映画の冒頭でも描かれていた。

さて、ダイダロスの４人がテストパイロットだった時代は過ぎ去り、時は現在、ロシアの通信衛星「アイコン」が軌道上で故障し、徐々に高度を落としつつあるという事件が発生する。このままでは大気圏で燃え尽きてしまい衛星を失うことになる。とある事情で衛星を失いたくないロシアの意向をうけて軌道上で衛星を修理することになる。

だが、一つ問題があった。衛星のシステムは40年以上前のもので、「スカイラブ」

第3章　スペースシャトルと宇宙ステーションの登場

（アメリカが1973年から1979年に行った宇宙ステーション計画）に使用されていたものだという。そのシステムがわかる男はフランクしかいない。

　とっくに引退していたフランクのもとにNASAの職員が訪ねてくる。衛星を修理してくれという彼らの意向に対して、フランクは答える。チーム・ダイダロスでやらせてくれ。

　現在は牧師なっているタンク、かつて超音速機の設計エンジニアで今ではジェットコースターを作っているジェリーがフランクの呼びかけに参加することになる。そして田舎町で曲芸飛行士をしているホーク。フランクがホークのもとへやってくる。

「ホーク、俺にとって人生最悪の日はいつだったか知っているか？」

「アームストロングが月を歩いた日だ」

イーストウッド、なんと格好いいことを言うんだろうか。

　さて、こうして再結集した4人。みんなおじいちゃんだが、宇宙飛行士の訓練を受ける。視力検査で表示されたアルファベットをすらすらとなんなく読み上げ、1.0の視力を持っていることを見せつけるホーク。ジェリーもすらすらとアルファベットを読み上げ問題なく合格。だが、「ま、ほとんど何も見えないけど、記憶力はいいのさ」とドヤ顔。ホークの読み上げた文字の並びを暗唱したのだ。お茶目だが、超人的記憶力があってこそ為せる技である。

　さてジェリーをはじめ、ホークもなかなか色男ぶりを見せてくれて、女性宇宙飛行士であるサラにちゃっかり急接近。

　訓練を経て、晴れてスペースシャトル、ダイダロス号に登場しミッションに臨む4人。かつての夢がかなった4人だったが、なんと修理するべきロシアの通信衛星の実体は、核弾頭を積んだ軍事衛星であることがわかる。

　一触即発で発射されてしまう核弾頭を防ぐフランクとホーク。核弾頭を抱いてホークが月に向かって飛んでいく。

「いつか必ずあそこに行く。どんな方法でもな」そう言っていたトミー・リー・ジョーンズが、最後は本当に宇宙人ジョーンズになる、というオチの話の映画と言ったら言い過ぎか（笑）。

俺にとって人生で最悪の日はいつか知ってるか？　ニール・アームストロングが月を歩いた日さ。

フランク・コーヴィン

『SFスターフライト1』

放映：１９８３年アメリカ
原題：Starflight: The Plane That Couldn't Land
監督：ジェリー・ジェームソン
脚本：ロバート・マルコム・ヤング
出演：リー・メジャース、ハル・リンデン、ローレン・ハットン

VHS=ポニー

　新型超音速飛行機「スターフライト・ワン」は処女飛行を翌日に控えていた。設計を担当したジョシュ・ギリアム（ハル・リンデン）は前日の整備中に、ロケットエンジンの不備に気が付き、飛行延期を社長の側近ボウディッシュに忠告する。ところが忠告は聞き入れられず飛行は決行されてしまう。また時同じくして、スターフライト・ワンの乗客の一人でもあるフレディは通信衛星を打ち上げていた。ところがフレディの通信衛星は、ロケットの異常により打ち上げに失敗、途中で爆破処理を行うはめになる。爆破されたロケットの破片は、スターフライト・ワンの衝突コースに……。回避のための高度を上げたスターフライト・ワンは、ジョシュの心配通りロケットエンジンの燃焼が止まらなくなってしまい、あろうことか宇宙空間へと飛び出してしまう。さらに爆破された打ち上げロケットの破片の衝突で機体も損傷してしまう。スターフライト・ワンの乗客を救出するため、ＮＡＳＡはスペースシャトル、コロンビア号による救出ミッションを遂行する。

　１９８３年に製作されたテレビ映画。ストーリーは、１９７０年代に製作された「エアポート」シリーズの系譜を引き継ぐ航空パニックものに、当時登場したばかりであった超音速飛行機とスペースシャトルをプロップとして取り込んだ形の宇宙パニック、脱出ものである。
　１９７６年に登場した超音速旅客機コンコルドは、登場するとすぐさま人気を博し、映画、テレビ映画の材料になった。１９７７年には『パニック・イン・ＳＳＴ／デ

第3章 スペースシャトルと宇宙ステーションの登場

ス・フライト』がアメリカABCによって製作されている。また、1979年の『エアポート'80』も舞台を超音速飛行機としたストーリーである。本作品は、これらと並んで、当時の最先端旅客機、超音速旅客機ものととらえてもいいだろう。

　また同じ年の1983年には、「エアポート」シリーズのパロディであるコメディー映画『フライングハイ』の続編『フライング・ハイ2／危険がいっぱい月への旅』で月へ処女飛行に向かうスペースシャトルで起こる騒動を描いたコメディー作品も作られていて、「エアポート」シリーズの影響に、当時登場したばかりのスペースシャトルという要素を足した形の1980年代の宇宙脱出劇もの、宇宙サバイバルものというジャンルの変遷を見ることができる。

　本格的な宇宙脱出劇ものの原点は、1969年の『宇宙からの脱出』で、これはアポロ宇宙船をモデルにした話であった。本作品は、スペースシャトル時代を反映した、その次の世代にあたる作品と言える。この後、宇宙脱出劇ものとしては、『アポロ13』が1995年に登場。2013年には国際宇宙ステーション時代における宇宙脱出劇ものとして『ゼロ・グラビティ』が作られ、その流れは、2015年の『オデッセイ』につながる。

　監督は、1977年に、『エアポート'77／バミューダからの脱出』を監督したジェリー・ジェームソンである。主演はリー・メジャースでスターフライト・ワンの機長を演じている。ジェリー・ジェームソンは、1973年から1978年にわたり放映されたリー・メジャース主演のテレビドラマ『600万ドルの男』も一部監督していたが、『600万ドルの男』でリー・メジャース演じるスティーブ・オースティン大佐は元NASAの宇宙飛行士で月面を歩いた男という設定で、リフティングボディ実験機中に事故に遭うパイロットだったが、本作でも九死に一生を得るパイロットという役どころである。

　スペースシャトルは、その計画中に5機（滑空試験用のエンタープライズを除く）製造されることになるが、本作品が放映されたのは、2号機であったチャレンジャー号が初飛行を行う直前であり、スペースシャトルといえば、まだコロンビア号しか存在しない時だった。したがって、劇中でスターフライト・ワンを救出に向かうのはコロンビア号だけで、救出のため数時間おきに何度も宇宙と地球を往復している。実際には、シャトルは帰還後、耐熱タイルの張り替えやメンテナンスのために、これほど数時間おきに同じ機体が打ち上げられたことはないが、劇中で宇宙と地球を簡単に往復するスペースシャトルは、まさしく宇宙往復艇として、当時最先端の宇宙船だったシャトルの、何度も地球と宇宙を往復できるというイメージと期待を表したものといえる。

また、劇中、スターフライト・ワンを救出に向かうコロンビア号の宇宙飛行士が、黒人男性の宇宙飛行士と女性宇宙飛行士の組み合わせであるところにも着目してほしい。本作品の登場時、アメリカ初の女性宇宙飛行士としてサリー・ライドや、アフリカ系の宇宙飛行士としてガイオン・ブリュフォードが、すでに宇宙飛行士に選抜されており、彼らは、アポロ時代にスーパーマンで国家の英雄だった宇宙飛行士像に代わる、新しい宇宙開発時代を象徴する新しい宇宙飛行士の姿であった。

『宇宙からの脱出』では、当時敵対していたアメリカとソ連が、協力して宇宙に取り残された宇宙飛行士３人を救出する物語であったが、本作でも、時代背景を象徴した新しい要素が加わっている。

劇中で、フレディが打ち上げようとする通信衛星を載せたロケットは、サターンＶロケットで、ＮＡＳＡの映像を使用していて発射台は明らかにケープ・カナベラルなのだがオーストラリアの設定であったりと、細かくみるとストーリーにも突っ込みたくなる箇所も少なからずあるが、宇宙脱出劇ものを語るうえで欠かせない要素を含んだ作品で、宇宙でのサスペンスや、ジョシュが乗客をどのように救出するか奮闘する姿は非常に楽しめる作品だ。

湖面に平たい石を投げて跳ねさせて遊んだことがあるだろう？
あの方法で再突入してみる。

ユーディ・ブリッグス

第3章 スペースシャトルと宇宙ステーションの登場

『チャレンジャー号 73秒の真実』

放映：２０１３年 アメリカ、イギリス
原題：The Challenger Disaster
監督：ジェームズ・ホーズ 脚本：ケイト・ガートサイド
出演：ウィリアム・ハート、ブルース・グリーンウッド、イヴ・ベスト、ブライアン・デネヒー

１９８６年１月28日、スペースシャトル、チャレンジャー号は、その10回目のフライトであるＳＴＳ－51－Ｌミッションで、打ち上げから73秒後、上昇中に爆発炎上、シャトルに乗っていた７人の宇宙飛行士は即死、アメリカのみならず世界中がその衝撃を受けた。

アメリカ政府から要請を受けたノーベル賞受賞者のリチャード・Ｐ・ファインマン博士は事故調査委員会（ロジャーズ委員会）に参加する。だが、真相究明の前に様々な壁が立ちはだかる。ファインマン博士は、自身の体を蝕むガンと闘いながらも、チャレンジャー号爆発事故の真相を追求していく。

ＢＢＣが製作したテレビ映画で、チャレンジャー号爆発事故の調査委員会になったファインマン博士が事故の真相究明に挑む姿を描く。原作は、ファインマン博士が、１９８８年に自身のロジャーズ委員会での体験を著した著書『"What Do You Care What Other People Think?": Futuer Adventures of a Curious Character』と、事故当時サイオコール社で固体ロケットブースターの設計担当であったアラン・マクドナルドとジェームズ・Ｒ・ハンセンによる著書『Truth, Lies, and O-Rings』である。

アカデミー賞受賞俳優であるウィリアム・ハートが、ノーベル賞受賞者のファインマン博士を演じる。ファインマン博士は１９６５年にノーベル物理学賞を受賞した物理学者で、チャレンジャー号の事故調査において重要な役割を果たした。

チャレンジャー号の事故調査委員会は、ニクソン政権下で国務長官であったウィリアム・Ｐ・ロジャーズを委員長とし、アポロ11号の宇宙飛行

士であるニール・アームストロングを中心に14人で構成された。委員の中には、アメリカ人女性初の宇宙飛行士であるサリー・ライドや、世界初の超音速飛行を行ったチャック・イェーガーなどが含まれていた。

チャレンジャー号の事故は、固体ロケットブースターと外部燃料タンクをつなぐジョイント部分をシールしているOリングが、打ち上げ時の低温状態で弾性を失ったことでシール効果が不十分になり、燃料漏れを生じたことによる。この燃料漏れに打ち上げ時の下部からの炎が燃え移り、爆発炎上につながった。

打ち上げ前日に、固体ロケットブースターの製造メーカーであるサイオコール社のエンジニアは極端に低気温な天候での打ち上げに懸念を示していたが、最終的に打ち上げは実行された。

劇中、事故原因を追究しようとするファインマン博士は、NASAの隠蔽体質と直面する。事故調査委員会のメンバーはNASAとの利害関係のある者ばかりである中、ファインマン博士は独自の調査方法で原因を追究しようとし、アメリカ空軍のクティーナ将軍（ブルース・グリーンウッド）やサリー・ライド（イヴ・ベスト）の協力を得ながら徐々に真実に迫る。

打ち上げをあくまで実施したいNASAの官僚体質と、サイオコール社の経営陣の思惑などのしがらみ、NASAの経営陣が考えていたシャトルの安全評価への疑問、などが徐々に暴かれていく。

そして、遂に事故の原因となったOリングの真実にたどり着いたファインマン博士は、テレビ放映されていた公聴会の席上で、氷水に満たしたOリングを見せ、低温化で弾力を失い密閉性が損なわれることを視聴者の目の前で実証してみせる。

ファインマン博士は、その著書で、主エンジンの故障が有力な原因とされていた調査に苛立ちを覚えており、クティーナ将軍との会話から低温におけるOリングの問題に気が付いたことや、公聴会でデモンストレーションを行うために、金物屋を探したエピソードなどを書いている。本作品では、このようなエピソードも事実にそってドラマ化されており、NASAという巨大な組織のしがらみの中に埋もれていたチャレンジャー号事故の真相に迫るファインマン博士の姿を知ることができる。

科学とは何か？　科学とは、何かを知る方法を教えてくれる。絶対的に既知なことは何もない。疑いや不確かなことを扱うのは難しい。

リチャード・ファインマン

第3章　スペースシャトルと宇宙ステーションの登場

『飛行時間73秒／チャレンジャー号の悲劇』

放映：1990年 アメリカ　原題：Challenger
監督：グレン・ジョーダン
脚本：ジョージ・イングランド
出演：カレン・アレン、バリー・ボストウィック、リチャード・ジェンキンス、ジョー・モートン、キーオン・ヤング、ブライアン・カーウィン、ジュリー・フルトン

DVD=Synergy

1990年にアメリカABCによって製作されたスペースシャトル、チャレンジャー号の悲劇を題材にしたテレビ映画である。ストーリーは、犠牲になった7人の宇宙飛行士とその家族の物語に焦点を当てている。

『レイダース／失われたアーク《聖櫃》』『インディー・ジョーンズ／クリスタル・スカルの王国』でハリソン・フォード演じるインディ・ジョーンズのヒロイン役マリオンを演じて有名になったカレン・アレンがクリスタ・マコーリフ飛行士を演じているほか、バリー・ボストウィック、リチャード・ジェンキンス、ジョー・モートンら映画、テレビで活躍する名優たちが出演している。

カレン・アレンが演じるクリスタ・マコーリフ飛行士は、一番著名な犠牲者だろう。クリスタ・マコーリフ飛行士は、アメリカ初の教師出身の宇宙飛行士である。当時、レーガン政権の下で、スペースシャトルに対する公共の興味を高め、教育者への重要性を再認識させようと実施していた「Teacher in Space Project」（一般の教師の中から宇宙飛行士を選出するプロジェクト）において、クリスタ・マコーリフは、応募総数1万1000人の中から選ばれ、アメリカ初の宇宙へ行く教師となるはずだった。そのため、多くの児童たちが打ち上げの中継を見ており、この事がチャレンジャー事故が民間人、一般人の間に大きな衝撃を与えた要因の一つになってしまった。1996年から1997年までカナダで放映された子供向けテレビ番組『スペース・ケース』には、「マコーリフ」という名前の宇宙船が登場する。クリス

タ・マコーリフは、宇宙開発史における殉教者として追悼されている。

　また、チャレンジャー号には、もう一人、女性宇宙飛行士が乗っていた。ジュディス・レズニック飛行士である。この映画ではジュリー・フルトンが演じている。ジュディス・レズニック飛行士は、サリー・ライドに次いでアメリカで宇宙へ行った２番目の女性飛行士である。また宇宙へ行った最初のユダヤ系アメリカ人で、チャレンジャー号は彼女の２度目の飛行になるはずであった。

　このチャレンジャー号で犠牲になった宇宙飛行士たちは、民族的な多様性の多いチームであった。犠牲となった残りの５人のうち、ロナルド・マクネイア飛行士は、ＮＡＳＡで２番目のアフリカ系アメリカ人の飛行士であったし、エリソン・オニヅカはアメリカ初のアジア系アメリカ人の宇宙飛行士で、日系人初の飛行士でもあった。

　この人種的多様性に溢れた宇宙飛行士のチームは、まさしく１９６６年以来の人気ＳＦテレビシリーズ「スタートレック」を彷彿とさせる。

　ジュディス・レズニックや、ロナルド・マクネイアは「スタートレック」で黒人女性の宇宙船クルー、ウフーラを演じ、後に１９７８年にＮＡＳＡの求人担当となり多くのマイノリティの宇宙飛行士を生み出すことに貢献した元黒人女優ニシェル・ニコルズに推薦されて宇宙飛行士になった人である。

　このチャレンジャー号の事故により、スペースシャトル計画は１年間中断されることになった。この前年の１９８５年に、日本人初の宇宙飛行士３名がスペースシャトルの搭乗員として決定したが、彼らの飛行もこれにより遅れることになった。

　映画冒頭のオープニングで、堂々たる音楽と一緒に映し出される組立棟に移動するオービターと、打ち上げに向けて組み立てられ発射台で打ち上げを待つスペースシャトルの勇姿が勇ましい。

　互いの家族を交えて集う７人の搭乗員たちが、打ち上げ前、重要なミッションの前のささやかなひと時を過ごしていた。一堂に会しているのは、マイケル・スミス（ブライアン・カーウィン）、ディック・スコビー（バリー・ボストウィック）、ジュディス・レズニック（ジュリー・フルトン）、ロナルド・マクネイア（ジョー・モートン）、エリソン・オニヅカ（キーオン・ヤング）、グレゴリー・ジャービス（リチャード・ジェンキンス）、そしてクリスタ・マコーリフ（カレン・アレン）とその家族たちだ。

　田舎町の教師で、エコノ

第3章 スペースシャトルと宇宙ステーションの登場

ミークラスでしか飛んだことがないと冗談を言うクリスタは、自分が搭乗員に選出された日のことを回想する。10人の最終候補者の中から宇宙飛行士に選抜された彼女は、その思いを語る「言葉には詰まるけど生徒には伝わるでしょう。2週間で9人の友人ができました。宇宙に行くのは一人です。でも10人の心と一緒に旅をします。」

その一方で、契約企業でSRB（固体ロケットブースター）の製造業者であるモートン＝サイオコール社のエンジニアであるロジャー・ボージョレー（ピーター・ボイル）は17回目のミッション以降、固体ロケットブースターの連結部分にある高熱ガス密閉用のOリングについて腐食の兆候があることを上司に警告する。高温ガスが密閉できなければ大惨事になる可能性がある。だが、モートン社の上層部は、シャトルはすでに19回のミッションに成功している事実を過信して問題点は無視されてしまう。

NASAの理事会においても、SRBのOリングの腐食についての安全性の議論が行われていたが、問題を強調するNASA側に対して、モートン社は対策員会を組織し、原因を究明することを約束するも、打ち上げの継続を主張する。しかしながら、ロジャーは、対策委員会が対面だけのために組織され、本質的な問題解決を放置している現状に不満と、安全性への懸念をますます募らせていた。

クリスタは、打ち上げに向けて訓練を重ねながら、他のクルーにも優秀さと熱意を認められチャレンジャー号の7人目の搭乗員として認められつつあった。

宇宙からの授業を行う予定のクリスタだったが、NASAは予め用意した台本に従って授業をするよう計画をしていた。あくまで教師として授業をしたいというクリスタは、芝居のような授業をさせようとするNASAには反発を示す。また社会科の教師である彼女も、内容が科学に寄りすぎていること対しても反発する。一時は互いに反発しあうクリスタとNASAの教育プログラムの担当者だったが、クリスタも社会学的な視点でしか物を見ないことを指摘され、互いに理解し合うようになる。

ある時、ジュディスと会話していたクリスタは、彼女に宇宙にいるときの気分を聞く。すると、ジュディスは静かにこう答える。

「宇宙に行けば帰りたくなくなる。煩わしいことはなく。青と白と緑のみがある澄み切った世界にただ浮かんでいる。眠る時は子宮の中の胎児のように。すべてが愛おしくなる。地球は小さく美しい。」ジュディスの言葉に、宇宙の印象を「生徒と分かち合いたい」と言うクリスタだった。

打上げ前日に、家族と最後の別れを済ます宇宙飛行士たちだが、その裏では打ち上げの可否について彼らの命運を分けた会議が行われていた。

打ち上げの前日に、モートン社は低温におけるOリングの影響についての懸念を、マーシャル宇宙センターに伝える。マーシャル宇宙センター、ケネディー宇宙センターとの電話会議において、ロジャーは、Oリングはすでに過去の打ち上げにおいてもガス漏れが発生していた可能性を示し、気温12度以下ではガス漏れと腐食の可能性が増す危険性があることを伝え、翌日の天候条件での打ち上げを延期するよう勧告する。しかし、低温時のデータがないことから、ＮＡＳＡ側は低温と腐食の関連性が技術的に判断出来ないと主張する。結果的に、モートン社のキルミンスターは会社の経営を優先するとした社長の判断により、低温に懸念があるが計画を続行するという結論を下す。

そして、打ち上げ当日。それぞれの思いを持ってシャトルに乗り込んだ宇宙飛行士たち。彼らを乗せたチャレンジャー号は、発射台から静かに打ち上がった。

この映画の魅力の一つは、全編に渡って描かれる主演のカレン・アレンが演じるクリスタ・マコーリフ飛行士の笑顔だろう。初めて一般人、高校教師としてミッションに参加することになったクリスタの喜びと、教師としての使命感を見つけながらミッションへ準備する姿は、すでに知っているこの映画の悲劇的な結末を忘れさせるほどだ。

前半から中盤までは、高校教師であったクリスタが他の宇宙飛行士たちと打ち解け、チャレンジャー号の搭乗員となっていく姿が描かれる。またチャレンジャー号のそれぞれの宇宙飛行士たちの姿を丁寧に描いている点もこの作品の魅力の一つだ。また、その裏でモートン社のエンジニアであるロジャーがOリングの技術的問題点を訴えながらも、問題が処置されないまま打ち上げ前日を向かえてしまうという緊迫したドラマが並行して進む。宇宙飛行士たちの姿を鮮やかに描いている反面、最後のクライマックスの悲劇性が重く伝わってくる。

静かさが精神を高揚させるのを隠しながら、神聖な宇宙の領域に足を踏み入れる。手を差し伸ばし、神の御顔に手を触れる。

クリスタ・マコーリフ

第3章　スペースシャトルと宇宙ステーションの登場

『ゼロ・グラビティ』

公開：2013年アメリカ　原題：Gravity
監督：アルフォンソ・キュアロン
脚本：アルフォンソ・キュアロン、ホナス・キュアロン
出演：サンドラ・ブロック、ジョージ・クルーニー、エド・ハリス、オルト・イグナチウッセン、ファルダット・シャーマ

宇宙飛行士ライアン・ストーン博士（サンドラ・ブロック）は、スペースシャトル「エクスプローラー1号」の船外活動でハッブル宇宙望遠鏡の修復作業中に、ロシアが行った衛星破壊によるケスラーシンドローム（連鎖的なスペースデブリの発生のこと）の発生に巻き込まれる。シャトルにもデブリが直撃、ライアンは宇宙空間に放り出されてしまう。頼れるものは唯一残った船外活動ユニットと僅かな酸素のみ。ライアンは、なんとか地球への帰還を試みる。

2013年に公開された宇宙を舞台にしたサスペンス、宇宙脱出劇もののSF映画である。第86回アカデミー賞で、アルフォンソ・キュアロンは監督賞、エマニュエル・ルベツキは撮影賞を受賞、サンドラ・ブロックは主演女優賞へノミネートされている。

宇宙における遭難ものの映画は過去にも作られているが（1964年の『火星着陸第一号』、1969年の『宇宙からの脱出』、1983年の『SFスターフライト1』、1995年の『アポロ13』など）、宇宙船を失い、宇宙空間で宇宙飛行士が身一つで漂流するという物語は、本作品が初めてだろう。また、今までの宇宙SF映画では、地上から救出ミッションのため宇宙船が打ち上げられるというのが常套のプロットだったが、『ゼロ・グラビティ』では地上との通信が途絶したという設定を作り出すことで、地上支援も期待できないという新しいサスペンス要素を加えている。

劇中、同じシャトルの他の搭乗員も映画の冒頭でデブリの衝突を受け全員死亡。ライアンの唯一の精神的な支えで

DVD= ワーナー・ブラザース・ホームエンターテイメント

あり、冒頭で一度ライアンを救出したマット・コワルスキー飛行士（ジョージ・クルーニー）もライアンを救うため自らが犠牲となり、終にライアンは宇宙でたった一人となってしまう。今までの宇宙脱出劇ものが、地上支援や同僚の宇宙飛行士による知恵や経験を活かしたチームワークで救出ミッションを繰り広げていく中に時間的なサスペンス要素を入れていたのに対して、本作品は、完全に孤立無援の宇宙飛行士と、宇宙という極限の状態でのサバイバルを描いている。

　また、近年高まっているスペースデブリの衝突とその危険性という題材を初めて取り扱った映画でもあり、デブリが90分で軌道を一周するという設定を加えていることが、時間的なサスペンス要素になり緊張感を高めている。

　また、劇中、ソユーズ宇宙船に一人になったライアンが、マットが戻ってくるという幻想を見たりと、極限状態における宇宙飛行士の心理的な緻密な描写も、今までの宇宙映画では深く描かれなかった部分でもある。ちなみに、このシーンでは、本当にマットが戻ってきたのでは、と思った人も多いだろうが、きちんと見れば、ライアンがヘルメットを着けていない状態で宇宙船のハッチを外から開けるということは、（優秀な飛行士であるマットであればなおさら）しないだろうから、幻想だとわかる。

　宇宙空間では、空気などの摩擦がない。そのため、ニュートンの法則がそのまま働く。一度力を受けた物体は慣性で動き続けるし、そのため自分の動作を止めるにも、簡単ではない。宇宙空間における力学的な正確性をもった物体の運動の描写も、かつてのＳＦ映画では、無視されがちだった部分だが、本作品ではこの部分も緻密な描写をすることで、その現実感がサスペンスの味を高める要素の一つとなっている。

　さて、そんな要素もあって現実感、臨場感たっぷりの宇宙映画に仕上がっている本作だが、実際に科学的考証上、正しくない部分も少なからず指摘されている。ハッブル宇宙望遠鏡、ＩＳＳ、そして中国の宇宙ステーション天宮は実際には軌道がまったく異なり、距離も相当はなれているため、船外活動ユニットで移動は不可能である点などが一例だが、宇宙という極限状態を描いたサスペンス、エンターテインメント映画であるから、その部分をもって映画として不出来であるというのは揚げ足取りだろう。

　この映画は、一人の女性の宇宙飛行士が宇宙空間でのサバイバルを経験し、最後に地球に帰還して、その重力（映画の原題は、Gravity〈グラビティ〉であり、無重力を意味するZero Gravity〈ゼロ・グラビティ〉ではない。邦題をつける際に、いろいろと議論はあったのだろうが、筆者としては、この映画が描きたかったものは「重力」なのでゼロ・グラビティという邦題はいささか不満である）のある場所で、文字通り自立するという宇宙飛行士としての一つの通過儀礼を描いた映画でもあると言える。

ライアンに対してマットが言う。「大地を踏みしめ自分の人生を生きろ」。映画のラストでライアンはこの言葉通り、大地を踏みしめ自分の足で立ち、歩いて去って行くのだ。

冒頭で前代未聞の状況に遭遇し、パニックにおちいったライアンだが、最後には自らの判断で生き残るための手段を考え、尽くしていく。頼りになるマットはもういない。一人で生き残るしかないのである。夢の中で、マットの言葉に勇気づけられたライアンは、ソユーズ宇宙船を使って、中国の宇宙ステーション「天宮」へ向かい、宇宙船「神舟」を使って地球へ帰還を図る。美しく見えた宇宙空間が、一瞬の出来事で死と隣り合わせの絶体絶命の環境へと変貌する。地球に戻ったライアンは、そこにある水、空気、そして地球の大地と重力を感じるのである。

国際宇宙ステーションで一人になった主人公が、返信の期待できない地上への通信を試みるというシーンは、２０１１年の映画、ウィリアム・ユーバンク監督の『地球、最後の男（原題：Love）』を思い起こさせた。

映画冒頭で、ライアンとマットがハッブル宇宙望遠鏡を修復しているシーンで流れるカントリーミュージックは、ハンク・ウィリアムズ・ジュニアの「エンジェルズ・アー・ハード・トゥー・ファインド（Angels Are Hard to Find）」だが、ハンク・ウィリアムズ・ジュニアは伝説的なカントリーミュージシャンであるハンク・ウィリアムズの息子である。そのハンク・ウィリアムズが歌った１９４８年の名曲「ホンキー・トンキン（Honky Tonkin'）」は映画『アポロ13』で使われていた。また、この映画でケスラーシンドロームの発生を宇宙飛行士に告げる地上管制官の声は、『アポロ13』でアポロ13号のフライト・ディレクターであるジーン・クランツを演じていたエド・ハリスである。

自分の足で立ち、大地を踏みしめて生きろ　マット・コワルスキー

『セルジオ&セルゲイ　宇宙からハロー!』

公開：2017年　スペイン、キューバ　原題：Sergio&Sergei
製作：ジャウマ・ロウレス、ジョエル・オルテガ、
　ラモン・サマダ
製作総指揮：ハビエル・メンデス、ロン・パールマン、
　ガブリエル・ベリスタイン、ダニロ・レオン
監督：エルネスト・ダラナス・セラーノ
脚本：エルネスト・ダラナス・セラーノ、マルタ・ダラナス
出演：トマス・カオ、ヘクター・ノア、ロン・パールマン

DVD= アルバトロス

1991年、ベルリンの壁の崩壊とともに、キューバはソ連崩壊の余波による経済危機の只中にあった。かつて、モスクワでマルクス共産主義を学んだセルジオ（トマス・カオ）は、現在は大学で教鞭を取りながら、娘のマリアナと母の3人でなんとか生計を立てて暮らしていた。生活が貧窮している中、アマチュア無線家である彼は、ニューヨークにいる無線仲間のピーター（ロン・パールマン）と交信をしながら生活に活路を見出そうとしていた。

その一方、ソ連の宇宙ステーション「ミール」に長期滞在していた宇宙飛行士であるセルゲイ・アシモフ（ヘクター・ノア）は、母国ソ連が突如崩壊したことにより、地球への帰還の目途が立たなくなってしまった。ソ連国民は宇宙飛行士の長期滞在記録が更新されることで喜んでいたが、当人のセルゲイは一人孤独を紛らわすように生活をしていた。唯一残された地球との交信手段である無線に呼び掛けるセルゲイ。

ある時、そんなセルジオのもとに、セルゲイの音声が届く。宇宙飛行士と交信したことに興奮するセルジオと、無線仲間を得たことで安堵を得たセルゲイは、互いに心を通わせるようになる。そして、ピーターがNASAに通じている人物だと知ったセルジオは遂に宇宙で一人ぼっちのセルゲイを救出する計画を立てるのだった。

2017年に公開されたス

ペインおよびキューバによるコメディ映画。監督のエルネスト・ダラナス・セラーノはキューバ、ハバナ生まれの映画監督。出演は、キューバ出身の俳優でエルネスト・ダラナス・セラーノ監督の作品にも馴染みのあるトマス・カオとヘクター・ノア、加えてハリウッドのベテラン俳優であるロン・パールマン。第91回アカデミー賞外国語映画賞出品作品。

この映画に登場するヘクター・ノア演じるソ連の宇宙飛行士であるセルゲイには、モデルとなった宇宙飛行士がいる。1985年に宇宙飛行士に選ばれたセルゲイ・クリカレフ宇宙飛行士は、ソ連の崩壊からロシア連邦の誕生という母国の時代の節目を宇宙で過ごした宇宙飛行士である。彼が搭乗したソユーズ宇宙船は、1991年5月に打ち上げられ、セルゲイ・クリカレフは宇宙ステーション「ミール」に滞在することになる。ところが同年8月に起こったクーデターとそれに続く政治的混乱の中で、ソ連共産党は解散、12月25日、ミハエル・ゴルバチョフは大統領を辞任、ソ連は崩壊する。

セルゲイ・クリカレフは、同年10月に打ち上げられミールに滞在していたもう一人の宇宙飛行士であるアレクサンドル・ヴォルコフとともに、ようやく92年3月になって地球へ帰還を果たした。こうして彼らはソ連から打ち上げられ、ロシアに帰還した宇宙飛行士となったのだ。ちなみに、セルゲイ・クリカレフは、その後1994年2月に打ち上げられたスペースシャトル、ディスカバリー号に登場し、スペースシャトルで宇宙へ行った最初のロシア人宇宙飛行士となった。また、2000年には完成した国際宇宙ステーション（ISS）の第1次長期滞在ミッションで、ISS初の住人となる。

さて、彼のそんな経歴を知らない方でも、実は彼は日本にも馴染みがある宇宙飛行士だ。というのも、2005年にお茶の間で放映された日清食品のカップヌードルのCM「NO BORDER　宇宙編」で宇宙ステーションでカップヌードルを食べていた主演の宇宙飛行士こそ、当時第11次長期滞在ミッションでISSに滞在中だったセルゲイ・クリカレフ飛行士である。ちなみに、この滞在で彼は旧ソ連時代含め通算6回の宇宙飛行で、通算宇宙滞在日数の最長記録を更新し、これは2015年にゲンナジー・パダルカ飛行士に更新されるまで一位だった。

このように、セルゲイ・クリカレフの経歴は、ソ連最後の宇宙飛行士でありながらソ連崩壊後の米ロ国際協調による宇宙開発を象徴するようで大変興味深い。

この映画は、そのセルゲイ・クリカレフ飛行士をモデルとしたソ連最後の宇宙飛行士であるセルゲイと、ソ連崩壊の余波をくらった当時のキューバ共和国に住むセルジオの心の交流をユーモラスに描いたコメディ作品である。セルゲイというロシア人の典型的な名前を持つ宇宙飛行士と、セルジオというラテン人の典型的な名前を持つ２人は、無線通信で初めて互いの声を聞く。モスクワで学んだセルジオはロシア語を話せる。このことに安堵するセルゲイ。一人宇宙に取り残された時、唯一心のよりどころになるのは、同じ人間の誰かの声かもしれない。

また、キューバとソ連の宇宙開発ということで紹介しておきたいのは、キューバの宇宙飛行士、アルナンド・タマヨ・メンデスのことだ。この映画の冒頭、娘のマリアナのナレーションで「キューバ人が宇宙へ行った年にパパはモスクワでマルクス主義を学び始めた」と紹介されるが、このキューバ人の宇宙飛行士こそがアルナンド・タマヨ・メンデスである。

アルナンド・タマヨ・メンデスは１９４２年生まれのキューバの軍人だが、1980年9月にソユーズ38号によって宇宙へ行き、サリュート6号に1週間ほど滞在し、ラテンアメリカ人初の宇宙飛行士となる。旧ソ連時代には、ソユーズ宇宙船によってソ連の衛星国、同盟国の宇宙飛行士が宇宙へ行っている。

これはインターコスモスと呼ばれ、ソ連時代においてワルシャワ条約機構同盟国と協力して行った宇宙探査計画である。これによって１９７８年から１９８８年までの10年間に14人のソ連以外の宇宙飛行士がソユーズ宇宙船で宇宙へ行っている。

一例をあげると、インターコスモス最初のミッションとなったソユーズ28号では、チェコスロバキア初の宇宙飛行士ウラジミル・レメックが、ソユーズ31号では、東ドイツ出身でドイツ人初の宇宙飛行士ジークムント・イェーン、ソユーズ36号では、ハンガリー人初の宇宙飛行士ファルカシュ・ベルタランが宇宙へ行き、ソユーズ37号では、ベトナム人民空軍の軍人であったファム・トゥアンがベトナム人初かつアジア人初の宇宙飛行士として宇宙へ行った。

さて、この作品で、もう一人重要な役割を担って登場するのが、ロン・パールマン演じるピーターだ。セルジオとの会話の中で、ピーターの一族はポーランド出身のユダヤ

第3章　スペースシャトルと宇宙ステーションの登場

人であることがわかる。かつてソ連占領下で迫害を受けアメリカへと渡ったユダヤ人として、セルジオがモスクワで学んだというマルクス共産主義は到底受け入れがたい思想である。これにより、セルジオとピーターはいったんは不仲になるが、最後でNASAに通じているピーターは、セルゲイを救出するために協力することになる。

ちなみに、ロン・パールマンは2015年に公開された『ムーン・ウォーカーズ』で、アメリカ政府から依頼を受けてスタンリー・キューブリックにアポロの月着陸映像の捏造を図るCIA諜報員を演じていて、本作と演じている役どころが似ているところが面白い。

宇宙ステーションに一人残されてしまったセルゲイが、ソ連が崩壊したことを知り、窓の外に静かに立っているソ連国旗を宇宙空間に放る。国家という枠が消えた時、そこに残ったのは無線で繋がったセルジオとの友情と家族への想いだ。

キューバ、ソ連、アメリカ、主義思想の異なる3人が、アマチュア無線のみを通じて心を通わせながら、セルゲイを救出していく展開は非常によくできている。当然ながら、これはコメディであって事実ではない。だがアマチュア無線に国境はなく互いの国籍、民族、主義を超えた交流という描き方は、コメディ要素とうまくバランスしていて心洗われる気分になる一作である。

私の夢が何か知っている？　宇宙飛行士だよ！

マリアナ

『サリュート7』

公開：2017年　ロシア　原題：Салют-7
監督：クリム・シペンコ
脚本：クリム・シペンコ
出演：ルボフ・アクショノーバ、イリヤ・アンドリューコフ
ヴラディミール・ヴドヴィチェンコフ、
マリア・ミロノーワ、オクサナ・ファンデラ、
パベル・デレヴィヤンコ

DVD= ポニーキャニオン

　1982年に旧ソ連によって打ち上げられた宇宙ステーション、サリュート7号。滞在中の宇宙飛行士、ウラジミール・フョードロフ（ヴラディミール・ヴドヴィチェンコフ）とラザレバ（オクサナ・ファンデラ）は船外で修理作業を行っていた。ところが、ラザレバ飛行士は、溶接作業中に誤ってバリに触れて宇宙服の手袋に小さな孔を開けてしまう。減圧が致命的にならないうちになんとか船内に戻った2人だったが、ウラジミールは船内に戻る際に、説明できない光を見たと証言する。彼の精神状態を疑った医者は彼の飛行を禁じる。

　ある時、無人状態だったサリュート7号に異常が発生し、制御不能に陥ってしまう。回転を始めて宇宙の漂流物となってしまったサリュート7号は、遂に地上との交信も途絶えてしまう。このままでは地上への墜落の恐れがある。冷戦中のアメリカの動きを懸念した国防省からの圧力もあり、早急に宇宙飛行士をサリュート7号へ送り、制御不能のステーションとの手動ドッキングと復旧を試みることになる。

　手動ドッキングを行える宇宙飛行士は限られている。地上シミュレータで多くの宇宙飛行士が回転する無人ステーションとのドッキングを試みるが誰一人成功できない。元宇宙飛行士で今は飛行管制主任としてミッションの責任者であるワレリー・シュービン（アレクサンドル・サモイレンコ）は、これを成功できる

第3章　スペースシャトルと宇宙ステーションの登場

飛行士はフョードロフにしかいないと彼を説得する。こうして、宇宙から帰還し飛行停止となっていたフョードロフ（ヴラディミール・ヴドヴィチェンコフ）と、優秀な技師出身の宇宙飛行士であるヴィクトル・アリョーヒン（パベル・デレヴィヤンコ）がソユーズT‐13号でソリュート7号の救出へ向かうことになった。

旧ソ連によるサリュート計画を題材にした映画。サリュート7号で発生した問題と救出劇を描くロシア版『アポロ13』と紹介するのがわかりやすいだろう。

サリュート計画は、旧ソ連による宇宙ステーション計画で、人類が宇宙に長期滞在するための施設を軌道上に初めて打ち上げた。もともと有人月着陸を目指していた旧ソ連は、アメリカのアポロ計画の成功により、７０年代の始めから、低軌道における宇宙ステーションの建設と長期宇宙滞在へと宇宙計画の目標を変更する。これにより始まったサリュート計画は、後のミール宇宙ステーション、そして今日の国際宇宙ステーションへの続く宇宙ステーション計画の礎となる。

１９７１年にサリュート１号が打ち上げられ、その後サリュート7号機まで打ち上げられ運用された。サリュート7号は、１９８２年から１９８６年まで宇宙ステーションとして約4年間運用され、多くのロシア人宇宙飛行士が滞在したが、その運用中には様々な問題が発生した。電力系、推進系、姿勢制御系と立て続けに問題が発生し、その度に滞在中の宇宙飛行士による修理作業が行われた。

この映画で描かれるのは、１９８５年2月に発生したサリュート7号の交信途絶と漂流事件と復旧のために6月に打ち上げられたソユーズT‐13号のミッションである。登場する２人の宇宙飛行士、ウラジミール・フョードロフとヴィクトル・アリョーヒンのモデルは、ヴラディミール・ジャニベコフ船長とヴィクトル・サヴィヌイフ飛行士で、ファーストネームだけ実名と同じになっている。

ウラジミールは冒頭で、女性宇宙飛行士であるラザレバと船外活動をしていて、ここでラザレバ飛行士は女性初の宇宙遊泳をした宇宙飛行士であることがわかるが、ラザレバ飛行士のモデルは、ソユーズT‐12号でヴラディミール・ジャニベコフ飛行士と一緒にサリュート7号に往来滞在したスベトラーナ・サビツカヤ飛行士である。

飛行管制主任のワレリーはミッションの総責任者だが、元宇宙飛行士である。彼は二人の命を懸けてサリュートを救出する意味は何かを自問自答する。ソ連の宇宙開発の評価のためだと言われたワレリーが、彼らを思わない日はないと挙げた名前、ウラジーミル・コマロフ、ゲオルギー・ドブロボルスキー、ウラディスラフ・ボルコフ、ビクトル・パツァーエフ。彼らはソユーズ計画で死亡した宇宙飛行士たちだ。

コマロフ飛行士は、ソユーズ1号で地球帰還時に還らぬ人となってしまった。また、ドブロボルスキー、ボルコフ、パツァーエフ飛行士は、サリュート1号と初めてドッキングに成功したソユーズ11号の搭乗員だが、地球帰還時に故障したバルブから船内空気が漏れたため、大気圏突入後に窒息死した。

ワレリーにもモデルになった人物がいる。モデルは、ワレリー・リューミン。元設計者で宇宙飛行士、サリュート6号にも滞在している。サリュート7号の時は飛行管制主任でミッションを指揮した彼は、その後スペースシャトルにも搭乗した。

地球一周回のうちわずか20分の間、雑音に埋もれた宇宙飛行士の声だけから状況を判断し、指示を下す管制官の苦悩。ワレリーは、本映画における『アポロ13』におけるジーン・クランツ的な存在と言えるが、この辺りの描写は、元宇宙飛行士である彼だからこそ描くことのできるものかもしれない。

物語の前半は、異常回転をするソリュート7号とのドッキングに成功するかが見せ場になるが、宇宙空間で高速で移動しながら、回転するステーションとドッキングする様子の描写は緊迫感があって楽しめる。また、劇中、フロリダ州のスペースシャトルの打ち上げの航跡から画面がズームアウトしてサリュートの観測窓を通じて船内の画面につながるところや、ドッキングのためサリュート7号を追いかけるソユーズ宇宙船のスピード感のある描き方や、宇宙空間の映像は綺麗で楽しめる。

さて、無事にドッキングに成功したもののソリュート7号の内部は、低温で放置されていたため計器パネルには水分が凝結して霜をなしていた。復旧するためには解凍しなければならないが、溶けた水分で電子機器がショートする危険がある。また、極低温では宇宙飛行士の体力が持たない。制御機能を失ったサリュートに対して、ソユーズ宇宙船を使って太陽電池パネルを太陽方向に向けて、解凍作業を始める。

船外活動で外壁を調査したウラジミールは、太陽パドルが太陽方向を自動追尾するための太陽センサーのカバーが小惑星の衝突により曲がって

第3章　スペースシャトルと宇宙ステーションの登場

しまい電力供給が停止していることを突き止める。復旧のためには何とかしてカバーを取り外すしかないが、船内の残酸素は残り僅かとなり、地上ではソリュートとの復旧をあきらめ、二人のうち一人だけを直ちに帰還させるべきとの意見が出る。それでも、ソリュートの復旧をあきらめないラジミールとヴィクトルは、壊れたセンサーカバーを取り外すための作業を開始する。

この映画の特徴として挙げておきたいのは、1980年代前半の米ソの国際情勢を色濃く反映した描写が多いことだろう。ソリュート7号が軌道にいた1982年から86年は、レーガン政権下のアメリカにより世界は米ソ新冷戦、の様相を呈していた時代だ。レーガン大統領による戦略防衛構想（スターウォーズ計画）に対する言及や、ソリュートの機密が米国に渡ることや、スペースシャトルの打ち上げに対して神経質になる国防相と政府の描写などは、これを反映している。

映画の後半は、多分にフィクションを含んだ話になるため、若干リアリティを欠いた展開が多くなり、また同時に、ソ連の宇宙開発と宇宙科学に対して再評価しようとする製作者の意図が反映されており、最後のスペースシャトルのアメリカ人宇宙飛行士とのやり取りは、それが露骨に表れている。それでもドラマとしては十分に楽しめるし、ソ連の宇宙開発史上、機能不全に陥った宇宙ステーションを復旧させたという奇跡の出来事をドラマ化した本作品の価値は大きいだろう。

また、エンドクレジットでは、ソユーズT-13の記録映像で、ソリュート7号船内のヴラディミール・ジャニベコフとヴィクトル・サヴィヌイフ両飛行士、管制室のワレリー・リューミンの映像を見ることができて余韻を楽しませてくれるところも嬉しい。

その後、サリュート7号は、新しくミールの運用の開始に伴って、1986年に運用を停止、1991年に大気圏に突入しその寿命を終えた。ソユーズT-13号が地球に帰還したわずかに半年後、1986年3月に打ち上げられたソユーズT-15号は、ソリュート7号と最後のドッキングを行い、必要な装備と物資をそのままミール宇宙ステーションへと運んだ。これにより、ソユーズT-15号は、二つの宇宙ステーションとドッキングをした宇宙船となった。ソユーズT-13号による復旧活動から半年あまりで、宇宙ステーションとしての使命を終えることになったサリュート7号。

その後、ソ連およびロシア

の宇宙ステーション計画はミールが担い、ステーションへの往来有人宇宙船は、ソユーズＴＭが担うことになる。ソユーズＴ‐15号は、ソユーズＴ宇宙船の最後のミッションとなった。

まだまだ多くが語られない旧ソ連の宇宙開発の事実と真実。こうして映画として知られる機会が増えていくことは嬉しいことだ。『ガガーリン世界を変えた１０８分』『スペースウォーカー』とともにロシア宇宙開発史の魅力を伝える作品としてぜひ観て欲しい作品である。

たかが20トンの巨大な金属の塊にすぎない。
仲間の命を懸けて何のために闘っているんだ?
ワレリー・シュービン

第４章

有人惑星探査／宇宙の果てへ

～火星そしてその先へ、
地球外知的生命体の探求と人類の進化～

『カプリコン１』
『ミッション・トゥ・マーズ』
『オデッセイ』
『コンタクト』
『インターステラー』

『カプリコン1』

公開：1978年　アメリカ・イギリス
監督：ピーター・ハイアムズ
脚本：ピーター・ハイアムズ
出演：エリオット・グールド、サム・ウォーターストン、O・J・シンプソン

DVD＝東北新社

人類初の有人火星探査宇宙船カプリコン1号。しかし、その打ち上げの数分前、宇宙飛行士の3人は突如として船内から連れ出され、砂漠の真ん中にある無人となった古い基地へと連れて行かれる。そこで3人は、カプリコン1号の生命維持システムが故障したため有人飛行が不可能になったことを告げられる。政治的判断で計画の中止は出来ないといわれた彼らは、アメリカが火星に行ったという事実の捏造《ねつぞう》に協力するよう命じられる。

政府が宇宙開発を仕組み、国家規模での「やらせ」を行わせるというSF映画である。このような宇宙開発の国家陰謀論を題材にした話は、アポロ計画がリアルタイムで行われていた1972年まではあまり見られなかったが、1972年のアポロ計画の終わりに近いころから聞かれるようになった。

おそらく最初に、宇宙開発に陰謀論を持ち込んだのは、1972年、アメリカ、ABCで放映されたテレビ映画『SF火星の謎／アストロノーツ（原題：The Astronaut）』ではないだろうか。『SF火星の謎』では、人類初の火星有人探査には成功したものの事故で死亡してしまった宇宙飛行士の身代わりに、NASAが同僚の宇宙飛行士に整形外科手術を施し、死亡した飛行士の身代わりを演じさせるという話を作っている。

また、イギリスが1977年に製作したのが『第三の選択（原題：Alternative 3）』である。これは、米ソが秘密裏に手を組み宇宙開発を行っており、人口増加と気候変動のための対策として、人類を

第4章　有人惑星探査／宇宙の果てへ

火星へ移住させる計画を進めているというプロットをドキュメンタリー調で暴いていくフェイク・ドキュメンタリー映画である。『ＳＦ火星の謎／アストロノーツ』『第三の選択』はこの『カプリコン1』につながる宇宙開発国家陰謀論の流れを作ったといってもよいだろう。

　これらがあくまで火星への有人探査を陰謀論の直接の題材としていたのに対して、１９７０年代後半に入ると、アポロ計画による月着陸自体にも陰謀論が唱えられるようになる。

　月着陸陰謀論は、１９７６年にビル・ケイシングが書いた「我々は月に行っていない（原題：We Never Went to the Moon）」が始まりであるとされる。この中でビル・ケイシングはアポロ計画で撮影された写真に星が写っていないこと等、アポロが持ち帰った写真、映像などから月着陸は嘘だったと説いた。今でも巷で話題になるアポロ計画陰謀論の根拠とされる説明のほとんどは、この本の中にみられる。

　１９７８年に公開された『カプリコン1』が与えたあきらかな影響は、このようにそれまではあくまでテレビドラマの中で語られていたフィクションとしての陰謀論と、70年代後半に唱えられ始めた現実のアポロ月着陸に対する捏造疑惑を結び付け、結果としてアポロ月着陸陰謀論を広く大衆に知らしめたことだろう。

　この映画で描かれる火星着陸は、設定では火星となっているものの宇宙船の姿形含めアポロの月着陸そのものの再現である。ロケットの打ち上げ映像は、アポロを月へ送ったサターンＶロケットであり、司令船、火星着陸船はアポロ宇宙船のものそのままである。また、火星着陸に成功した宇宙飛行士がＴＶ中継を行うシーンがあるが、この様子は実際にニール・アームストロングが月で行ったＴＶ中継の様子に似通っている。

　火星に降り立つ宇宙飛行士が梯子を下りていくシーンは、アームストロングが月に降り立つときの様子そのままであるし、テレビカメラを設置して、着陸船の前で２人の宇宙飛行士が星条旗を立て大統領と対話をする流れも、実際のアポロ11号のＴＶ中継のときの再現である。

　これらの演出によって、観客はあたかも月着陸の撮影の裏側を見せられている気分にさせられてしまう。

　さて、この映画でＮＡＳＡに火星着陸を見事に演出して、宇宙飛行士は帰路につく。しかし、宇宙船の耐熱タイルに問題が生じ、大気圏突入に失敗してしまう。こうなると、宇宙飛行士たちの存在は消されなければ辻褄が合わなくなる。身の危険を察した３人は脱出を図る。映画の後半は、この３人のサバイバルの様子と、徐々に何か事件のにおいを感じ取っていた新聞記者のコールフィールド（エリオット・グールド）が事件の核心に迫っていくサスペンス映画になる。

　実際に事故死した宇宙飛行士を生きていたことにする話が『ＳＦ火星の謎／アストロノーツ』であったが、その逆パターンである。

　新聞記者のコールフィールドが真相を突き止めるためＮＡＳＡの友人の家を訪ねるが、そこに友人が住んでいたという事実そのものも消されている。だが、ブルーベーカー夫人を訪ねた彼は、着陸直前に夫からの交信に不審なところがあったと話を聞き、いよいよ疑念が確信に変わっていく。

　監禁場所から脱出した３人の宇宙飛行士だが、砂漠の真ん中で脱出のため盗んだ飛行機も燃料がつきてしまい、身一つで命を懸けた逃亡を始める。ＮＡＳＡの追手がヘリコプターで迫る中、３人は無事に家族のもとへと帰ってこれるのか。

　冒頭で述べたように、月着陸陰謀論を一般的にしたこの映画であるが、後半はサスペンス映画として、十分に見ごたえのある作品であり、巨匠作曲家ジェリー・ゴールドスミスの迫力ある音楽と一緒にその高まるサスペンスを楽しんでいただきたい一作である。

ケラウェイ博士、火星への道中、何かおかしなことが起きたようですな。

ピーター・ウィリス

第4章　有人惑星探査／宇宙の果てへ

『ミッション・トゥ・マーズ』

公開：2000年 アメリカ　原題：Mission to Mars
監督：ブライアン・デ・パルマ
脚本：グレアム・ジョン・ヨスト、ジム・トーマス、ジョン・トーマス
出演：ゲイリー・シニーズ、ドン・チードル、ティム・ロビンス

DVD= ブエナ・ビスタ・ホーム・エンターテイメント

西暦2020年6月、第1次火星探査計画が実現し、ルーク（ドン・チードル）含む4人の科学者たちが火星に向かった。

一方、ルークの親友で本来ならクルーに選ばれていたはずのジム（ゲイリー・シニーズ）は、優秀な宇宙飛行士でありながら、火星探査の直前に同僚で妻のマギーを病気で失ったことで参加意欲を失い、クルーを辞退していた。ジムは、地球周回軌道上の宇宙ステーションでバックアップを務める。

13ヵ月後、火星で地質調査を続けていた飛行士たちは、シドニア地区の岩山の頂上付近に巨大なピラミッド状の物体を発見。ところが調査をしようとしたクルーたちに突然竜巻が襲い掛かり、通信が途絶してしまう。行方不明になったクルーの救出のため、急きょ救出隊が火星に向かうことになる。救出隊には船長のウッディ（ティム・ロビンス）の希望により、ジムが副操縦士として参加することになった。

映画が公開された2000年は、1970年代以来の火星探査が再び盛り上がりを見せたときであった。

NASAは1960年にマリナー計画で、火星周期軌道への探査機の投入と火星表面の写真撮影に成功した。1976年にはバイキング1号、2号が初めて火星への着陸に成功した。

1980年代は、スペースシャトル計画と国際宇宙ステーションによる有人宇宙飛行計画のために惑星探査は影を潜めたが、1990年代が近くなって、再びNASAの惑星探査が行われるようになり、火星へは、1992年に

マーズ・オブザーバーが打ち上げられた。

　しかしながら、マーズ・オブザーバーは打ち上げから約１年後に通信が途絶。燃料加圧系のトラブルであった。

ＮＡＳＡは１９９６年から２００５年にかけて合計９機の火星探査機を打ち上げ観測を行うという「マーズ・サーベイヤー計画」を立ち上げ、その筆頭として、１９９６年に、マーズ・グローバル・サーベイヤーが打ち上げられた。

　グローバル・サーベイヤーは火星周回軌道に乗り、軌道上から火星表面の地形図作成などを行った。

　また同じ１９９６年末に打ち上げられたマーズ・パスファインダーは、１９９７年７月４日、とうとう１９７６年のバイキング２号以来約20年ぶりとなる火星着陸に成功する。またアメリカ独立記念日の火星着陸は、バイキング１号が当初予定していた悲願だった。

　だが、火星探査はそう簡単にはいかなかった。マーズ・パスファインダーは観測開始からおよそ３ヵ月後の１９９７年９月27日に、突如として通信が途絶。当初の探査機の寿命は最大１ヵ月程度と言われていたため、寿命を上回った観測は成功といっていい。

　しかしながら、「マーズ・サーベイヤー計画」で、その後、ＮＡＳＡが火星に送り込んだマーズ・クライメイト・オービター、マーズ・ポーラー・ランダーの２機は、クライメイト・オービターは軌道投入に失敗し、またポーラー・ランダーは火星表面への着陸に失敗し、残念ながら科学的成果は得ることはできなかった。

　この失敗により、「マーズ・サーベイヤー計画」自体が中止とされてしまう。

　さらに、その後、１９９９年に打ち上げられたディープ・スペース２号も火星表面への着陸に失敗する。

　こうして、１９９０年代の火星探査は、グローバル・サーベイヤー、マーズ・パスファインダーによる観測が成功したものの、大掛かりな火星探査計画は失敗に終わってしまった。

　そして迎えた２０００年代。２００１年のマーズ・オデッセイ、２００３年のスピリット、オポチュニティーの成功によって本格的な火星探査時代が再来する。また、アメリカのみならず、ヨーロッパ、日本、中国、インドでも火星探査ミッションが計画され、２０２０年代までに各国による火星探査の大航海時代が到来する様相を呈している。

第4章　有人惑星探査／宇宙の果てへ

と同様に、火星を舞台にした映画作品の歴史を振り返ってみると、本作は火星を舞台にした本格的なSF映画という意味では、1970年代以降すっかり鳴りをひそめていた火星SF映画というジャンルにおける久々の作品である。

1990年代にも、アーノルド・シュワルツェネッガーとシャロン・ストーンによる『トータル・リコール』やコメディー映画『ロケットマン』、『スピーシーズ　種の起源』の続編『スピーシーズ2』など火星探査を舞台にしたアクション、コメディー、SFホラー映画はあったが、火星探査を題材にした本格的なハードSF映画としては、70年代以後この『ミッション・トゥ・マーズ』が最初のものであろう。

その後2000年代、2010年代に入り、2015年に公開された『オデッセイ』に至るまで、火星SF映画は盛んに作られるようになる。ただし、映画的な成功や興行収入は別で、『オデッセイ』に至るまで火星を舞台にした映画は失敗に終わっている。

さて、この映画で物語の鍵になるものが、「火星の人面岩」である。「火星の人面岩」は、バイキング1号が火星のシドニア地域上空で撮影した写真に写っていた長さ3キロ、幅1.5キロに及ぶ人の顔のように見える岩のことである。NASAは、当初から光と影の関係で人面に見えるだけと発表していたが、一部の人たちには火星人の古代遺跡だという説や、知的生命体の存在する証拠だといった憶測を呼んだ。

先ほども紹介したように、1976年以降火星探査機が打ち上げられなかったため、この人面岩の正体の論争も決着のつかないままだった。

この人面岩にみるように、人類は火星というものに生命の根源や地球以外の生命体の存在の可能性を思い描いてきた。

1996年にマーズ・グローバル・サーベイヤーによって、ようやく20年ぶりに火星探査が再開され、この人面岩の詳細写真が公開されNASAの見解が正しかったことが証明される結果になった。しかし、一部には、NASAが公開した写真は捏造だと言っている人もいる。

本作は、そんな火星探査の復活という時代背景に合わせて、人類の火星と知的生命体への探求のロマンを描いた映画である。

残念ながら、本作は映画としての評価はあまり芳しいものではなく、監督のブライアン・デ・パルマはその年のゴールデン・ラズベリー賞で最悪監督賞にノミネートされてしまっている。もっともブライアン・デ・パルマ監督は出来不出来の差が激しい監督と言われ、ヴェネツィア国際映画祭で金獅子賞へ何回もノミネートされながら、それと同じくらいゴールデン・ラズベリー賞でもノミネートされている人である。

また、本作の脚本は、あのアクション大作『スピード』で有名になったグレアム・ジョン・ヨストで、彼は本書でも紹介しているアポロ計画を題材としたテレビドラマ『フロム・ジ・アース／人類、月に立つ』でも２つのエピソードで脚本を担当している。

火星へ向かう途中で発生するトラブルと人間ドラマはお決まりの展開ではあるが、火星や探査船の映像はリアルだし、数々の過去の宇宙ＳＦ映画に対する愛のこもったシーンは楽しめる。

例えば、火星で行方不明となった第１次火星探査のメンバーを救出に行くマーズ２号機の船長、ウッディ・ブレイク（ティム・ロビンス）は、子供のころにＳＦ小説が大好きだったという設定で、フラッシュ・ゴードンの小さな飾りを首から下げている。

火星へ向かうマーズ２号の中で、円筒形の大きく回転しながら人工重力をつくる宇宙船の後部を映すシーンは『２００１年宇宙の旅』を思い起こさせる。クライマックスで宇宙飛行士たちが火星で火星人と邂逅《かいこう》するのも『２００１年宇宙の旅』の最後の場面を彷彿させる白い部屋である。

もっとも、この映画のテーマそのものが『２００１年宇宙の旅』の焼きまわしではあるため批判もあるが、火星の人面岩を題材にしたストーリーは独特のものだし、なにより、１９７０年代以降、バイキング計画などで火星における生命体の存在に対して懐疑的な研究結果が多くなり、火星を舞台にした映画は、その入植や植民地化をテーマにした映画が多くなった中、再び火星ＳＦ映画の題材としては古くなってしまった火星の知的生命体との邂逅を再び復活させ新しく描いた作品として評価できるし楽しめる。

彼らは私たちだ。そして私たちもまた彼らだ。

ジム・マッコーネル

第4章　有人惑星探査／宇宙の果てへ

『オデッセイ』

公開：2015年アメリカ　原題：The Martian
監督：リドリー・スコット　脚本：ドリュー・ゴダード
原作：アンディ・ウィアー
出演：マット・デイモン、ジェシカ・チャステイン、キウェテル・イジョフォー、ジェフ・ダニエルズ

火星での有人探査中に嵐に巻き込まれた宇宙飛行士マーク・ワトニー。乗組員はワトニーが死亡したと思い、火星を去るが、彼は生きていた。火星にただ一人残されたワトニーは、空気も水も通信手段もなく、わずかな食料しかない危機的状況の中、自分の宇宙飛行士としての知識と知恵を駆使して生き延びようとする。一方、ワトニーが生存していることを知ったNASAは、世界中から科学者を結集し大胆な救出ミッションを敢行しようとしていた。

有人火星探査を題材にした宇宙サバイバル映画である。原作は、アンディ・ウィアーの小説『火星の人（原題：The Martian）』である。原作者のアンディ・ウィアーはエンジニアであり、本小説が処女作。小説に描かれた科学的な描写の正確さとサバイバルドラマとしてのサスペンス味が、実に巧みに盛り込まれた作品で、『火星の人』は発表されるやいなやベストセラーとなった。

火星や有人火星探査を舞台にしたサバイバル劇は、SF映画の題材としては古典的で、1950年代、60年代には多く作られた。例を挙げると、『火星のオデッセイ（原題：A Martian Odyssey）』『火星着陸第一号（原題：Robinson Crusoe on Mars）』などがあるし、また70年代以降も『カプリコン1』や『ミッション・トゥ・マーズ』『火星縦断』などがある。

しかしながら、ここまでの科学的考証性をもった作品はなかったし、また、火星というテーマでは、常にプロットとして、知的生命体の存在や、政府の陰謀論がつきものであったが、『オデッセイ』はそういったものを一切排除

DVD=20世紀フォックス・ホーム・エンターテイメント・ジャパン

し、サバイバル劇のみに焦点をあてた新生ハードＳＦ小説となっている。
ちなみに、主人公の宇宙飛行士マーク・ワトニーを演じるのは、マット・デイモンだが、彼はこの作品では、火星に向かい取り残されながらも仲間を信じ、知力と体力でサバイバルをする優秀な宇宙飛行士でめっちゃ格好いい男ぶりを発揮している。しかし、この前年に公開された『インターステラー』では、人類の移住先候補の惑星探査に向かうも取り残され、ようやく助けにきたクルー（マシュー・マコノヒー演じるクーパー）を騙して殺害し、自分だけ地球に戻ろうとするという、とんでもない宇宙飛行士マン博士を演じている。どっちが本性なんだ、お前は！（笑）
さらに、マーク・ワトニーの上官でアレス3の船長メリッサ・ルイスを演じているのは、『インターステラー』でクーパーの娘マーフィーの成年期を演じていたジェシカ・チャスティンである。火星に取り残され、一度は死んだと思われたマークを救出しに向かうジェシカ・チャスティンだが、『インターステラー』では父クーパーを異次元から救い出し、人類を救出する重力の秘密を解き明かす。宇宙の迷子を助けるのがジェシカ・チャスティンだ。もっとも『インタステラー』で父を救ったのは娘の愛だったが、本作では彼女の「趣味の悪いディスコ音楽」だ（笑）。
ちなみに、ＮＡＳＡのジェット推進研究所（ＪＰＬ）の軌道力学エンジニアのリッチ・パーネルを演じるのは、ドナルド・グローヴァーだ。本作では救出ミッションの軌道計画を立てる役だが、『ハン・ソロ／スター・ウォーズ・ストーリー』で若き日のランド・カルリジアンを演じることになるのが面白い。

アレス計画と呼ばれる有人火星探査計画。マーク・ワトニーは、人類の3度目の火星ミッションで火星を訪れていた。だがミッション中に突如発生した、強力な砂嵐によってクルーは火星表面からの緊急離脱をしなければならない事態となる。

ワトニーは、砂嵐の中で火星からの緊急離脱の際に、突如破損した通信用のアンテナの直撃を受けて負傷、意識を失ってしまう。ワトニーは死亡したと判断したクルーは、彼をおいて地球への帰路につく。ところが、マーク・ワトニーは奇跡的に生きていた。ワトニーは、次のミッションが火星を訪れる4年後まで、火星で生存しなければならない。彼の火星サバイバル日記が始まる。

実際に、宇宙への有人探査で戻れなくなることは、当然

第4章　有人惑星探査／宇宙の果てへ

ありえる。例えば、アポロ11号では、月着陸船の上段ロケットが不具合で噴射しなかった場合、月に降り立ったアームストロング船長とオルドリン飛行士は地球への帰還方法はなく、月面で救出を待つしかない。あまり知られてはいないが、実際に、当時のニクソン大統領のもとには最悪のケースに備えたアメリカ国民向けのスピーチも用意されていた。なお、このスピーチについてはニール・アームストロングの人生を描いた『ファースト・マン』（２０１８年、アメリカ）の中でわずかに触れられていた。アポロ計画の中で、このスピーチ原稿が一度も読まれることがなかったことは本当に幸いなことだ。

　また初期に宇宙へ飛んだ宇宙飛行士は、例えば逆噴射ロケットが起動しなかったら、永遠に地球軌道を回ることになるかもしれない運命と常に隣り合わせにいた。

　今でこそ、スペースシャトルやソユーズ宇宙船で宇宙へアクセスできる敷居が昔に比べてはるかに低くなったが、当時は当然ながら宇宙は前人未到の地であり、一度行ったら二度と帰れないかもしれない命がけの冒険であった。人類は月着陸に成功したが、月と火星ではまたスケールが違う。人類の火星有人探査は、次なる冒険であるのだ。

　この映画の見どころの一つは、なんといってもこの映画の持つミュージカル要素である。劇中、マーク・ワトニーが火星での生活の退屈しのぎと、励ましと娯楽のために、唯一、船長が残していった音楽を聴く羽目になるのだが、これが、彼に言わせると「趣味の悪いディスコ音楽」ばかりという設定。だから、火星でサバイバルをしながら、１９７０年代のディスコ音楽が劇中に流れるというのがこの映画である。そのため本作品は、２０１５年対象の第73回ゴールデングローブ賞ミュージカル・コメディ作品賞を受賞している。

　ディスコ音楽が全盛を迎えた１９７０年代は火星探査の最初の全盛期でもあった。ソ連ではマルス計画でマルス１号から7号を火星へ送った。アメリカは60年代後半からマリナー計画で火星探査を行い、76年にはバイキング１号、2号が火星着陸に成功、地表面の映像の撮影など本格的な探査に初めて成功した。

　さて、マーク・ワトニーを救出するため中国がアメリカを支援するが、宇宙開発の競争相手国が宇宙飛行士の危機に協力して救出に向かうというのは、同じ宇宙サバイバル映画である１９６９年の映画『宇宙からの脱出』という先例があり、他国の宇宙船を使って地球に帰還するというプロットは2013年の『ゼロ・グラビティ』でも描かれていた。

また、本作品中の有人火星探査計画が「アレス計画」と呼称されているが、アレスはギリシア神話のオリンポス12神の一柱で、戦をつかさどる神とされ、ローマ神話のマールスとともに、火星と同一視される神である。アレスという名前は、2004年に発表されたNASAの有人宇宙機計画である「コンステレーション計画」で構想されていた2段式の有人使い捨て型ロケットの名称にも使われていた。宇宙開発に関心があったアンディ・ウィアーが、アレスの名前を用いたのと、この小説がベストセラーになったのも、2000年代に入って、再び有人月探査、火星探査を目指そうという、スペースシャトル退役後のアメリカの宇宙開発計画の動向が背景にある。

無事に生還したマーク・ワトニー。アレス5が新しく火星へ向かう一方、彼は新しい宇宙飛行士候補生たちに自分の経験とメッセージを語る。

「『もうだめだ。死ぬかもしれない』そう思った時、それを受け入れるか？　闘うか？まず一つ問題を解決してみることから始まるんだ」

これは火星や宇宙のサバイバルだけでない。人生において生きる為のメッセージとも言える。

まず始めてみるんだ。一つ問題を解決したら、次の問題を解決する。
それを繰り返していけば帰ってこれる。

マーク・ワトニー

第4章　有人惑星探査／宇宙の果てへ

『コンタクト』

公開：1997年アメリカ　原題：Contact
原作：カール・セーガン「コンタクト」
製作総指揮：ジョーン・ブラッドショウ、リンダ・オブスト
製作：スティーヴ・スターキー、ロバート・ゼメキス
監督：ロバート・ゼメキス
脚本：マイケル・ゴールデンバーグ
出演：ジョディ・フォスター、マシュー・マコノヒー

女性科学者、エリナー（エリー）・アロウェイは、アレシボ天文台でSETIプロジェクト（地球外知的生命体を発見するためのプロジェクト）に参加していた。ある日、SETIに懐疑的なドラムリン教授により、エリナーのチームは予算を打ち切られ、解散させられてしまう。エリナーはスポンサーを求め歩き、遂にS・R・ハデンという大富豪の資金提供を受けることに成功し、ニューメキシコにある電波望遠鏡で探査を開始した。

ある日、エリナーは、ベガから発信される電波信号を受信する。それは地球外知的生命体のものと確認され、はじめて地球外生命体の持つ文明と接触した人類は、やがて政府や宗教関係者を巻き込みながら、ベガからのメッセージの解読と地球外知的生命文明への接触が試みられる。

ロバート・ゼメキス監督、ジョディ・フォスター主演による地球外知的生命体との接触を題材にしたSF映画である。原作は、カール・セーガンの同名小説である。カール・セーガンは、アメリカの天文学者であり、惑星科学の指導者、宇宙物理学の開拓者でもあり、SETIプロジェクトの推進者でもある。また、科学啓豪書やSF小説を多く執筆しており、『コンタクト』以外には『コスモス』『惑星へ』などがある。

BD=Warner Home Video

また、本作品の製作総指揮を務める映画プロデューサーのリンダ・オブストは、カール・セーガンの紹介で、理論物理学者のキップ・ソーンと知り合い、のちに、『インターステラー』を製作する。よって、本作と『インターステラー』が共通のテーマを持っていることは偶然ではない。

地球外知的生命体との接触を描いたＳＦ映画は数多くあるが、ＳＥＴＩプロジェクトを題材にした本格ＳＦ映画は本作品が唯一だろう。

ＳＥＴＩとは、Search for Extra-Terrestrial Intelligence の略称であり、日本語で地球外知的生命体探査という。その名前の通り、地球外知的生命文明を発見する世界的プロジェクトの総称である。ＳＥＴＩとは総称であるので、そのもとでは地球外知的生命探査のための様々なプロジェクトが行われているが、一番大規模で有名なものは、電波望遠鏡を使い、宇宙から送られてくる様々な電波を受信、解析し、その中に地球外知的生命からのものと思われる有意義な電波を見つけ出すプロジェクトである。

ＳＥＴＩのようなプロジェクトは、宇宙開発が始まった１９６０年代から行われている。初のＳＥＴＩプロジェクトは、１９６０年に、天文学者フランク・ドレイク率いるアメリカ国立電波天文台のメンバーによって実施されたオズマ計画だ。また２０１０年には、オズマ計画の50周年目にあたって、世界合同ＳＥＴＩプロジェクトという呼びかけで、ドロシー計画が実施されている。オズマもドロシーも、「オズの魔法使い」に出てくる登場人物の名前。

宇宙から届く電波の解析には、膨大な情報処理能力が必要となる。そのため、１９９９年には、ＳＥＴＩ＠ｈｏｍｅと呼ばれ、プエルトリコのアレシボ天文台に集積されたデータを、インターネットに接続されたコンピュータを使って、分散処理を行うことでこれを実現するプロジェクトが発足し、現在に至るまで５００万人以上が参加している。

この映画の見どころの一つは冒頭のオープニングシーン。画面に映し出された地球から月、火星へと徐々にカメラが引いていきながら宇宙空間を地球から遠ざかっていく。引いていくカメラと同時に、重ねあわされた音声は、アメリカ史や宇宙開発史、ＳＦ映画史に残る金字塔的な音声になっていて、音声が現在のものから過去のものへと遡っていくのと同時に映像は、太陽系を超えて、銀河系から宇宙の果てまで飛んでいく。

使われている音声は、

第4章　有人惑星探査／宇宙の果てへ

１９９７年の流行音楽から徐々に遡っていく。まず、１９８６年のチャレンジャー号の爆発事故の際に、爆発の直後に飛行管制のスポークスマンであったスティーブ・ネズビットが発し、チャレンジャー事故を印象づける台詞として有名になってしまった「これは明らかに重大な故障が発生したようです。（原文：obviously a major malfunction」という音声がはっきりと聞こえる。

１９７７年の『スター・ウォーズ』のR２‐D２の電子音もさりげなく入っていたりする。次に１９７３年のニクソン大統領の記者会見での言葉。アームストロング船長の月面着陸のときの有名な第一声。６８年のロバート・ケネディ暗殺を伝える報道マンの言葉。１９６３年のキング牧師の「アイ・ハブ・ア・ドリーム」の演説の終わりの一節。ケネディ大統領の暗殺。ケネディの就任演説の有名な一節。赤狩りの時代に、１９４１年の真珠湾攻撃と対日開戦時のルーズベルト大統領の議会演説。そして、ヒトラーの演説、と過去にさかのぼっていく。１９３９年の『オズの魔法使い』でドロシー役のジュディ・ガーランドが歌った「虹の彼方に（Over The Rainbow）」が入っているのもいい。SETIプロジェクトの名称にオズマ、ドロシーの名前が使われていることへのリスペクトの意味もあるだろう。最後は、ルーズベルト大統領の就任演説の一節で結ばれている。

ガス雲から暗黒の宇宙空間へさらにカメラが引いていき、まだ少女である主人公エリーの瞳に変わる。本作では、地球から初めて宇宙へ放たれた電波がベガに届いて戻ってくるというところから始まるが、太陽系を超えて、人類の歴史が電波になって宇宙の彼方へ飛び立っていくという本作のテーマを象徴しているオープニングシーンである。

監督のロバート・ゼメキスは、１９８５年公開の『バック・トゥ・ザ・フューチャー』で１９８０年代、１９５０年代のアメリカを描き、続く１９９４年の『フォレスト・ガンプ／一期一会』では、１９６０年代、１９７０年代のアメリカを描いていた。続く、本作品で見せた、このオープニングシーンは、１９９０年代から１９３０年代までのアメリカの象徴的出来事を一気に駆け抜けるが、各年代のアメリカの歴史を映画で描いてきたロバート・ゼメキス監督らしい演出である。

さて、本作品は、そのSETIプロジェクトの研究者である主人公エリナー・アロウェイの物語である。エリナー・アロウェイ（エリー）は、アレシボ天文台で働く研究者だが、ある日、天文学の権威だがSETIに懐疑的なドラムリン教授が研究資金提供を打ち切ってしまう。

その後、S・R・ハデンという大富豪の資金提供を受けることに成功したエリーは、新しくニューメキシコにある電波望遠鏡で探査を開始する。この、ニューメキシコ州の電波望遠鏡は、カール・ジャンスキー超大型干渉電波望遠鏡群（1997年当時は、単に「超大型干渉電波望遠鏡群」と呼ばれていた）で、直径25メートルのパラボラアンテナ27機が配置された広大な施設である。劇中、この大型アンテナが電波を追尾しながら同時に動く姿は圧巻である。

研究を再開してから4年後、エリーは遂に、地球外知的生命文明からのものらしい電波をつかむ。それは、こと座のベガからのものだった。その電波を解析したエリーは、それが素数の数列で断続的に送られていることに気付き、電波を解析する。すると数字の羅列に隠された画像が現れた。なんとそれは、1936年のベルリンオリンピックの開会式で演説するヒトラーの画像だった。その場に居合わせた一同は騒然とする。ベルリンオリンピックでは、試験的ではあるが、人類初のテレビ中継が行われた。すなわちこれは初めてテレビで撮影された画像が電波となって宇宙へ飛ばされた事件であったのだ。その電波は26光年離れたベガに届き、その返信のためベガから地球へ発信された電波が、ようやく52年後に地球に届いたのであった。（映画の公開は1997年だが、原作小説は1985年に発表されているので、設定上矛盾はない。）

さて、地球外知的生命との接触という前代未聞の事態に、人類社会全体が政府や宗教関係者を巻き込んだ論争に発展する。政府の宗教顧問として登場するのは、マシュー・マコノヒー演じるパーマー・ジョス。マシュー・マコノヒーは、2014年の『インターステラー』でも、宇宙飛行士の役として登場している。

ベガから送られてきたメッセージは、地球外知的生命との接触を可能にすると思われる巨大な機械（転送装置のようなもの）の設計図であった。早速ケープ・カナベラルの沖合に、その設計図に従った装置が製造され、選抜されたメンバーが乗り込むが、地球外知的生命の存在との接触を否定するテロリストの攻撃にあい、実験は失敗してしまう。

第4章　有人惑星探査／宇宙の果てへ

ところが、S・R・ハデンはこっそりと、自身の資金で2号機を製造していた。エリーは、この2号機に搭乗し、実験に参加する。

転送装置によって、エリーが異次元空間をワープする際の演出は、『2001年宇宙の旅』のよう。辿り着いた場所で、エリーが再開したのは、亡くなった父親だった。

地球外知的生命は、父の姿、声を通してエリーに語り掛けるのだった。

地球外知的生命との接触を描いたこの映画は、父と娘の愛の物語である。これは、『インターステラー』でも描かれた共通のテーマだ。

君たちは途方に暮れ、孤独にさいなまれている。だが、もう違う。我々は知ったんだ。虚しさを埋められるのは、互いの存在であることを。

異星人（テッド・アロウェイの姿で）

『インターステラー』

公開：２０１４年アメリカ
製作：エマ・トーマス、クリストファー・ノーラン、
　　　リンダ・オブスト
監督：クリストファー・ノーラン
脚本：クリストファー・ノーラン、ジョナサン・ノーラン
出演：マシュー・マコノヒー、アン・ハサウェイ、ジェシカ・チャステイン、
　　　エレン・バースティン、マイケル・ケイン、マット・デイモン

DVD= ワーナー・ブラザース・ホームエンターテイメント

近未来、地球規模の異常気象により枯渇状態にある地球。元宇宙飛行士のクーパーは、義父、息子のトムと娘のマーフィーと一緒にトウモロコシ農園で生計をたてていた。ある日、マーフィーは自分の部屋の本棚から、本が勝手に落ちる不可解な現象に遭遇し、幽霊のせいではないかと恐れる。

ところが、クーパーとマーフィーは、ある時、それが二進法によるメッセージであることに気が付く。そのメッセージは、地球上のある地点を示していた。目標の場所へ赴いたクーパーとマーフィーは、何者かによって身柄を拘束される。彼らは、公式には解体されたとされていたＮＡＳＡの元職員たちだったが、秘密裏に再結集され活動を再開していた。彼らは、滅びゆく地球の代わりに、人類が生き残る道を探っていたのだ。

彼らは48年前に突如発生した土星近傍にあるワームホールを通じて、人類が移住可能な惑星を見つける。そして、その後人類が移住先の惑星で生存をするための2つの計画を立てていた。1つは、重力場の秘密を解き明かし、建設中のスペースコロニーに人類を乗せて移住させること、もう一つは、人工授精を行ってコロニーを作り人類の生存を図ることだった。

すでに3人の宇宙飛行士がワームホールを通過し、それぞれ移住候補の惑星へ到達し、信号を送ってきている。さらなる調査のため計画へ参加することにしたクーパー。

第4章　有人惑星探査／宇宙の果てへ

マーフィーは、本棚のメッセージが「行かないで」と告げていると言い張り、クーパーを引き止めようとするが、クーパーは宇宙船レンジャー号で宇宙へ飛び立つ。

監督は、クリストファー・ノーラン。第87回アカデミー賞では、視覚効果賞を受賞。その他、作曲賞などでノミネート。第20回放送映画批評家協会賞では、最優秀SF／ホラー映画賞を受賞している。

製作は、エマ・トーマス、クリストファー・ノーラン、そしてリンダ・オブストである。リンダ・オブストは、1997年にカール・セーガンのSF小説の映画化『コンタクト』を製作している映画プロデューサーであり、そのカール・セーガンの紹介で、理論物理学者のキップ・ソーンと知り合ったことが本作品を製作するきっかけになった。

物語の舞台は、近未来の地球、地球規模の環境変化により滅亡の危機に瀕している。クーパーは元宇宙飛行士だが、すでにNASAは解体されており、宇宙計画も宇宙飛行士の必要とされていない世界という設定である。

娘マーフィーの学校へ娘の担任教師との面接に向かったクーパー、娘のマーフィーは科学に興味があり頭の良い娘だった。だが、学校で問題を抱えているといわれ、呼び出されたのた。そして、その担任教師から、マーフィーがアポロの月着陸について書かれた教科書をほかの生徒に見せたことを問題視されてしまう。マーフィーがほかの生徒に見せたのは古い教科書で今は改訂されているのだと。その教師は、「アポロ計画はソ連を経済的に崩壊させるために捏造された政府のプロパガンダ」だったと教科書に書かれているのだと唱え、「宇宙の絵空事でなく、この星の真実を伝えなければならない」と言う。

保護者面談を終え、自宅に戻ったクーパー、夕陽に照らされた縁側で椅子を並べて義父のドナルドと会話をする。義父のドナルドはこういう。

「かつての世界は、道具とかアイデアとか、毎日何か新しいものが生まれていた」

クーパーがこれを聞いて言う。

「かつて人類は星を見上げて、あの向こうに何があるのかを考えた。でも今は下を見て積もった塵の心配ばかりしている」「人類は忘れてしまったんだ。冒険家とか開拓者たちを」

制作にあたって、幼いころに観た『2001年宇宙の旅』に影響を受けたというクリストファー・ノーラン監督は、自分たちの世代が、宇宙探査や惑星探査のように、この惑星から外へ飛び出していくような冒険的な宇宙開発に対して、関わり合いを持たずに育った世代だと感じていることを語っている。

１９７０年に生まれたクリストファー・ノーラン監督は、アポロ計画が終了し、ＮＡＳＡの予算も削減され、人類が月や火星への有人探査に対して消極的になっていた時代に育った世代である。ノーラン監督は、好きな映画の一つに、１９８９年の『宇宙へのフロンティア』を挙げていて、人類がアポロ計画のような冒険的な有人宇宙探査を行っていた時代に対して愛着を持っている監督である。

劇中、20世紀に莫大な予算をかけた宇宙探査を、宇宙の絵空事であり、資金のムダな贅沢と無駄遣いだったとするマーフィーの教師の言葉は、まさしくノーラン監督が、彼の育った時代がそうであったことを言わせている台詞でもある。クーパーのいう台詞、「人類は忘れてしまったんだ。冒険家とか開拓者たちを」という言葉は、ノーラン監督自身がアポロ計画のような宇宙開拓時代を懐かしむ言葉でもある。

だが、ノーラン監督がアポロ計画や宇宙開発に対して抱く思いは、ただのノスタルジアではない。

彼は、宇宙旅行は投資に値するのか、と問われて、こう言っている。「この映画を作って最後に感じた事は、これはやるべきとか、やらないという問題ではなく、やるのだということです。それが我々が人類であるということだし、人類がいずれ行うことの一つだということです」

この想いは、映画の最後で、時空を超えた旅から戻ったクーパーの台詞に表れている。クーパー・ステーションと呼ばれる土星の軌道上に建設された宇宙ステーション。今は博物館となっている自分が育った生家の縁側で、かつて義父と並んで話をしたように夕陽の中で座っているクーパー。彼はこう言う。

「こんなのはただのノスタルジーに過ぎない。俺たちは今どこにいて、どこに向かっている」

銀河の彼方には、まだ人類の移住候補の星の一つであるエドモンドの星に到達していたアメリア（・ブランド）がいる。人類が到達するのを一人で待っているアメリアのもとへ、クーパーは飛んでいくのである。

ラザロ計画でクーパーの乗ったレンジャー号の打ち上げシーンは、アポロのサターンＶロケットの打ち上げのイメージの再現である。ロケットの下段部が切り離される様子や、レンジャー号と軌道上の宇宙船エンデュランス号と

第4章　有人惑星探査／宇宙の果てへ

のドッキングシーンは、アポロ司令船と月着陸船のドッキングを彷彿させる。劇中、『宇宙へのフロンティア』が好きというノーラン監督が、アポロ計画の一部を意識した部分だろう。

この映画は、過去の様々な宇宙映画へのリスペクトに溢れた作品でもある。ワームホールを潜るシーンは、まさしく『２００１年宇宙の旅』を思わせる光の演出だし、クーパーが苦痛に顔を歪ませながらワームホールへ落ちていくところも同様である。TARSとCASEという２体の人工知能ロボットも、『２００１年宇宙の旅』のHALを思い出させる設定である。土星近傍にできたワームホールを潜って別世界へ行く、という設定も、『２００１年宇宙の旅』で木星軌道上にあったモノリスから光のトンネルを潜るという設定とも重なる。（小説版『２００１年宇宙の旅』では、モノリスがあるのは土星近傍になっている。）

『２００１年宇宙の旅』は、人類は、神のような超越的な存在と引導によって進化させられ、木星のモノリスに到達した唯一の人類であるボーマン船長は、さらに高次の存在として進化させられる、という物語であった。『インターステラー』では、人類の進化の鍵を解明し、人類の種の生存への道を開いた「彼ら」の存在は、進化した「我々」人類自身であるという物語である。そして、その進化をもたらしたのは世代を超えて引き継がれる人類がもつ壮大な愛であった。

愛だよ、ターズ、愛だ！　アメリアが言っていた。俺とマーフのつながり、それは計測数値化できるんだ。それが鍵だ。

ジョセフ・クーパー

第５章
宇宙飛行士のコメディー映画
〜コメディアン宇宙飛行士の爆笑宇宙旅行〜

『気の進まない宇宙飛行士』
『ロケットマン』
『ムーン・パイロット』
『月世界一番乗り』
『月ロケット・ワイン号』
『月世界宙がえり』

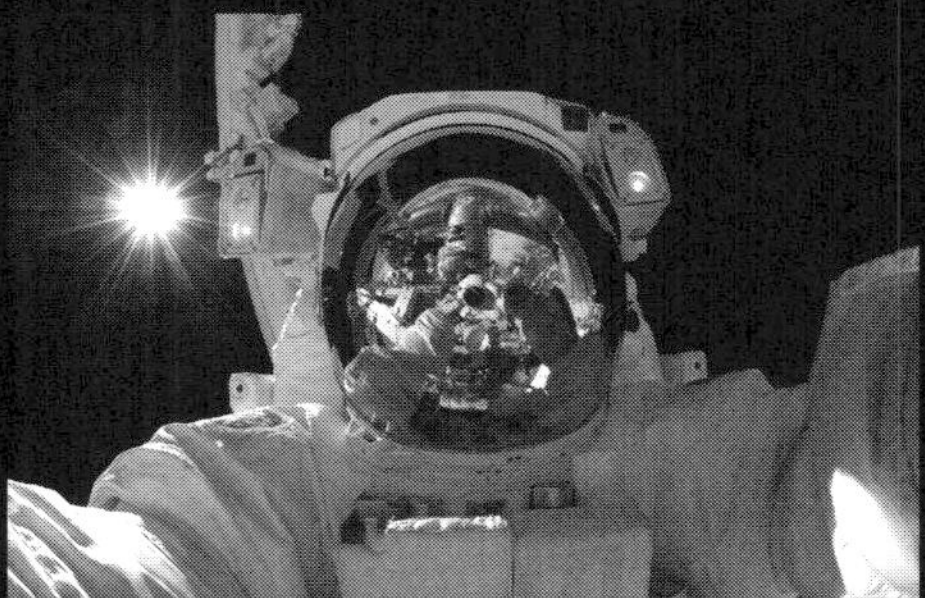

『気の進まない宇宙飛行士』

公開：1967年　アメリカ
原題：The Reluctant Astronaut
監督：エドワード・J・モンターニュ
脚本：ジェームズ・クリッツェル、エヴェレット・グリーンバウム
出演：ドン・ノッツ、レスリー・ニールセン、ジョアン・フリーマン、アーサー・オコンネル

35歳の高所恐怖症で親離れしていない男がNASAで用務員として働くことに。だが、両親は彼が宇宙飛行士になったと勘違い。息子を訪ねてNASAに来た両親の前でなんとかごまかそうとする彼だが大失態をおかしてしまう。ついにソ連が宇宙に人を送ろうとしていることがわかり、NASAは、慌てて新しい宇宙飛行士の選定をすることになる。そして選ばれたのは……。

　1967年、アポロ計画でアメリカが月着陸に向かって一丸となっていた時代に公開された宇宙飛行士をコミカルに描いたコメディー映画である。当時CBSで放映されていた人気コメディー番組「メイベリー110番」で有名だったアメリカの喜劇俳優、ドン・ノッツが用務員としてNASAで働くことになるものの、宇宙飛行士になってしまうコミカルな男を演じている。

　宇宙飛行士のコメディー映画はこれ以外にも、1997年公開の『ロケットマン』がある。こちらの作品ではカナダの喜劇俳優であるハーランド・ウィリアムズが、ひょんなことで宇宙飛行士となってしまうコンピュータ・エンジニアの男を演じている。

BD=Universal Mod

　原題である『The Reluctant Astronaut』とは、「気乗りしない宇宙飛行士」という意味だが、ドン・ノッツ演じるロイ・フレミングはまさしくそんな宇宙飛行士。また若き日の『裸の銃を持つ男』、レスリー・ニールセンがベテラン宇宙飛行士フレッドの役で出演している。ロイの父親はアーサー・オコンネルである。

第5章　宇宙飛行士のコメディー映画

この映画のプレミアが行われたのは、1967年1月25日であり、あのアポロ1号の火災事故の2日前であった。そのためユニバーサルの上層部は、宇宙計画の悲劇の直後にコメディー映画を公開することに懐疑的になったという。

劇中には実際のNASAのロケット打ち上げ映像も使われており、またジョンソンとケネディ宇宙センターでも撮影がされている。

ロイは、ミズーリ州で遊園地にある子供用の宇宙船もののアトラクションのオペレータとして働いている。宇宙服に身を包み子供たちの前でアトラクションを動かしているロイ。決まったセリフで宇宙船を操縦する宇宙飛行士の役を演じている。

「只今ハワイ上空を通過。回収地点はバハマ南東100マイル。逆噴射ロケット点火、カウントダウン開始。5、4、3、2、1、点火！」

「タッチダウンまで20分」

さて、そんなロイ、実は極度の高所恐怖症。なんせ、地面から1メートルにも満たない高さの子供用アトラクションから下りるのにも足が震えるという有り様だ。ちなみに同じ遊園地で働くエリー（ジョアン・フリーマン）にひそかに想いを寄せているが、そんな様子だから全く相手にされていない。さて、そんなロイが家に帰ると、母親が興奮して彼にいう。

「あなたNASAで仕事するのよ。宇宙飛行士だわ！」

「ボクが宇宙飛行士だって⁉」

さて、大変なことになった。町中はロイが宇宙飛行士になったという話題で持ち切りになってしまう。エリーにも宇宙飛行士になったということを興奮して告げにいくもいつも通り軽くあしらわれてしまう。

さて、ヒューストンに来たロイ。床掃除の仕事を言いつけられてようやく、自分が宇宙飛行士でなく用務員であることがわかり安心するが、実家に電話してその事を伝えても信じてもらえない。家に帰ってくるロイだが、家では町中の人が彼を歓迎して、まだ彼が宇宙飛行士だと頭から信じ切っている。

そんな周りの人々を失望させたくないロイは、自分が宇宙飛行士でないことを伝えられないまま宇宙飛行士を演じてしまう。エリーも宇宙飛行士になったロイを尊敬のまなざしで見るようになり、ますます本当のことを言い出せない。

さて、そんなときに、いよいよソ連が有人宇宙船を打ち上げることになった。ソ連に対して技術的な優位性を見せたいアメリカ、NASAは宇宙船の自動操縦の信頼性を証明したいと考える。そのためには、宇宙飛行士やパイロットではない何でもない男でも宇宙船に乗れることを示したい。誰がロケットに乗るのに適任だろうか。ベテラン飛行士のフレッドが提案する。

「ロイという用務員の男を宇宙へ送ろう」

　さて、こうして宇宙に行くことになったロイ。発射台にそびえたつ巨大なサターンロケットを目の前にしてビビってしまうロイだが、覚悟を決めて発射台へ向かう。

　ロケットは打ち上げられ地球を飛び出す。宇宙へ行くことには成功したロイだが、無重力に慣れないロイ。思わぬことで宇宙船のコンピュータプログラムを故障させてしまう。自動操縦の宇宙船はコンピュータが故障したままでは帰還ができない。

　さて、どうする⁉　その時、ちょうど宇宙船がハワイ上空を通過する。管制官がロイに告げる。

「君の宇宙船はハワイ上空を通過中だ」

「ハワイだって？　ハワイ！　そうだ！」

　ハワイという言葉で、遊園地のアトラクションを思い出したロイ。

「只今ハワイ上空を通過。回収地点はバハマ南東100マイル。逆噴射ロケット点火、カウントダウン開始。5、4、3、2、1、点火！」

　逆噴射ロケットを使い、見事に地球に帰還するロイだった。

　本作品は、アメリカが月着陸に向かっていたころの、古き良きアメリカのコメディー映画である。


逆噴射ロケット点火、カウントダウン開始。
5、4、3、2、1、点火！

ロイ・フレミング

第５章　宇宙飛行士のコメディー映画

『ロケットマン』

公開：１９９７年アメリカ　原題：Rocketman
監督：スチュアート・ギラード
脚本：クレイグ・メイジン、グレッグ・アープ
出演：ハーランド・ウィリアムズ、ジェシカ・ランディ、ウィリアム・サドラー、ボー・ブリッジス

ＮＡＳＡは火星有人計画を進めていたが、宇宙船の誘導コンピュータの搭載ソフトウェアに不具合が発生してしまう。誘導コンピュータのプログラムを担当したソフトウェア・エンジニアのフレッド・ランドルが呼ばれるが、なんと飛行の準備をしていた宇宙飛行士の一人に怪我を負わせてしまう。そんな事態を前にしても打ち上げを延期することをあきらめたくないＮＡＳＡは、ランドルを宇宙飛行士として訓練することになる。

主演は、カナダ人のコメディアンであるハーランド・ウィリアムズ。１９６３年公開のドン・ノッツの『気の進まない宇宙飛行士』もアポロ時代に作られた宇宙飛行士のコメディー映画であったが、この映画は有人火星探査を背景に、ひょんなことから宇宙飛行士になってしまった男のまわりで起こるコメディー映画である。

主演のハーランド・ウィリアムズ以外には、ジェシカ・ランディ、ウィリアム・サドラー、ボー・ブリッジスなどが出演している。ボー・ブリッジスは、あの名優ロイド・ブリッジスの息子である。ロイド・ブリッジスは、１９７５年のＴＶ映画『月への冒険旅行』で、地上管制官の飛行主任（フライト・ディレクター）を演じている。この映画『ロケットマン』の中では、彼の息子ボー・ブリッジスが、かつてのアポロ13号の飛行主任であり、事故の責任を負っている過去を持つ男という設定。父子で地上管制の飛行主任役を演じているのは面白い。

VHS= ブエナ ビスタ ホーム エンターテイメント

ソフトウェア・エンジニア

のフレッド・ランドルは有人火星宇宙船の誘導制御プログラムに不具合が出たといわれ修理のために呼ばれる。フレッド・ランドルは完全にギークな男で、コンピュータは詳しい（はずだと思うが）がまわりからは完全に変人扱いである。ソフトウェアの不具合の修正を依頼するために彼を訪ねた火星ミッションの飛行責任者ポール・ウィック（ジェフリー・デマン）、火星ミッションの船長であるウィリアム・オーバベック（ウィリアム・サドラー）、そして宇宙飛行士のゲイリー・ハックマン（ピーター・オノラチ）。

　フレッドは変人なのだが、宇宙オタクのため出会う宇宙飛行士や関係者の名前をみんな知っている。しかも彼は、自分の部屋のドアに、彼が「僕のベイビー」と呼ぶ憧れの女性宇宙飛行士ジュリー・フォード（ジェシカ・ランディ）の写真を貼り、さらに自分の写真を切り貼りして飾っているというとんでもない奴である（笑）。

　プログラムの不具合を修正したフレッドだが、火星着陸船の模型が暴走して、宇宙飛行士であるゲイリーの頭を直撃してしまう。打ち上げを延期したくないＮＡＳＡはフレッドを訓練することになる。

　ＮＡＳＡの宇宙飛行士訓練センターにやってきたフレッド。施設内を勝手にうろついて、あるドアを開けるとドン、ある人物とぶつかる。「ごめんなさい、ごめんなさい」と平身低頭謝るフレッドだが、「あっ！」とぶつかった男の正体に気が付く。彼がぶつかったその男はバッド・ネズビット（ボー・ブリッジス）。あのアポロ13号の飛行主任だった男だったのだ（これは映画上の設定であり事実ではない）。

　このバッド・ネズビットという名前が面白い。日本ではマイナーで細かいネタで伝わる人が少ないだろうが、ネズビットという名前は、ＮＡＳＡの飛行管制のスポークスマンであったスティーブ・ネズビットからとったものだと思われる。スティーブ・ネズビットは、１９８６年のチャレンジャー号の爆発事故のテレビ中継の際、爆発の直後に、「間違いなく重大な不具合です。（obviously a major malfunction）」という言葉を発し、これは当時、そしてその後まで、チャレンジャー事故を印象づける台詞として有名になってしまった。そのネズビットの名前を、アポロ13号の事故当時の飛行主任の名前として設定しているという目茶苦茶細かいネタをやっている。

　さらに、憧れの的である女性宇宙飛行士ジュリー・

第5章　宇宙飛行士のコメディー映画

フォードにも出会うフレッドだが、最初に彼女にかけた言葉は、「ぼく、きみと一緒に寝られて光栄だよ。えっと、あ、全然別のベッドでね」って、ありゃりゃ。

フレッドは宇宙飛行士の訓練プログラムをこなしていくが、なんと超人的な（？）素質を見せて見事にクリアし、宇宙飛行士になってしまう！

いよいよやってきた打ち上げの日。だが、打ち上げ直前になって、怖気づいてしまうフレッド。そんなフレッドをネズビットが、かつて、自分が飛行主任だった時にジョンソン大統領からもらったという3つの記念硬貨の話をして励ます。

1つ目の硬貨は「栄誉（honor）」でニール・アームストロングに、2つ目は「自由（freedom）」、ジム・ラベルに与えたという。そして3つ目は「勇気（Bravery）」。「私にはあまり意味がなかった」「だが君には何かのためになるだろう」

ネズビットはもっていたその最後の硬貨を取り出しフレッドに与える。アメリカの宇宙開発史へのリスペクトを見せてくれる感動的シーンだ。

さて火星に向けて打ち上げられた宇宙船。フレッドは、オーバベック船長、ジュリー、そしてチンパンジーのユリシーズと一緒に火星へ向かう。

火星を離れる前、アメリカ大統領とのテレビ中継をする。地球では人類初の有人火星探査を見守るため大勢の人間がテレビでこの様子を見ている。

オーバベック船長とジュリー・フォードが大統領との会話をしている後ろで予定外だったフレッドが画面に出てきてしまう。大統領から一言を求められたフレッド。「大統領閣下、ここから見た地球は、全世界が自分の手の中にあるように、碧いブルーベリーのようです」そして、突然思いついたように歌いだすフレッド「世界は僕の手の中に♪（I've got a whole world in my hand♪）」「次はフランス語で！　ドイツ語だ、中国語で！」大統領も地上の管制官もノリノリで歌いだし、全世界が彼の歌で一つになってしまう。

さて、火星までは8ヵ月、その間冷凍睡眠で過ごすことになるが、ユリシーズがフレッドの冷凍睡眠カプセルを奪ってしまい、仕方なくユリシーズ用のカプセルで寝るフレッド。が、結局13分の睡眠で目覚めてしまい、なんと残り8ヵ月を起きた状態で過ごす！

いよいよ、火星への着陸が近づくが、着陸地点に砂嵐が近づいていることを知ったフレッド、地球のネズビットに連絡するが、地球ではそのことを全く知らないでいた。ネズビットは砂嵐の危険を飛行主任のウィックに状況を知らせるが無視されてしまう。

火星に着陸した3人、オーバベック船長が着陸船から降り火星への第一歩を踏み出そうと梯子を下りていると、フレッドが梯子の上から足を滑らせてしまう。「あ、あ、あ、あ、あ」あわてて地面に手をつくフレッド、火星への記念すべき（?）第一歩はこうしてフレッドによって刻まれてしまった。火星表面に星条旗を立てるが、取り出した星条旗は勢い余ってフレッドの手を離れ飛んで行ってしまう。なんと、代わりにフレッドはどっから取り出したのか星条旗柄のトランクスをポールにとり付け火星に掲げる！

歴史を刻んだ彼らのミッションだが、直陸地点に激しい砂嵐が近づいていた。宇宙飛行士の危機を、ネズビットはウィックに再三警告するがことごとく無視されてしまう。迫る宇宙飛行士の危機に何もできず、地上管制官を信じていないことが露呈したウィックは飛行主任の職を解かれ、代わりにネズビットがミッションの指揮を執ることになる。ネズビットがマイクを通じて管制官に声をかける「あそこには、我々のクルーがいる。彼らを生還させるぞ！」

嵐が吹き荒れる中、ネズビットの指示と、オーバベック船長、フレッドの勇気ある行動で無事に火星からの離陸に成功し、宇宙飛行士たちは地球への帰路についた。

地球へ向かう宇宙船。「星に願いを」の曲に合わせてフレッドとジュリーが踊るラストシーン、ディズニー映画らしいロマンチックなシーンを見せてくれる。

本作品が公開された1997年は、マーズ・パスファインダーが、1976年のバイキング2号以来、実に20年ぶりに、火星に着陸した年で、これを皮切りに再び火星への興味が高まった時期であった。

本作品は、馬鹿馬鹿しくとも面白い、火星探査の夢、アメリカ宇宙開発へのリスペクトを込めたコメディー映画である。ちなみにエンディングテーマは、『庭から昇ったロケット雲』でも使われていたエルトン・ジョンの「ロケット・マン」なのでお楽しみあれ！

「俺たちが火星に一番乗りだ！」
「ああ、これであんたは2つの惑星の大バカ者だな」
ウィリアム・オーバベック

第5章　宇宙飛行士のコメディー映画

『ムーン・パイロット』

公開：1962年アメリカ　原題：Moon Pilot
原作：ロバート・バックナー
監督：ジェームズ・ニールソン
脚本：モーリス・トムブレイゲル
出演：トム・トライオン、ダニー・サバル、ブライアン・キース、エドモンド・オブライエン、ボブ・スウィーニー

1960年代、無事にチンパンジーの月周回飛行に成功したアメリカ。遂に人間を月へ送る計画を発表するが、宇宙飛行士への志願者がいない。リッチ（トム・トライオン）はひょんなことから、こころならずも宇宙飛行士に選抜されてしまう。さて、月に行くことを渋るリッチの前に、謎の美女ヘリラエ（ダニー・サバル）が現れる。彼女はスパイなのでは、と怪しむリッチの行く先々に現れるヘリラエ。実は彼女は、リッチを無事に月に行かせるためにベータ・リラエという遊星からやってきた女性だという。

ウォルト・ディズニーが1962年に製作した宇宙飛行士を題材にしたロマンティックコメディー映画。

映画の冒頭で打ち上げられるのはマーキュリー・アトラスロケット。管制室へ映し出される月へ向かう宇宙船の軌道と真剣な表情で通信管制を行っている地上クルーが映る。チンパンジーのチャーリーを乗せた宇宙船が初の月周回飛行を行っていた。無事に地球に帰ってきたチャーリー。その成功を受けて、いよいよ人を月に送ることになる。だが、アメリカ空軍は政府からの強い圧力により、その週末までにミッションを行うという。さて、「志願者はいるか？」という質問に声を上げるものがいない。そのとき、チャーリーのいたずらで、最初の月周回飛行に挑むのは、なんとリッチに決定してしまう。

DVD=Hollywood Pictures

さて、月に行くことを渋る

リッチは、チャーリーに再び会いに行くが、月から帰ってきたチャーリーはどこか変わっている様子だった。ますます月飛行への懸念が大きくなるリッチ。なんとか月飛行前に3日間の休暇をもらい、サンフランシスコの実家に帰ることになるが、食事制限あり、他人との接触は禁止との条件つき。

ところが実家へ帰る飛行機の中で、謎の美女ヘリラエと出会う。アクセントのある英語に、他人と接触するなと言われた上官からの警告が頭をよぎるが、何故か彼女に惹かれてしまうリッチ。行く先々に現れるヘリラエを怪しんだ彼は、上官へ連絡する。リッチ同様に彼女へのスパイ疑惑を生じた上官は連邦捜査官を彼につける。だが、彼が月に行くことは極秘ミッションであり、捜査官にもそのことは秘密とされる。

彼の泊まるホテルで、再び捜査官の目を盗み、リッチの前に現れたヘリラエ。彼女がリッチに伝えたのは、ロケットにある化合物のコーティングがなければ、チャーリーに起きたことがリッチにも起こる、と警告する。また、さらに、彼女はベータ・リラエという遊星から来たという。

未知の土地への冒険にロマンス的な要素を求めるのは、宇宙に対しても変わらないのだろうが、古今東西、人類が月に対して古来から持つ女性的イメージが多分に影響しているのではないだろうか。

古来、月には女神が宿るとされていた。ギリシア神話において、月はセレーネー、アルテミス、ヘカテーと女神として神格化されていた。アルテミスは純真無垢な処女性のシンボルである。セレーネーは月経と月齢周期の関係性を象徴し、動植物の性生活、繁殖性のシンボルであり、ヘカテーは魔術、豊穣と出産のシンボルである。セレーネーは、ローマ神話ではルーナという女神であり、ヘカテーはエジプト神話における多産と復活の女神ヘケトに由来するという。

また、東洋では、月は、太陽の陽と対となる陰の象徴であり、女性の象徴と考えられていた。中国では嫦娥《じょうが》が月神とされ、太陰星君と呼ばれ崇められている。月のクレーターを女性の顔とする文化も世界にある。西欧占星術では、月は母親、妻、女性に当てはまる。

この映画に登場するヘリラエも、そのような月の女神を具現化した存在である。純真無垢でありながら、女性としての魅力を持つ。また不思議な力をもつ魔女性を兼ね備えている。

映画の最後で、ヘリラエとリッチがデュエットする「セ

第5章　宇宙飛行士のコメディー映画

ブン・ムーン（原題：The Seven Moons of the Beta Lyrae)」は、『メリー・ポピンズ』などディズニー映画を数々手がけたシャーマン兄弟の作曲。ロマンチックな曲にのせたエンディングは、同じディズニーによる宇宙コメディー映画『ロケットマン』にも共通する。

宇宙飛行士が不思議で可愛らしいミステリアスな魔女と邂逅するストーリーは、1965年から68年にNBCで放映されていた『かわいい魔女ジニー（原題：I Dream of Jeannie)』にも通じる共通点がある。『かわいい魔女ジニー』では、アメリカ空軍の宇宙飛行士が、宇宙飛行後に回収予定地点を外れた無人島で魔女のジニーと出会うという話だった。

本作品が公開される前年（1961年）は、ケネディ大統領が、アメリカ議会でのちのアポロ計画へと続くことになる有名な演説（「アメリカは10年以内に人間を月に送り、無事帰還させる」）を行った。

アメリカが、まさにこれから月へ向かおうとしていたそんな時代に製作された本作品は、当時の宇宙開発へ夢と期待を背景に作られたディズニーらしいファンタジー、ロマンス、そしてコメディーの要素を盛り込んだ映画である。

ここにいる女性が彼女の星へ案内してくれるそうです。なんとですね、そこに7つの月があるそうで。すべて愛で出来ているという月ですよ！

リッチモンド・タルボット

『月世界一番乗り』

公開：1961年イギリス　原題：Man in the Moon
原作：ロバート・バックナー
監督：バジル・ディアデン
脚本：マイケル・レルフ、ブライアン・フォーブス
出演：ケネス・モア、シャーリー・アン・フィールド、ノーマン・バード

感冒研究所の実験材料であるウィリアム・ブラッド（ケネス・モア）はあらゆる病気に免疫があるという超人である。その日も、感冒研究所の実験場である牧場の真ん中のベッドで寝て目覚めたところ。ウィリアムは研究所にもどるが、様々な実験にもかかわらずまったく風邪を引かないウィリアムは感冒研究所の仕事を失ってしまう。ウィリアムが全く風邪を引いた事がないことを知った原子力研究所のデヴィッドスン博士とスティヴンス博士が、月探査のためタフな宇宙飛行士候補を探してウィリアムのところへやってくる。デヴィッドスン博士はウィリアムに対して様々な訓練をするが、ウィリアムは苛酷な訓練にも全く動じない。その結果、ウィリアムはウーメラ砂漠から月ロケットに乗せられ月へと出発する。

イギリスが製作した月有人探査を風刺したコメディー映画である。全ての病気に免疫のあるという男ウィリアム・ブラッドは、彼が恋した女性ポリー（シャーリー・アン・フィールド）と一緒に旅行に発とうとするところを、デヴィッドスン博士とスティヴンス博士によって無理やり原子力研究所に連れてこられる。

DVD=Network

他の候補者たちは鉄棒、跳び箱で抜群の運動神経、どんな科学的な難問でも瞬時に回答するという明晰な頭脳をもったものばかり。ウィリアムは挑戦した器械体操では目を回してぶっ倒れてしまい、ほかの候補者から嘲笑されるが、極寒極暑への耐環境試験では、他の候補者がギブアップする中、ウィリアムだけは何故か周囲の物がカチカチに

第5章　宇宙飛行士のコメディー映画

凍る低温でも、読んでいる新聞が燃え上がるくらいの高温でも全く平常を保っているという超人的な身体能力を見せつける。

こうして、宇宙飛行士候補になったウィリアム。耐G試験も耐えぬき、いよいよ打ち上げが迫る。宇宙服を着て打ち上げに備えるウィリアムが、飛行前の一杯といって紅茶を飲んでいるのもいかにもイギリス風で面白い。

こうして世界中の注目が集まるなか、ウィリアムが乗ったロケットが打ち上げられる。管制所から追跡しているロケットも順調に飛行しているようである。いよいよ月面に着陸したロケット。管制からの指示によって緊張した面持ちでウィリアムが人類初の月面に降り立つ！

と、おもったら何かがおかしい。月の重力は地球の6分の1のはずだが、ロケットの外に下りた瞬間、どかっと地面に落ちるウィリアム。目の前の風景は荒涼としていて岩と砂ばかりだが、どうもしっくりこない。そしてなんと空気のないハズの月面で風がサーと吹いて砂を巻きあげている。さらに周囲を歩くウィリアムが見つけたのは、なんと缶詰のごみ！

ウィリアムは打ち上げたウーメラの砂漠からいくばくも離れていない場所に着陸していたのである！　慌てて管制所に戻るウィリアム。発射場からは、ウィリアムに続いて3人の宇宙飛行士が次の打ち上げに準備していた。管制所にいたデヴィッドスン博士とスティヴンス博士の前に月面にいるはずのウィリアムが現れる。博士たちにニコリとして言う。

「これで全部振り出しに戻ったわけだね」

宇宙飛行を終えたウィリアムはポリーと一緒になり、実験場の牧場のベッドで実験材料として子供を3人も作りながら幸せそうに眠っているのであった。

これで全部振り出しに戻ったわけだね。

ウィリアム・ブラッド

『月ロケット・ワイン号』

公開：1963年 イギリス　原題：The Mouse on the Moon
原作：レナード・ウイバーリー
製作：ウォルター・シェンソン
監督：リチャード・レスター　脚本：マイケル・パートウィー
出演：マーガレット・ラザフォード、
バーナード・クリッピン、テリー・トマス

DVD=MGM

葡萄酒だけが唯一の財政源であるグランド・フェンウィックという小国。財政難に陥ったグランド・フェンウィック国の首相のマウントジョイは、宇宙開発競争に参入することを表向きの理由にアメリカからの資金の借り入れを思いつく。アメリカは、宇宙開発で国際協調を行っていることを示すためにも喜んで資金を提供する。また、小国とはいえ、グランド・フェンウィックがアメリカに与することをよく思わないソ連も、国際協調姿勢を見せるためだけに、旧式のロケットをマウントジョイに送る。

マウントジョイはアメリカから得た資金が、宇宙開発の目的に使用されていることを見せるために、コキンツ教授に依頼して、ソ連のロケットの打ち上げと同時に、地上で爆発を起こさせようとするが、コキンツ教授は、実は天才科学者で、自国産のワインがロケット燃料として使用できることを発見し、宇宙飛行士になりたいという夢を抱くマウントジョイの息子ビンセントとともに、本当に月ロケットを開発してしまう。

完成したロケットでコキンツ教授とビンセントは月に向かうが、グランド・フェンウィックに先を越されることに慌てたアメリカとソ連は、慌てて月へロケットを打ち上げる。ところが、月への道中、ビンセントは誤って、宇宙船を加速させてしまい、なんとアメリカとソ連より先に、月面に着陸してしまった。

遅れて月着陸にやってきたアメリカとソ連は、残念がるが、今度は先に地球へ帰ることを競うように宇宙船に乗り込む。しかし、慌ててお互いが相手の宇宙船に間違って乗り込んでしまい、宇宙船は上昇に失敗する。仕方なくコキンツ教授とビンセントの宇宙船に相乗りして一緒に地球に帰還するアメリカとソ連の宇宙飛行士

第5章　宇宙飛行士のコメディー映画

たち。地球では、打ち上げ時にコキンツ教授とビンセントは死亡したと思われていたが、２人が帰ってくるなり、外交官たちは先に月面に着陸した国はどちらか果てしない議論を始める。

１９６３年に製作されたイギリス映画である。１９５９年公開の『ピーター・セラーズのマ・ウ・ス（原題：The Mouse That Roared）』の続編であり、原作は、レナード・ウイバーリーの小鼠シリーズの『小鼠月世界を征服』である。レナード・ウイバーリーの小鼠シリーズは、１９５４年に第一作が発表されたレナード・ウイバーリーの有名な寓話シリーズで、小国であるグランド・フェンウィック国が奇策でアメリカなどの大国に対するという物語。当時のアメリカ、ソ連の東西冷戦や核開発競争などへの皮肉をこめた作品である。

この映画は当時の宇宙開発競争を皮肉ったコメディー映画である。アメリカとソ連が国際協調に見せかけながら、互いに競い合うという当時の国際情勢をユーモアと皮肉たっぷりに描いている。

劇中、アメリカもソ連もグランド・フェンウィックという小国がロケット開発などできるはずもないと思い、それぞれ援助を行うが、グランド・フェンウィックが予想を裏切り、本当に月ロケットを開発してしまう。実際、アメリカは自身の技術提供はせずに、資金提供だけをして、金がないソ連は、旧式のロケットを安く提供する

というのも、冷戦時代と変わらず現在でもアメリカ、ロシアなどの大国が同盟国、衛星国に行う外交上の常とう手段である。

最後のシーンで、三国の宇宙飛行士が亡くなったと悲しみにくれている人々が、三国の宇宙飛行士の国際協調をシンボルにした慰霊碑を建てている。表向きには、国際協調のもとに、三国が同時に月着陸を達成したように映るが、その背景で、東西冷戦における国際政治の駆け引きが行われていることを描いていることを痛切に皮肉っているというラストが面白い。

皆さん、クランド・フェンウィック国の月へようこそ。
パスポートか予防接種証明書を見せてください。

ビンセント・マウントジョイ

『月世界宙がえり』

公開：１９６６年 アメリカ　原題：Way…Way Out
監督：ゴードン・ダグラス
脚本：ウィリアム・バワーズ、ラスロ・ヴァンディ
出演：ジェリー・ルイス、コニー・スティーヴンス、ロバート・モーレイ、ジェームズ・ブローリン、リンダ・ハリソン

　アメリカとソ連の宇宙開発競争が続く１９８９年。月面に滞在しているアメリカ宇宙局ＮＡＷＡの２人の宇宙飛行士ホフマンとシュミットラープ。長期滞在によるフラストレーションによって喧嘩はするは、シュミットラープは欲求不満により、裸の女性の卑猥な絵ばかりを書いてだらだらと過ごしていた。時同じくして、ソ連は人類初の独身の男女のカップルを月に送ろうとしていた。ホフマンとシュミットラープに関する事態が発覚して、ＮＡＷＡの恥辱になることを恐れたクオンセット長官は、彼らに代わり、ソ連に対抗するため、人類初の既婚夫婦の２人の宇宙飛行士を月に送ろうと計画する。

　ところが、月面に向かうことになっていた２人の宇宙飛行士が打ち上げ直前に破局。クオンセットは、仕方なく、未婚でまだ飛行経験のない２人の男女、ピーター・マットモア（ジェリー・ルイス）とエイリーン・フォーブス（コニー・スティーブンス）を送ることにする。２人は、名目上だけ結婚したことにして月へ行くことに同意し、いよいよ月へと向かう。

　１９６６年に公開された米ソ宇宙開発をネタにしたセクシーコメディー映画である。監督は『駅馬車』（１９６５年、アメリカ）のゴードン・ダグラス。主演は、アメリカを代表する喜劇俳優であるジェリー・ルイスで、ジェリー・ルイスが出演している宇宙ＳＦコメディー映画では、１９６０年の『底抜け宇宙旅行（原題：Visit to a Small Planet）』も有名である。主演女優は、ＴＶドラマ『ハワイアン・アイ』のクリケット・ブレイク役で、可愛い歌声を披露していたあのコニー・スティーブンスである。

第5章　宇宙飛行士のコメディー映画

また、打ち上げ直前で別れてしまう男女の宇宙飛行士役には、ジェームズ・ブローリンとリンダ・ハリソンが出演している。

ジェームズ・ブローリンは、当時まだ無名だったが、70年代に徐々に有名になり、1978年の『カプリコン1』では火星へ向かう宇宙飛行士チャールズ・ブルーベイカーを演じている。

リンダ・ハリソンは、この後、1968年のチャールトン・ヘストン主演の『猿の惑星』で人間奴隷のノバ役を演じることになる。

映画は、アメリカ、ソ連の両国が、初のカップルそして夫婦を宇宙へ送って競い合うという内容で、米ソの宇宙開発競争を面白可笑しく茶化しているのだが、ジェリー・ルイスとコニー・スティーヴンスの愛らしさに隠れて皮肉的な要素は全く表立ってなく、月面基地で繰り広げられるお色気要素たっぷりの内容は素直に楽しめる。

近年のSF映画では、夫婦の宇宙飛行士が主人公というのはよく描かれるが、本作は、コメディーとはいえ、夫婦の宇宙飛行士を宇宙に送るという内容が描かれた初めての映画だと思われる。

実際の宇宙開発の話をすると、1992年にスペースシャトル・エンデバーによるSTS-47ミッションで、マーク・リー飛行士とジャン・デイヴィス飛行士が宇宙へ行った初めてかつ唯一の夫妻となっている。

これらはすべて運命だわ。1920年のはじめにゴダード博士がニューメキシコの砂漠で小さなロケットの実験を始めた最初の瞬間から、この夜、このベッドの上でまさに今起きようとしている事を考えていたんだわ。

エイリーン・フォーブス

なお、このSTS-47は、毛利衛飛行士が日本人として初めてスペースシャトルで宇宙へ行ったミッションで、日本人にも馴染みがある。

今後、有人火星探査や、より長期的な宇宙滞在ミッションが行われるようになれば、人類が宇宙に滞在する次のステップとして、人類の種の保存を考えた場合に、夫婦が宇宙に滞在することに対する実験や研究も当然進むのではないかと思う。

『フライングハイ2／危険がいっぱい月への旅』

公開：1982年アメリカ　原題：Airplane II: The Sequel
監督／脚本：ケン・フィンケルマン
出演：ロバート・ヘイズ、ジュリー・ハガティ、チャド・エベレット、チャック・コナーズ、ウィリアム・シャトナー、ピーター・グレイブス、ロイド・ブリッジス

DVD= パラマウント ホーム エンタテインメント ジャパン

　初の民間の月旅行が実現し、スペースシャトル、メイフラワー号が月に向かって発射されようとしていた。テッド・ストライカーは、前作『フライングハイ』で、機内で発生した集団食中毒の事態に多くの乗客を救った優秀なパイロットであった。その優秀さを買われ、初の民間月旅行に向かうスペースシャトル、メイフラワー号のテストパイロットを任された彼だが、システムの不具合を指摘しようとしたところ、逆に会社側の責任の濡れ衣を着せられ、精神病院へ入れられていた。入院中にメイフラワー号の飛行が強行されることになったと知ったテッドは、病院を抜け出し、昔の恋人であるエレンに、その危機を訴えるも聞き入れてもらえない。離陸したメイフラワー号だったが、テッドが忠告した通り、コンピュータが反乱を起こして操縦不能の事態になり、なんと太陽へ向かって飛行を始める。

　1980年に公開されたパニック・コメディー映画『フライングハイ』の続編。『フライングハイ』は、航空パニックもの「エアポート」シリーズにあやかったコメディー映画で、一発ギャグを連続して見せていくという映画だ。本作も前作を踏襲した形だが、ストーリーの設定が初の民間月旅行で、作品中には『スター・ウォーズ』『E・T』『2001年宇宙の旅』『スタートレック』などのいろいろな宇宙SF映画の細かなパロディを含んだギャグが楽しいので興味のある方はご覧いただくといいだろう。

〈宇宙×映画雑話２〉

宇宙映画の俳優たち

宇宙開発を題材にした映画には様々な登場人物が登場する。もちろん宇宙飛行士はその代表であり、なくてはならない存在である。

だが宇宙飛行士だけじゃない。例えば地上において運用を担当する地上管制官は、宇宙における宇宙飛行士の仕事を支える重要な人たちである。また、ロケット、衛星、宇宙船の設計、製造、開発に携わる技術者なしには、宇宙開発はありえない。

宇宙映画に登場する人物たちを演じた俳優たちを中心に、それぞれの映画を見てみるのも面白い。ここでは、そんな宇宙映画に縁がある俳優たちを紹介する。

打ち上げ直前に居残り組
残念な宇宙飛行士
ゲイリー・シニーズ

ゲイリー・シニーズは、１９５５年イリノイ州出身の俳優。『フォレスト・ガンプ』でアカデミー助演男優賞、またそれ以外にもエミー賞、ゴールデングローブ賞を受賞しているベテラン俳優である。

そんな、ゲイリー・シニーズは『アポロ13』『ミッション・トゥ・マーズ』『ウォーキング・オン・ザ・ムーン　３Ｄ』で宇宙飛行士の役を演じている。（『ウォーキング・オン・ザ・ムーン　３Ｄ』は声のみの出演）

１９９５年の映画『アポロ13』では、アポロ計画の宇宙飛行士ケン・マッティングリーを演じた。史実では、ケン・マッティングリーは、アポロ13号の司令船操縦士だったが、打ち上げ着前に、風疹に感染した疑いが出たため、予備搭乗員であったジャック・スワイガートと交代することになる。『アポロ13』でもこのエピソードは描かれており、地球残留組となり、残念無念なマッティングリー飛行士をゲイリー・シニーズが演じている。

ゲイリー・シニーズ
『アポロ13』（1995年）でケン・マッティングリー飛行士を、『ミッション・トゥ・マーズ』（2000年）ではジム・マッコーネル宇宙飛行士を演じた。

『アポロ13』の後、ゲイリー・シニーズは、有人火星探査と火星の知的生命体との邂逅《かいこう》を描いた２０００年の映画『ミッション・トゥ・マーズ』では、ジム・マッコーネルという宇宙飛行士を演じている。

このジム・マッコーネルという宇宙飛行士は、人類初の火星着陸のメンバーだったが、なんと打ち上げ前に同僚の妻マギーを病気で失い、精神不安定となってしまい、ミッションへの参加意欲を失い、クルーを辞退してバックアップにまわるという役どころなのだ。まあ、バックアップといっても『ミッション・トゥ・マーズ』のバックアップクルーは、地球周回軌道の宇宙ステーションに滞在するので、宇宙には行くのだが。『アポロ13』でも『ミッション・トゥ・マーズ』でもなぜかいつも打ち上げ直前にバックアップになってしまう宇宙飛行士がゲイリー・シニーズなのである。

ニール・アームストロングの息子が銀河を支配する！ジェイク・ロイド

ジェイク・ロイドといえば、1999年の『スター・ウォーズ　エピソード1／ファントム・メナス』で幼き日のアナキン・スカイウォーカー役を演じて有名になった。

そんな彼は、1996年に製作された『アポロ11／史上最大のミッション』というテレビ映画で、ニール・アームストロング船長の息子役を演じている。『スター・ウォーズ　エピソード1』では、アナキンに父親はいないはずだったのに、なんだ、ニール・アームストロングだったんじゃないか！

ファンが様々に議論していたアナキン父親問題は、これで解決する（笑）。ニール・アームストロングは幼い自分の息子を辺境の惑星タトゥイーンに置き去りしたのだ。

これって、大変なことだよ。人類初の月面着陸をしたニール・アームストロング、その息子は将来、月世界にとどまらず銀河を支配するんだから。まさしくアームストロング船長の小さな一歩は、ジェイク・ロイド演じるアナキンの銀河支配の一歩でもあったわけで、『帝国の逆襲』では、自分が父親になって、ルークに親子で銀河を支配しよう！　とか言っていたダース・ヴェイダーも、ニール・アームストロングの血統ならば、なんとなくその資格もある気がするねって違うか！（笑）。「スター・ウォーズ」シリーズで、アナキンやルークは、遠い星々に思いを馳せ、宇宙へ出ていくことを夢見ていたパイロットの素質がずば抜けていた少年だったが、ニール・アームストロング船長の血が流れているのだから当然かもしれないね。

NASAの英雄を2人も演じたエド・ハリス

エド・ハリスは、宇宙飛行ミッションに関わる実在の重要人物を2人も演じ、ハリウッドの宇宙映画史に残る大作3本に出演していた俳優だ。

エド・ハリスは、1950年ニュージャージー州出身のベテラン俳優である。

まずは、1983年の映画『ライトスタッフ』。NASA初の宇宙飛行士であるマーキュリーセブンの一人であるジョン・グレンを演じた。ジョン・グレンは、1962年にマーキュリー・アトラス6号でアメリカ人として初めて地球周回軌

〈宇宙×映画雑話２〉
宇宙映画の俳優たち

上は、宇宙服を着たジョン・グレン。下はアポロ13号の飛行管制主任を務めるジーン・クランツ。

道を飛行した宇宙飛行士である。

　１９９５年の『アポロ13』ではアポロ13号のミッションで、飛行主任（フライト・ディレクター）と呼ばれる宇宙船の飛行、ミッションの責任者であったジーン・クランツを演じている。

　そして、最後に、２０１３年の『ゼロ・グラビティ』。この作品でも、声の出演のみだが地上管制官役を演じている。

　ジョン・グレンもジーン・クランツも海軍出身で、エド・ハリスの短く刈り込んだヘアスタイルがそっくりで良く似合っている。ちなみに、ジーン・クランツは、アポロ計画を題材にした映画作品には、必ずといっていいほど登場することになる準主役級な登場人物。アポロ13号を作品にした最初のものは、１９７４年に製作された『ヒューストン、問題が発生しました』というTVドラマだが、このときは、エド・ネルソンが演じた。また、１９９６年のテレビ映画『アポロ11／史上最大のミッション』ではマット・フリューワーが演じており、ＨＢＯのドキュメンタリードラマ『フロム・ジ・アース／人類、月に立つ』では、ダン・バトラーが演じている。

取り残され宇宙飛行士、マット・デイモンの変貌ぶり

　日本でも、大ヒットした有人火星探査を題材にした２０１５年の宇宙サバイバル映画『オデッセイ』。この映画の主演であるマット・デイモンは、火星という過酷な環境で、水、食料、酸素がないという究極の環境で、その知力と体力と、ディスコ音楽（笑）でサバイバルする超イイ奴宇宙飛行士を演じていた。

　そして、その前年に公開された『インターステラー』でも、ある惑星に取り残された宇宙飛行士役を演じている。だが、この『インターステラー』で彼が演じていたのは、なんと迎えに来たマシュー・マコノヒー演じる主役の宇宙飛行士を殺害し、自分だけ地球へ帰還しようとする、なんとも卑劣な宇宙飛行士である。

2つの大作映画で取り残された宇宙飛行士を演じるマット・デイモンだ。

マシュー・マコノヒーと宇宙に拡がる愛の物語

ハリウッドを代表する人気俳優であるマシュー・マコノヒー。彼も宇宙映画の大作に出演している俳優である。ジョディ・フォスターと共演した1997年の『コンタクト』では、ジョディ・フォスター演じるSETIプロジェクトの科学者エリーと恋仲になる宗教顧問の男を演じている。

そして、2014年の『インターステラー』では、人類存亡の危機を救うため宇宙へ飛び立つ宇宙飛行士を演じている。

『コンタクト』にも描かれていた父と娘の愛、そして人類の未知との遭遇と進化というテーマは、『インターステラー』にも引き継がれている。『コンタクト』では、あくまで物語の中心は主人公エリーとその父親であり、エリーの恋人役に過ぎなかったマシュー・マコノヒーだが、『インターステラー』では、父親役となり、娘マーフィーと壮大な宇宙における人類の愛と進化の物語を成す好演をしている。

救世主はこの人! ジェシカ・チャスティン

『インターステラー』は父と娘の愛の物語だったが、ブラックホールに吸い込まれ超次元空間に取り残されたマシュー・マコノヒー演じるクーパー。彼を救った娘のマーフィー。成年期のマーフィーを演じていたのはジェシカ・チャスティンだ。さて、そのジェシカ・チャスティンは、その翌年公開された『オデッセイ』で火星に取り残された宇宙飛行士マーク・ワトニー(マット・デイモン)を救いに向かうアレス3号の船長リッサ・ルイスを演じているのだ。

しかも、そのマット・デイモンは『インターステラー』では自分を救出しに来たマシュー・マコノヒーを殺害して自分が助かろうとする男なのだ。『インターステラー』で父を殺そうとしたマット・デイモンを『オデッセイ』では父と同様に救い出そうとするジェシカ・チャスティンはなんとも慈悲深い救世主ではないか。

飛行管制官の血筋? ロイド・ブリッジスとボー・ブリッジス

ロイド・ブリッジスは、1913年生まれの俳優。50年以上のキャリアの中で、150本以上の作品に出演したベテラン俳優だ。

1940年、50年代には映画で活躍し、その後、主にテレビで活躍した。そのロイド・ブリッジスの2人の息子、ジェフ・ブリッジスとボー・ブリッジスも俳優である。

〈宇宙×映画雑話2〉
宇宙映画の俳優たち

ロイド・ブリッジスは、1975年のテレビ映画『月への冒険旅行』で、有人月探査へ向かう宇宙船キャメロット号のミッションを指揮する飛行管制責任者役で出演している。また、1980年のパニックコメディ映画『フライングハイ』、またその続編の『フライングハイ2』では、初の民間月旅行へ向かうスペースシャトル、メイフラワー号の飛行管制責任者、マクロスキー管制官を演じている。

マクロスキー管制官は、仕事中にも関わらず、いつもウイスキーのボトルを片手に持ち、酒を止められないというアル中の管制官で、何か起きるとついつい酒を飲んでしまい、劇中「禁酒するのに今週を選んだのが間違いだったな」という台詞を連発することで有名だ。ちなみにこの台詞は、映画『スペース・チンプス』でもパロディで登場している。

さて、彼の息子のボー・ブリッジスだが、彼は1997年の映画『ロケットマン』で、バッド・ネズビットという有人火星探査ミッションの飛行管制責任者の役を演じている。『月への冒険旅行』では子供が月ロケットに忍び込むし、『フライングハイ』では乗客、乗員巻き込んでのパニックフライトだし、『ロケットマン』では宇宙船着陸地点で砂嵐が発生するというトラブルに巻き込まれるわけで、親子でパニックフライトミッションの飛行管制官を演じているというわけだ。

アクの強い顔が特徴 ウィリアム・ディヴェイン

ウィリアム・ディヴェイン。一度見たら忘れないアクの強い顔をした彼も、宇宙映画に縁がある演技派ベテラン俳優の一人だ。『スペース・ミッション　宇宙への挑戦』『スペース・カウボーイ』『インターステラー』に出演している。

『スペース・カウボーイ』では、クリント・イーストウッド演じるフランクがロシアの通信衛星を修復するミッションを地上で支援するNASAの飛行管制責任者役で出演している彼だったが、『インターステラー』では、公には解散したことになっているが極秘裏に復活して、人類移住計画を進めているNASA長官役を演じている。飛行管制責任者から長官にまで、いつの間にか出世を遂げているというのがウィリアム・ディヴェインである。

また、『スペース・ミッション　宇宙への挑戦』では、主人公のフォン・フーバー博士が開発するロケットへの妨害工作を裏で糸引くアストロC社のロジャー・ソーンヒルという人物を演じている。そういうと、なんかとんでもない黒幕のような人物に思えてくるのがウィリアム・ディヴェインである。

コールウッドの校長がNASAで出世クリス・エリス⁉

『遠い空の向こうに』は１９９９年のジョー・ジョンストン監督のアメリカ映画。コールウッドという田舎町でロケットづくりに青春をかけるホーマー少年の物語である。そのホーマーが通う高校の校長役で出演しているのは、クリス・エリスだ。ここではホーマーのロケット作りに懐疑的でローラ・ダーン演じるミス・ライリーと対立する役だ。

クリス・エリスは１９５６年、テキサス州生まれの俳優。１９９５年の『アポロ13』では、トム・ハンクス演じるジム・ラベル宇宙飛行士の上司である元宇宙飛行士のディーク・スレイトンを演じている。ディーク・スレイトンはマーキュリーセブンの一人だったが心臓の病気のためにマーキュリー計画では宇宙へは行かず、その後、ＮＡＳＡの搭乗員部の部長になっていた人物だ。

また、１９９８年の『アルマゲドン』では、隕石衝突を回避するため宇宙飛行ミッションの飛行実施責任者の役を演じている。

重要な脇役で宇宙映画に度々登場するのがクリス・エリスである。

アルマゲドンの2人が再共演

１９９８年の宇宙ＳＦ映画『アルマゲドン』で共演したビリー・ボブ・ソーントンと、ブルース・ウィルスだが、２００７年の映画『アストロノーツ・ファーマー』で再び共演している。『アルマゲドン』でビリー・ボブ・ソーントンは、ＮＡＳＡ長官役で、ブルース・ウィルス演じるハリーたちのミッションをサポートする。

映画『アストロノーツ・ファーマー』は、ビリー・ボブ・ソーントン演じるチャーリー・ファーマーが宇宙飛行士への夢をあきらめず自らロケットを作って宇宙へ行くという話。

ブルース・ウィルスはこの映画にクレジットなしで、チャーリーの古い友人であるマスターソン大佐という役で出演している。このマスターソン大佐だが、独自で有人ロケットを開発しているチャーリーに対して、ロケットや宇宙開発はＮＡＳＡや空軍に任せて、お前はあきらめろ、という忠告をする。

『アルマゲドン』でビリー・ボブ・ソーントンは、石油掘削員で本来ＮＡＳＡの宇宙飛行士でなくＮＡＳＡの連中から快く思われていないブルース・ウィルスらを懸命にサポートしていたのに、『庭から昇ったロケット雲』で立場が逆になると、ブルース・ウィルスは、『アルマゲドン』のときの恩を忘れてしまったのか、ビリー・ボブ・ソーントンに対して現実的か非情か厳しいアドバイスをしているとは。

〈宇宙×映画雑話２〉
宇宙映画の俳優たち

宇宙飛行士に憧れた藤井隆

邦画からも宇宙映画の俳優を紹介したい。２００２年の映画『明日があるさ THE MOVIE』で日本の最新ロケット「あやなみ1号」の開発に参入したトアール・コーポレーション。その営業1課で、望月率いるエリートチームの一員として開発に携わる男を演じていたのが藤井隆だ（この映画は、役名と演じる俳優名が一緒）。藤井はもともと第13課にいたが、能力をかわれ第1課に異動したという設定。だから、第13課の浜田が、野口と一緒に開発している有人ロケットが気がかりで、内心複雑な気持ちで彼らを応援をしている。

そんな藤井隆は、同じ２００２年の連続テレビ小説『まんてん』で宇宙飛行士を目指す主人公のヒロイン日高満天（宮地真緒）の相手役を演じている。主人公日高満天の通う大阪の合気道道場の道場主、花山百合子の次男で医大生だが、ひそかに宇宙飛行士を目指して宇宙工学の勉強をしているという、花山陽平である。

物語の最後では、満天と結婚し、宇宙飛行士を目指すヒロインを支える。陰で宇宙開発に関わる主人公を応援するのが藤井隆である。

日本人初の宇宙飛行士に寅さん？　渥美清

実は、こんな人も宇宙飛行士になっていましたということで紹介するのは、生まれも育ちも葛飾柴又、車寅次郎である。山田洋次監督の国民的映画シリーズ『男はつらいよ』。その第36作『男はつらいよ　柴又より愛をこめて』の冒頭、定番の寅さんの夢シーンで、寅さんは、なんと「もっとも日本人らしい」という理由で宇宙飛行士になっている。

このシーン細かくみると、車寅次郎を演じる渥美清がかぶっているキャップには「APOLLO 17」の文字が見える。また後ろにちらっと移る宇宙船はマーキュリー宇宙船のよう。着ている宇宙服の左腕には星条旗が描かれているが、反対の右腕の部分にはただ一言、「寅」とあって面白い。

寅さんの夢シーンは、映画公開時の世相を表していて、夢シーンだけみても、この人気シリーズがいかに戦後の日本の歴史とともにあったのかということが分かる。

『柴又より愛をこめて』が公開されたのは１９８５年（12月28日）だが、実はこの年は、日本の有人宇宙開発史に残る年であった。この年の8月7日は、当時の宇宙開発事業団（ＮＡＳＤＡ、現ＪＡＸＡ）が米国のスペースシャトルに乗り込む搭乗科学者（ペイロードスペシャリスト）として、日本初の宇宙飛行士として、毛利衛、向井千秋、土井隆雄を決定した日なのである。また、この年の4月には、日本がNASAの進める国際宇宙ステーション計画で、日本独自の宇宙実験施設（のちの「きぼう」）を取り付けることを正式に決定している。

残念ながら実際には、翌年にチャレンジャー号の爆発事故が発生してしまい、日本初の宇宙飛行士がスペースシャトルで宇宙へ行ったのは1992年まで待つことになった。

日本の宇宙開発の歴史のほんの一部であるが、この夢のシーンは、遂に日本人も宇宙へいく時代が来たという当時の世相と期待を映しているワンシーンである。

第６章

宇宙へ行った動物たち

〜動物たちが宇宙へ行く映画、アニメ〜

『スペース・バディーズ／小さな５匹の大冒険』
『スペース・ドッグ』
『ナットのスペースアドベンチャー 3D』
『スペース・チンプス』
『スペース・ミッション　宇宙への挑戦』

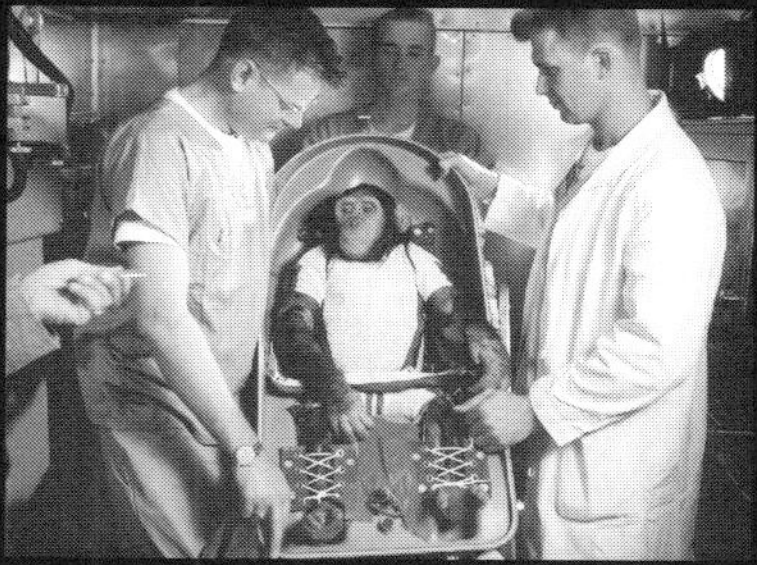

『スペース・バディーズ／小さな5匹の大冒険』

公開：2011年アメリカ（ビデオリリース）
監督：ロバート・ヴィンス
脚本：ロバート・ヴィンス、アンナ・マクロバーツ
出演：ジェイソン・アールズ、ディードリック・ベーダー、エイミー・セダリス、ビル・ファガーバッケ、ケヴィン・ワイズマン

DVD= ウォルト・ディズニー・ジャパン株式会社

動物たちが宇宙へ行くというストーリーは他にも『スペース・ドッグ』『スペース・チンプス』などがあるが、この物語では5匹のワンちゃんたちである。

『スペース・バディーズ／小さな5匹の大冒険』は、ディズニーのオリジナルビデオ作品である「バディーズ」シリーズの一つである。「バディーズ」は5匹のゴールデン・レトリバーの子犬たち（バダボール、ビードッグ、ローズバッド、ブッダ、マッドバッド）の「バディーズ」がいろいろな冒険をする話で、本作品以外にも『スノー・バディーズ』『サンタ・バディーズ』『ゴースト・バディーズ』『トレジャー・バディーズ』などがある。

本作品は、そのバディーズが宇宙へ行く話だ。飼い主たちが社会科見学で宇宙船を見に来るが、こっそりと宇宙船「ビジョン・ワン」号に乗り込んでしまう。このときにバディーズが着ている犬用の宇宙服がなんともかわいらしい。そして、ビジョン・ワン号は5匹を乗せたまま発射されてしまう。

子供たちや動物たちを乗せたまま宇宙船が発射してしまう、こっそりと宇宙船に忍び込んで宇宙へ行く、という話は他にも『月への冒険旅行』、『ナットのスペースアドベンチャー』『スペースキャンプ』などがあるが、他の作品と違う特徴をあげるとすると以下だろう。

先に紹介した作品では、子供や動物たちが乗り込む宇宙船は、アポロ宇宙船だったり、スペースシャトルだったりしたのだが、この作品では、民間企業が開発した宇宙船になっている。

これは2000年以降のア

第6章　宇宙へ行った動物たち

メリカの宇宙産業の変化の現れだといえるだろう。現在、スペースシップ・ワンに代表されるように、ヴァージン・ギャラクティック、スペースXといった宇宙ベンチャー企業が有人宇宙船やロケットの開発、宇宙産業の牽引役になっている。

スペースシャトルは引退し、アメリカが国家として持つ有人宇宙船はなくなり、今はこれまでとは違う新しい宇宙開拓時代を迎えている。

このバディーズが乗り込むのは、サブオービタル機のような有翼型の宇宙船で、発射台から垂直に打ち上げられるようなロケットに乗った宇宙船でなく、地上からロケットエンジンで飛行機のように発射する。有人ではあるが無人コントロールで制御されるのも来るべき時代の宇宙船のイメージで、砂漠の真ん中にある打ち上げ場所は、現在建設の進んでいる宇宙港（スペースポート）のようでもある。

さて、宇宙へ行ったバディーズは宇宙ステーションで燃料補給を行うが、そこでロシアの宇宙飛行士ユーリと宇宙飛行犬スプードニクと出会う。

旧ソ連の人類初の人工衛星であるスプートニクとドッグをかけ合わせた名前が可愛いらしくおもしろいが、スプードニクというのはソ連が初の人工衛星に続いて、ライカ（犬）を乗せて、スプートニク2号の打ち上げに成功した時に、アメリカのメディアがソ連に遅れをとっていたアメリカに対する揶揄もこめてスプートニク2号を呼んだ名前でもある。

スプードニクは地球にいる少年サーシャとの再会を夢見ていて、宇宙ステーションにやってきたバディーズと一緒に地球に帰るためにビジョン・ワン号に乗り込む。

さて、スプードニクとバディーズは一緒にビジョン・ワン号に乗り込んだのはいいが、無人コントロールされているビジョン・ワン号はそのまま月へと向かう。月面を歩いたバディーズの名言。

「犬にとっては小さな一歩だが、犬類にとっては大きな一歩だ」って、犬と犬類って同じじゃないのか？（笑）

これは、もしかしたらアームストロングが「一人の人間にとって（for a man）」と言うときに冠詞を抜かした（と聞こえた）ために、「一人の人間」が「人類にとって（for man）」という意味に解釈されてしまった、というエピソードに基づいて意図的にやっているのだろうか？　と思ったが、理由を知っている人がいたら教えてほしい。

ちなみにアームストロング自身は確かに冠詞のaを発音した、と後で答えており、マイクの質が悪く音を拾えなかったとされている。が、少なくとも当時の中継を見ていた人にとっては「人類にとっては小さな一歩であり、人類にとっては大いなる飛躍だ」と聞こえたに違いない。日本で当時中継で同時通訳をしていた西山千さんも「人類の非常に小さな第一歩です」と訳してから、訳し直しをしたというのは有名なエピソードである。

　さて、犬類初の月面着陸に成功したスプードニクとバディーズの6匹。世界は大騒ぎ、動物たちの世界で一躍有名になる6匹の宇宙飛行犬たちである。地球で6匹が月面を歩く様子を映像で見ていたサーシャと、バディーズの飼い主たちも彼らの偉業に喜ぶ。

　さあ、いよいよ地球帰還へ向かうビジョン・ワン号の前に回転しながら近づいてきたものがある。なんとユーリを乗せたカプセルである。大気圏への突入角が浅くこのままでは燃えてしまう。スプードニクが見事にビジョン・ワン号を操作し、カプセルの軌道を修正、ユーリは無事に大気圏へと突入する。

　6匹を乗せたビジョン・ワン号も無事に大気圏へ突入する。通信が途絶した束の間のあと、大空に現れたビジョン・ワン号、無事にタッチダウン、地球に帰還する。飼い主たちと再会するバディーズ。

　飼い主の子供たちと一緒に凱旋パレードをし、英雄としてスペース・バディーズと賞された5匹たち。一方スプードニクは彼を待つ少年サーシャの元へ帰り感動の再会を果たす。

　ちなみに、エンディング曲はキング・ハーベストの1972年のヒット曲である「ダンシング・イン・ザ・ムーンライト」。この映画ではアリソン・ストーナーが可愛らしい歌声で軽快に歌っているので、こちらもお楽しみ頂きたい。

夢は星々のようなものだ。触ることはできないけど、夢はいつか必ず自分を運命に導いてくれる。

スプードニク

第6章　宇宙へ行った動物たち

『スペース・ドッグ』

放映：２０１０年ロシア　原題：Белкаи Стрелка
監督：インナ・エバランニコバ、
　スバトスラフ・ウシャコーフ
脚本：アレクサンダー・タール、ジョン・チュア
製作：ヴァディム・ソツコフ、セルゲイ・ゼルノフ
出演：クロエ・グレース・モレッツ、ドロシー・ファーン、
　スパイク・スペンサー

DVD=TC エンタテインメント

　サーカスの花形スターであるベルカは、ロケット乗りの曲芸士であるヴォルデマールの代役でロケットに乗ることになる。だが操縦に慣れないベルカは発射したロケットもろとも見知らぬ場所へと飛び立ってしまう。着陸した場所で出会ったのは野良犬ストレルカとネズミの相棒レニー。サーカスに戻るため街をさまようベルガと、食べ物もなくその日暮らしのストレルカとレニーは、３匹で行動を共にするが、ある日野良犬の捕獲員に捕まってしまう。そして連れていかれたのは、なんと宇宙飛行犬の訓練センターだった！

『スペース・ドッグ』はロシアで製作されたCGアニメーション映画作品である。

　この映画に登場するベルカとストレルカは、１９６０年８月19日に、ロシアが打ち上げたスプートニク５号で宇宙へ行き、地球軌道を周回し無事に生還した初めての生物になった２匹の犬の名前である。その前のスプートニク２号で、ライカという犬が乗せられ地球軌道を周回した初めての生物となったが、これには再突入装置はなく軌道飛行のあと、大気圏で消滅しており、帰還はしていない。ちなみにスプートニク５号では、ベルカとストレルカ以外にも１匹のウサギ、42匹のネズミ、２匹のラット、ハエ、そのほか植物や菌類などを乗せており、彼らは全員無事に生還している。ロシアはその後もスプートニク６号、９号、10号で宇宙へ犬を送った。

　ちなみに、これらは地球軌道飛行だが、弾道飛行では、スプートニク１号の前にも

１９５１年から１９５２年に複数の犬が飛行を行っている。

２匹の犬のうち、ストレルカは帰還後に、子犬を６匹もうけて、そのうちの１匹プシンカは、１９６１年にフルシチョフによって、ケネディ大統領の娘で元駐日大使として日本でも知名度があるキャロライン・ケネディ氏に送られている。

この映画は、そのキャロライン・ケネディに子犬のプショーク（映画の中ではプショークとされているが、先に書いたように実際に送られたのはプシンカであり、プショークとストレルカはプシンカの両親なのでこれは映画製作者の間違いだと思われる）が送られてくる場面から始まる。

さてケネディ家に迎えられたプショークが自らの生い立ちを語りだす。自分の母親は世界的にも有名なんだよ、と得意気に話し始めるプショーク。

プショークの母親は、ベルカ。サーカスで活躍していた真っ白なメスのワンちゃん。サーカスのスターであるベルカだが火の輪をくぐることを本当はとても怖がっている。

さてそのベルカ、ロケット乗りの曲芸士であるヴォルデマールの代役でロケットに乗ることになるが、操縦できずにロケットもろとも見知らぬ場所へ行ってしまう。

そこで野良犬ストレルカとネズミの相棒レニーと出会う。上品で育ちの良いベルカと野良犬のストレルカ、出会って早々口喧嘩が始まってしまう。

野良犬のストレルカは、パパが宇宙へ行ったと信じている。子犬のころに、飼い主から特別な首輪をもらい、パパも同じ首輪をしていて宇宙にいるのよ、とママから教えられた思い出がある。「ホントにパパが宇宙にいるなんて信じているの？　バカみたい」ストレルカの話を信じないベルカ。

ベルカ、ストレルカ、レニーの３匹は、途中野良犬に追いかけられながら行動を共にしていると、突然捕獲員につかまり、ある列車に乗せられてしまう。

「農場に連れていかれちゃう！」「シベリアでそりを牽かされるんだ！」

列車の中で喧嘩をしているうちに、とうとう列車が着いた先はバイコヌールである。

翌朝、いきなり連れていかれた部屋で、カズベック大佐と称する上官に障害物競走を走らされる。

さあ、そんな訓練でとうとうへばってしまった３匹の前で、カズベックがぼそっと言う。「なんてざまだ、こんな

第6章　宇宙へ行った動物たち

んで宇宙へ行こうというなんて！」それを聞いていたベルカが驚く。「宇宙へ行く？宇宙に行って有名になればサーカスの仲間が見つけてくれる！」

ストレルカも「宇宙へ行けば、やっとパパに会える！」こうして、それぞれに目標を見つけた2匹は宇宙を目指す。

宇宙船の打ち上げが、とうとう1960年8月19日と決まる。さて3匹は無事宇宙へ行くことになるのだろうか。

ニール・アームストロングの言葉を引用したこの手の映画にお決まりのセリフもあり、宇宙へ行った3匹が、船外活動で乾電池の切れたスプートニクの電池を交換し、スプートニクが再び交信音を出しながら飛んで行くなど、ロシアの宇宙愛に満ちた場面ありの宇宙開発へのリスペクトも見ることができる作品でもある。

克服した分だけ強くなれる！

ベルカ

人類の宇宙開発の歴史の裏に、犠牲になった動物たちがいることも忘れてはいけない。これらの動物たちの犠牲には、様々な論議があるだろうが、生命維持装置、安全装置の開発など彼らの犠牲なくして人類が宇宙へ到達することはなかった。

エンディングロールには、史実におけるスペース・ドッグたちの貴重な映像も見ることができる。この映画は、子供、ファミリー向けのアニメではあるが、そんな動物たちの存在を忘れないために、その存在を知るきっかけになる作品として、多くの人に見て頂きたいアニメーション映画である。

また、続編として『Space Dogs：Adventure to the Moon』があり、こちらでは本作の2匹が月に行くという話なので、こちらもおすすめである。

『ナットのスペースアドベンチャー3D』

公開：2008年 ベルギー／アメリカ
原題：Fly Me to the Moon
監督：ベン・スタッセン
脚本：ドモニク・パリス
出演：トレヴァー・ガニョン、
　　フィリップ・ダニエル・ボールデン、
　　デビット・ゴア、クリストファー・ロイド

ナットとアイキュー（IQ）、スクーターの3匹のハエたちがアポロ11号に乗り込んで月に向かう冒険ものの3Dアニメーション映画である。ナットは彼のおじいちゃんであるエイモスが、かつて大西洋横断飛行でアメリア・イアハートを救出した話に感銘を受け、自分も冒険に憧れている。アポロ11号の打ち上げの日、3匹は自前の宇宙服に身を包み、ケネディ宇宙センターに忍び込む。そして宇宙飛行士のヘルメットの中に潜り込む。

監督は、3DCGアニメーション映画のパイオニアであるベン・スタッセンである。原題は、「Fly Me to the Moon（私を月へ連れて行って）」。言うまでもなく、フランク・シナトラが当時歌った有名なジャズナンバーのタイトルである。タイトルの「飛ばす（fly）」に「ハエ（fly）」という意味を掛け合わせている。

こっそりアポロ宇宙船に忍び込み月へ行くというのは、『月への冒険旅行』『キャプチャー・ザ・フラッグ』と同じだが、月へ向かう動物がハエであるところが面白い。

DVD=Summit Entertainment

映画は冒頭、ケネディの有名な演説と、1961年のチンパンジーのハムの打ち上げから始まる。ハムはマーキュリー計画の中で、アメリカの宇宙開発の中で最初に宇宙に行った動物である。

さて、原題のタイトルである「Fly Me to the Moon」のタイトルロゴと一緒に流れるオープニング曲は、もちろんフランク・シナトラの「Fly Me to the Moon」。この曲に合わせてアポロ10号の司令船

第6章　宇宙へ行った動物たち

が月を回るシーンから映画は始まる。

「Fly me to the Moon」の録音盤は、実際にアポロ10号に持ち込まれ月周回軌道をまわり、アポロ11号ではカセットプレーヤーにより月面で初めて再生された音楽になった。

ケープ・カナベラルのはずれのスクラップ置き場の草むらに3匹のハエの子供たちがいる。ナットとアイキュー（IQ）、そしてスクーターである。ここで夕陽の中の発射台に立つサターンVロケットを背景に流れるのは、1967年のヒット曲でラスカルズの『Groovin'』。この曲は『アポロ13』の中でも使われていた。

さて、その草むらで、スクラップを集めて張りぼてのロケットもどきを作っているナットたち。そこに2匹の女の子たちを連れたブッチとレイがやってくる。ケンドリックまで列車に乗り込み冒険をするんだと自慢する彼らに対して、僕たちも何か冒険をしたいな、という3匹たち。

スクーターが言う。「NASAの人たちが宇宙飛行士を月に送るって聞いたよ」「月だって！　僕もそんなところへ行きたいな」

さて、その日はナットのおじいちゃんの誕生日。誕生パーティーへ向かう3匹。ナットのおじいちゃんの名前は、エイモス・マクフライ。そして声の出演はあのクリストファー・ロイドなのである！　マクフライとクリストファー・ロイドと言えば、当然『バック・ツゥー・ザ・フューチャー』を思い出さないはずはない！　細か過ぎて伝わらない小ネタをやっているのがなんとも面白い。

そのエイモスは、1932年、アメリア・イアハートが大西洋横断飛行をした際に、睡魔に襲われ思わず墜落しかけたところを救ったという冒険談を持つ。アメリア・イアハートは、女性初の大西洋単独無着陸飛行を達成した女性。これは20世紀初頭の航空史においてチャールズ・リンドバーグに続く偉業であった。

そんな冒険家であるエイモスのモットーは「冒険でないならやる意味なんてない！」

その話を聞いたナットが思わず言う。「僕も月に行く！」決意を決めたナット、アイキュー、そしてスクーター。エイモスからナットへ冒険者の精神が受け継がれる。

NASAの施設に忍び込み、叩かれたり、踏まれそうになったりという危機に遭いながらなんとか飛行管制官の一人のランチボックスの中に忍び込むことに成功する。さて宇宙飛行士を見つけた3匹は、うまく飛行士のヘルメットの中に入り込む。

いよいよ3匹を乗せて宇宙

へ発射するアポロ11号。発射からステージの切り離しの一連のシーンは、『アポロ13』の映像と構図的にも似通る。いよいよ宇宙空間へ出て無重力に漂う3匹、流れる曲は映画『2001年宇宙の旅』からの定番である「美しき青きドナウ」。地上で心配ながらナットたちの月旅行を応援するママやエイモス。

3匹と3人の宇宙飛行士はついに月周回軌道に入る。そして、アームストロングとオルドリンはついに月面着陸を成功させるが、ナットもアームストロングのヘルメットに忍び込み、月へ行った最初のハエになった。

一方、モスクワのクレムリンでは、アメリカが先に月へ行くことが許せない軍人のハエであるプープチェフがケープ・カナベラルに潜入させたスパイによって月着陸を妨害しようとしていた……。

月着陸は、20世紀の人類史上最大の挑戦であった。本作品は、アメリア・イアハートからアームストロングへ、エイモスからナットへと、世代を超えて引き継がれる冒険者の魂に対するリスペクトを描いたアニメーション映画である。また、アポロの歴史的な物語を、次世代の子供たちへと引き継いでいこうとする製作者の思いも同時に伝わってくる作品である。

冒険でないなら、やる意味なんてない！

エイモス・マクフライ

第6章　宇宙へ行った動物たち

『スペース・チンプス』

公開：２００８年アメリカ　原題：Space Chimps
製作：バリー・ソネンフェルド、ジョン・H・ウィリアムズ
監督：カーク・デミコ
脚本：カーク・デミコ、ロブ・モーランド
出演：アンディ・サムバーグ、シェリル・ハインズ、ジェフ・ダニエルズ、パトリック・ウォーバートン、クリスティン・チェノウェス、スタンリー・トゥッチ

BD=20th Century Fox

サーカスで活躍するハムは、アメリカで初めて宇宙に行ったチンパンジー、ハム（ハム・ザ・チンプ）の孫であり、宇宙へ行くことを夢みていた。ある時、ＮＡＳＡの無人探査船「インフィニティ」がワームホールに飲み込まれ、ある未知の惑星へ到着する事件がおきる。

惑星に生命がいる可能性を信じたＮＡＳＡ、さっそく宇宙飛行士を送ろうとするが、いきなり人を送るのは危険だと判断しチンパンジーを送ることにする。そして、宇宙へ飛び立つチンパンジーの候補にハム・ザ・チンプの血を引く孫のハムに白羽の矢が立った。

ロシアが有人宇宙飛行に先駆けて宇宙へ送ったのは犬であったが、アメリカはチンパンジーであった。１９６１年1月31日、チンパンジーのハムはケープ・カナベラルからレッドストーンロケットにより宇宙へ打ち上げられた。ハムはおよそ16分の弾道飛行のあと、大西洋に着水した。ロシアが打ち上げていたのは犬だけであったので、ハムは史上初めて宇宙へ行った霊長類、人類と同じヒト科の動物となった。またその年の11月29日には、同じくチンパンジーのエノスがアトラスロケットにより宇宙へ行き、地球周回軌道を回った。

ハムのエピソードは有人宇宙開発史で必ず触れられる話であるが、実はアメリカはハム以前にも宇宙へ動物を送っていたことは意外に知られて

いない。

　1947年に、アメリカはドイツから接収したV‐2ロケットにミバエを乗せて高高度での宇宙線被曝量の実験を行っている。このロケットは高度109キロまで到達し、宇宙の境界と定義されているカーマン・ラインを超え、宇宙へ行った最初の動物になった。また1949年には、サルのアルバート2世を乗せたV‐2ロケットを発射したが、パラシュートの故障により着水に失敗し、アルバート2世は死亡している。そして1959年には、サルのエーブルとベーカーが、ジュピターロケットに乗せられ高度579キロに達し、着水に成功。エーブルは、宇宙へ行き無事に生還した最初のサルになった。

　ハム・ザ・チンプの孫を宇宙へ送ることにしたNASA、サーカスのキャンピングカーの中で休んでいたハムのところへNASAの職員がやってくる。「あなた、宇宙へ行くのよ！」

　しかし、自分のもとにやってきた宇宙へ行くチャンスを断るハム。

「俺は自分のサーカスショーのスターだ。人間の宇宙飛行士のただの前座なんてまっぴらだ」

　これを聞いたハム・ザ・チンプのかつての友人だったサルのヒューストンが彼に諭す。

「お前のじいちゃんはただの前座役者なんかじゃない！彼は立派なNASAの宇宙飛行士だ。彼は誇り高い仕事をした、夢を叶えたんだ」

　それでも乗り気でないハムだったが、NASAのヘリコプターに無理やりキャンピングカーごと連れて行かれてしまう。いきなりの出来事におどろくハムが叫ぶ。「ヒューストン、問題発生だ！」

　こうして訓練センターに連れてこられたハムは、仲間のルナ、タイタンと出会う。訓練を終えた3匹は宇宙船「ホライゾン」に乗り込みいよいよ宇宙へ送られる。

　ワームホールを通じて、目的の惑星に到着した3匹だったが、その惑星では悪玉のザートグが「インフィニティ」の機械を操り民衆を支配していた。

　惑星についた3匹のうちタイタンは宇宙船「ホライゾン」と一緒にザートグのもとに連れて行かれてしまい、ハムとルナはタイタンとはぐれてしまう。3匹は果たして地球へ戻ってこられるのか。

　ハム・ザ・チンプの物語に触発されたこの映画には数々の宇宙SF映画へのオマージュやパロディがちりばめられているので、知っている人にはニヤリと楽しい内容に

第6章　宇宙へ行った動物たち

なっている。

ワームホールを潜り抜けていくシーンは有名な『2001年宇宙の旅』のものだし、タイタンが宇宙船の中で言う言葉「宇宙、そこは最後のフロンティア」は、『スター・トレック』の有名なフレーズ。そして、その直後にハムがいう「光子魚雷発射！」も同じく『スター・トレック』からの引用だ。ハムとルナが出会うキロワットがモンスターの前でいうセリフ「たとえ私を飲み込んでも、私はより強くなるのだ」は、『スター・ウォーズ／新たなる希望』のオビ＝ワン・ケノービの名セリフから。ハムとルナが捕まった青色の雲に対して、ルナが「イドの暗雲よ」と呼ぶのは、『禁断の惑星』のイドの怪物のオマージュ。さらに、NASAにいるヒューストンが「バナナを食べるのを止めるのにはよくない週だな」というのは、『フライングハイ（原題：Airplane!）』でロイド・ブリッジス演じるマクロスキー管制官がいっていたお決まりのセリフのパロディだったりとつきない。

加えて、いたるところで軽快に流れる音楽も楽しい。『ビバリーヒルズ・コップ』からの有名な「アクセルF」だし、エンディング曲は、ベアネイキッド・レディースの「アナザー・ポストカード（Another Postcard）」。

本作品は続編『スペース・チンプス2：ザートクの逆襲（原題：Space Chimps 2: Zartog Strikes Back）』も作られているので、こちらもお楽しみ頂きたい。もちろん、続編の副題は『スター・ウォーズ／帝国の逆襲』のパロディだ。

楽勝だな、人間にだってできたわけさ！

ヒューストン

『スペース・ミッション　宇宙への挑戦』

公開：2001年アメリカ　原題：Race to Space
製作：デヴィッド・ブルックウェル、ショーン・マクナマラ
監督：ショーン・マクナマラ
脚本：エリック・ガードナー、スティーブン・H・ウィルソン
出演：ジェームズ・ウッズ、アレックス・D・リンツ、アナベス・ギッシュ、マーク・モーゼス、ウィリアム・ディヴェイン

VHS= フナイエンタテイメント・ジャパン

1960年代、NASAに招かれたフォン・フーバー博士はケープ・カナベラルへ越してくる。息子ビリーとの関係は母親が亡くなって以来ぎくしゃくしていた。ある日、ビリーはドニー・マクギネス博士に雇われ、NASAのために育てられている宇宙ミッションのチンパンジーの訓練助手をすることになる。チンパンジーの中の1匹マックと徐々に絆を深めていくビリー。やがてマックはアメリカ初のチンパンジーとして宇宙へ飛び立っていく。

1961年、アメリカで最初に宇宙飛行をしたチンパンジー、ハムのストーリーをモデルにした映画。

主演は『素晴らしき日』『ぼくが天使になった日』『ホーム・アローン3』で有名になったアレックス・D・リンツで、NASAのチンパンジーの訓練助手をする主人公ビリーを演じる。またビリーの父親のドイツ系ロケット技師役には、ジェームズ・ウッズ。

ジェームズ・ウッズはマサチューセッツ工科大学出身の高学歴俳優として有名で、他の宇宙映画では『コンタクト（原題：Contact）』で、主人公の知的生命体の探査プロジェクトに横槍を入れる安全保障問題担当の政府の役人役で出演している。本作品では、反対に政府の横槍に憤慨しながらも自分の強い信念のもと、ロケット開発を進めていく工学者側の役どころだ。

第6章　宇宙へ行った動物たち

ビリー（アレックス・Ｄ・リンツ）は、ケープ・カナベラルへやってきたドイツ人エンジニア、フォン・フーバー博士（ジェームズ・ウッズ）の息子。フォン・フーバー博士はレッドストーンロケットの開発の責任者として、ロシアに先駆け、アメリカ人を宇宙へ送ろうとしていた。

　ケープ・カナベラルの学校に転校してきた初登校日、ビリーはドイツ人であることをクラスメートにからかわれてしまう。家庭でもフォン・フーバー博士とビリーの関係は上手くいっていない。ビリーは、父親の携わっている宇宙開発の話題を避けるように接している。

　ある日、父親を訪ねてＮＡＳＡの施設にやってきたビリーは、有人宇宙ミッションのため調教されているチンパンジーのマックと、マックの訓練をしているドニー・マクギネス博士（アナベス・ギッシュ）と知り合う。マックとビリーが仲良くしているところを見たドニーは、彼を助手として雇うことにする。フォン・フーバー博士がレッドストーンロケットの開発を進める一方、ドイツ人の設計チームが開発するロケットが気に食わないアストロＣ社のロジャー・ソーンヒル（ウィリアム・ディヴェイン）は、レッドストーンの開発を妨害するようＮＡＳＡの役人を恐喝する。ちなみに、ウィリアム・ディヴェインは、クリント・イーストウッド監督の『スペース・カウボーイ』でも、ＮＡＳＡの飛行管制主任役で、クリストファー・ノーラン監督の宇宙ＳＦ映画『インターステラー』でもＮＡＳＡの上役として出演していた。ちなみに、彼が演じるロジャー・ソーンヒルという役名だが、なぜかアルフレッド・ヒッチコック監督の『北北西に進路を取れ（原題：North by Northwest）』でケーリー・グラントが演じていた主人公の名前と同じである。

　マックと仲良くなったビリー、野球好きのビリーは施設の外でチンパンジー３匹とキャッチボールをする。マックが打ち返したビリーのボールが飛んでいき、フォン・フーバー博士の事務所の窓を割ってしまう。施設への立ち入り禁止をくらってしまったビリーが一人でキャッチボールをしていると、そこへやってきたのは宇宙飛行士のアラン・シェパード（マーク・モーゼス）だ。ビリーはアランの操縦するジェット機に搭乗させてもらい大喜び。ドニー博士、マックと楽しく過ごすビリーだが、心の奥底には母親を亡くした寂しさがあった。

　ビリーと上手くいかないことに悩んでいたフォン・フー

バー博士も、マックと心を通じる息子を見て、徐々に親子の絆を取り戻していく。こうしてビリーと友情を育んだマックは、アメリカ初の宇宙飛行士としてマーキュリー・レッドストーンロケットで宇宙へと飛び立つ。

さて、この映画のモデルになったアメリカ初の宇宙飛行を行ったチンパンジーのハムは、１９５６年にカメルーンで生まれ、捕獲されてアメリカ空軍に購入される。１９５９年にニューメキシコ州にあるホロマン空軍基地へ送られて、訓練を受ける。

ハムは宇宙飛行前には65番と番号で呼ばれていた。この映画の中でも、マックが宇宙飛行に選抜されるシーンでは、65番と呼ばれている。

宇宙飛行を行うためには、いくつかの操縦をパイロットがこなさなければならないが、人間であれば指示通りに操作ができることを動物にやらせるのは至難の業だった。そのためチンパンジーであるハムは、訓練により地上から送られた信号によって点灯するライトを見ると、数秒以内にスイッチを押すように調教された。

宇宙から無事戻ったハムは、その後、ワシントンＤＣの国立動物園、ノースカロライナ動物園で17年も生きた。

ハムとその宇宙飛行、その他宇宙へ行ったチンパンジーたちの話は、ドキュメンタリー映画（『One Small Step: The Story of the Space Chimps』）にもなっているので、興味がある方はそちらもぜひご覧頂きたい。

いつかお前だって、月を歩くかもしれないぞ

ウィルヘルム・フォン・フーバー博士

第７章

宇宙開発の父たち

～宇宙を目指したパイオニアたちの伝記映画～

『わたしは星々を目指す』
『Taming of the Fire』
『カラリョフ』
『銭学森』

『わたしは星々を目指す』

公開：1960年 アメリカ　原題：I Aim at the Stars
監督：J・リー・トンプソン
脚本：ジェイ・ドラトラー
出演：クルト・ユルゲンス、ヴィクトリア・ショー、ハーバート・ロム、ジェームズ・デイリー

アメリカ宇宙開発、ロケット技術の父である有名なヴェルナー・フォン・ブラウンの伝記映画である。映画は彼がドイツで活躍した時代から、アメリカへ亡命し、アメリカ陸軍におけるロケット開発、宇宙計画に携わっていく過程とアメリカ初の人工衛星であるエクスプローラー1号を打ち上げるまでを描いている。

公開は1960年で、フォン・ブラウン自身は48歳、アポロ計画へ向けてアラバマ州ハンツビルのマーシャル飛行センターの初代所長を務めていた時である。現役中にすでに伝記映画が作られてしまうこと自体が彼の存在の大きさを物語っている。

監督はこの翌年に、『ナヴァロンの要塞』でハリウッドで名声を得ることになるJ・リー・トンプソン。本作は、彼がアメリカで初めて撮った作品でもある。フォン・ブラウンを演じる主演はドイツ人の名優クルト・ユルゲンス。クルト・ユルゲンスはこの前に、潜水艦映画の名作『眼下の敵』でドイツのUボート艦長フォン・シュトルベルクを演じ、ハリウッドデビューを果たしている。

ヴェルナー・フォン・ブラウンは、1912年に当時のドイツ帝国ポーゼン（現在のポーランド）に生まれ、1930年にベルリン工科大学へ入学、1923年の有名な論文「惑星空間へのロケット」で有名なヘルマン・オーベルトのもとで液体燃料ロケットエンジンの開発を手伝った。その後、ナチス・ドイツが連合国への報復兵器としてロケット開発を進めると、V-2ロケットの開発に携わった。

この映画の中で描かれるフォン・ブラウンは宇宙ロケットの夢を一途に追い求める科学者、工学者だ。

少年時代に、自宅の窓から自作ロケットを飛ばして遊ぶフォン・ブラウン。飛んで

第7章　宇宙開発の父たち

行ったミニロケットは隣接している森の中にあった他人の温室に落下してしまう。

　ヘルマン・オーベルトに師事し、宇宙旅行協会にて液体燃料ロケットの開発を手伝っていたフォン・ブラウンだったが、ナチスが台頭し、ドイツは再軍備の道を進み始めると、陸軍の勧誘を受け、ペーネミュンデ陸軍研究所で開発を続けることになる。ところが、彼のロケット開発は難航する。打ち上げと失敗を繰り返しながらも星々を目指すフォン・ブラウン。陸軍側もなかなか成果の出ない開発に対して懐疑的な態度になっていく。そして、遂に30日で打ち上げに成功しない場合は、ペーネミュンデは閉鎖すると通告を受けてしまう。

「できるか?」と問われ、「やるしかない」とだけ答えるフォン・ブラウン。改良したV‐2ロケットは遂に開発に成功、陸軍は兵器としての量産化を命じる。

　V‐2ロケットは、当初A‐4ロケットとして開発され、1942年10月3日に打ち上げに初めて成功し、高度84・5キロに達した。また戦時中は最高高度174・6キロを記録し、宇宙空間に到達した初の人工物体となった。ちなみに、このちょうど15年後の1957年10月4日に、スプートニク1号が初の人工衛星となるのだが、面白い日付の偶然である。

　V‐2ロケットは実用化された弾道ミサイルとして史上初のものであり、ベルギー、フランス、イギリスに発射され、特にイギリス、ベルギーでは一千発以上が発射され連合国の脅威となった。

　このV‐2ロケットの開発者という事実はフォン・ブラウンにとって汚名のようにつきまわる。劇中、アメリカに亡命し、人工衛星打ち上げ用のロケット開発に邁進する彼は、かつてイギリス、ロンドンのV‐2空爆で家族を失ったというタガート少佐(ジェームズ・デイリー)にその罪と責任を非難される。

　だが、この映画の中のフォン・ブラウンはひたすら月ロケットと宇宙旅行の実現のために生きる男だ。それ故に、自身の立場を危うくする状況も経験している。

　V‐2量産化が決定したが、それは星々の世界を目指す彼にとっては始まりに過ぎなかった。ところが、フォン・ブラウンはゲシュタポによって逮捕されてしまう。フォン・ブラウンの言動はナチス親衛隊の情報部の監視を受けていたのだ。ゲシュタポは、彼が兵器開発の裏でドイツの勝利やナチス党よりも月ロケットや宇宙船の開発などの個人的興味を追求しており、V‐2開発をそのために利用していると非難する。陸軍兵器局のロケット開発責任者だったドルンベルガーが、V‐2ロ計画を進めるためには、フォン・ブラウンが必要だと訴えたことでようやく釈放される。

敗戦が濃厚となり、このままドイツに残っては、ロケット開発が出来なくなると考えたフォン・ブラウンはアメリカへ亡命することをペーネミュンデの同僚に提案する。だが、仲間の一人であったアントン（ハーバート・ロム）は、そんなフォン・ブラウンを祖国ドイツを捨てる裏切り者だと非難する。

映画冒頭で、ヘルマン・オーベルト博士（ジェラルド・ヘインズ）が、「フォン・ブラウンとはどういう人間か？」と問われ、こう答える。

「彼は星々の世界へ行きたがっている男だ」

ペーネミュンデではナチスと政府の無理解に合い、ゲシュタポからは危険思想の人物と疑われ、アメリカへ亡命するときは、祖国の裏切り者と呼ばれ、アメリカへ渡ってからも、戦時中にナチスへ協力しV‐2ロケット開発を行った戦争犯罪者だと呼ばれるフォン・ブラウン。

遂に、ソ連が先にスプートニク1号を打ち上げ、悔しがるフォン・ブラウンだったが、それでも彼のロケットが宇宙へ行く日はまだ来なかった。アメリカ海軍が開発していたヴァンガードロケットが先に人工衛星を打ち上げることに決定したのだ。しかし、この打ち上げは大失敗に終わり、ヴァンガードロケットは地上から2秒間だけ浮上したものの、そのまま地面へ落下し大爆発となる。こうして、フォン・ブラウン率いる陸軍側に、アメリカ初の人工衛星を軌道へ投入するという使命が与えられた。

クライマックスのエクスプローラー1号の打ち上げからの一連のシーンは緊迫感があり見応えがある。

無事に発射台を離れて上昇していくロケットだが、まだ喜ぶのは早い。衛星が軌道に投入されたかどうか、4つの地上局で、衛星からの電波を確認できなければわからない。

それぞれの地上局との間にひかれた電話が鳴るのを静かに待つ管制チームとフォン・ブラウン。

やがて、それぞれの地上局からの報告が入る。4つ目の局から、衛星の電波を確認したと報告が入った時、遂にフォン・ブラウンの夢は現実となったのだ。

ヴェルナー、彼は星々の世界を目指している男だ。
ヘルマン・オーベルト博士

第7章　宇宙開発の父たち

『Taming of the Fire』

公開：1972年 ロシア　原題：Укрощение огня
監督：ダニイル・キラブロビッツスキー
出演：キリル・ラブロフ、アダ・ロゴブッツエヴァ
音楽：アンドレイ・ペトロフ

アメリカ宇宙開発の父、ヴェルナー・フォン・ブラウンと並んで有名なのが、ロシア宇宙開発の父であるセルゲイ・コロリョフである。その彼の人生を描いた伝記映画が『Taming of the Fire』である。

公開は、コロリョフが亡くなってから6年後の1972年。映画の中では、コロリョフは実名ではなく、アンドレイ・イリイチ・バシカートセブという仮名に置きかえられ、脚色されているが、コロリョフが第2次大戦前からロケット工学の道を目指し、世界初の人工衛星スプートニクの打ち上げ、ガガーリンによる人類初の宇宙飛行という偉業を達成し、その後政治家との確執など失意の中でその人生を終えていく生涯を描く。

本作は当初、ガガーリンの宇宙飛行から10年目にあたる1971年の公開を予定していた。冒頭のバイコヌール宇宙基地の空撮映像のように、バイコヌールやモスクワのスターシティなどで大がかりな撮影をしたが、ソ連当局の検閲にかかり、かなりのシーンが削除されてしまった。これらの編集作業などにより公開は翌72年となった。それでも上映時間158分という大作である。

セルゲイ・コロリョフは1907年に生まれる。1926年に、モスクワ最高技術学校で、航空機設計者であるアンドレイ・ニコラエヴィチ・ツポレフ（ロシアの航空機メーカーであるツポレフの創業者である）の指導を受けた。1931年にソ連の民間のロケット研究グループである、反動推進研究グループ（GIRD：Group for the Study of Reactive Motion）に参加、1933年には、ソビエト連邦で最初の液体燃料

ロケットの打ち上げに成功する。その成果を認められ、1933年にジェット推力研究所所長となる。コロリョフ、わずか26歳のときである。

順調にロケット工学の分野でソ連の第一人者へ上り詰めたコロリョフだが、この後1938年から1945年まで大変な苦難の時代を迎える。1938年からスターリンの大粛清が始まり、同じく当時ソ連のロケット開発の第一人者であったヴァレンティン・ペトローヴィチ・グルシュコが逮捕された。そして、彼の告発によって友人であったコロリョフもまた、ソ連内務人民委員部（NKVD）にテロ組織への関与容疑で逮捕されてしまう。

コロリョフはシベリアへの流刑となり、最終的にその名誉が回復されるのは1945年になってからのことであった。

1945年にロケット開発の第一線へと復活したコロリョフはV・2ロケットの情報収集を行い、ソ連製の複製品であるR・1ロケットを開発する。その後、R・1ロケットは改良に改良を重ね、1957年に開発したR・7は、大陸間弾道ミサイルとしてアメリカ本土を攻撃できるほどの射程をもつロケットとなった。

コロリョフのロケット開発の集大成となったR・7ロケットは、遂に1957年10月4日、世界最初の人工衛星スプートニク1号を打ち上げることに成功する。1961年には、有人宇宙船ボストークを開発し、ガガーリンが人類初の有人宇宙飛行に成功する。コロリョフはその後も有人月旅行を目指し、ソユーズ宇宙船、大型のN・1ロケットの開発を進めるが、1966年、大腸ポリープの切除手術中に死去する。59歳であった。

映画が始まり、ナレーションに続いて勇ましい音楽が鳴り響くオープニングは、コロリョフという存在の大きさを物語るようだ。この音楽は、ソ連、ロシアを代表するバレエ音楽の作曲家アンドレイ・ペトロフによるもので、印象に残る。

映画冒頭、ソ連宇宙開発総責任者であるアンドレイ（キリル・ラブロフ）は、ロケット最終段の不具合がありながらも、技術的リスクは低いとして打ち上げを決行しようとしていた。だが自分たちの面子を気にするソ連上層部は、失敗を恐れて、彼に発射中止を要求する。試験では全く問題がなかったこと、リスクが低く、発射が必要だと主張するアンドレイだが、納得できないまま発射を中止せざるを得なかった。

「時間が一番貴重なんだ」発

第7章　宇宙開発の父たち

射を急ぐアンドレイは、何かにせき立てられているように見える。政府を説得するため、モスクワへ向かうアンドレイ一行だが、飛行機がモスクワの手前で立ち往生してしまう。足止めをくらったアンドレイ一行は、モスクワまでヒッチハイクをすることにしたがその道中、アンドレイは突然意識を失ってしまった。

そこから物語は、彼の学生時代へととぶ。グライダーを飛ばすことに夢中だった彼は、やがてツポレフらと出会い、ロケット開発にのめり込んでいく。

本映画では、前編でアンドレイがツポレフ、ツィオルコフスキーと出会い、液体燃料ロケットの開発に尽力していく姿を描き、後編でR‐7ロケットの開発とスプートニク、ガガーリンの偉業を達成し、その後月飛行を目指しながらも心臓病で倒れていく運命を描くという二部構成だ。

米ソの宇宙開発競争はアメリカの月着陸によって終焉を迎えた。だが、コロリョフがいた時代のソ連は間違いなく世界の宇宙開発のトップであったし、スプートニクそしてボストークによる有人宇宙飛行では、常にアメリカの一歩先を歩んでいた。

彼の業績を知れば知るほど、スターリンの大粛清によるシベリア流刑がなく、そして1966年以降も彼が生きていたら、米ソの宇宙開発だけでなく、世界の宇宙開発はどのように変わっていただろうかと考えずにはいられない。

本作品は、世界初の偉業を成し遂げた偉人セルゲイ・コロリョフの姿を描く傑作である。2007年のロシア映画『カラリョフ』と一緒にセルゲイ・コロリョフが目指した世界を知ることのできる作品だ。

地球を周る人工衛星の意義が想像できるか？　それに軌道から地球を眺める飛行士が乗るんだ。それだけじゃない。月、火星、そして金星へも行くんだ！

アンドレイ・イリイチ・バシカートセブ

『カラリョフ』

公開：2007年ロシア　原題：Королев
監督／脚本：ユーリ・カラ
出演：セルゲイ・アスターホク、
ナターリャ・ファテーエワ、セルゲイ・ユルスキー

『カラリョフ』も、先に紹介した『Taming of the Fire』と同様、ロシア宇宙開発の父であるセルゲイ・コロリョフの伝記映画である。公開は2007年、コロリョフの生誕100周年の年であった。日本ではコロリョフの読み方が一般的だが、ロシア語ではカラリョフに近く、邦題も本来のロシア語読みに近い方に従ったと思われる。

　監督はユーリ・カラ。『翌日戦争が始まった』『合法的泥棒たち』などの作品で有名なロシア人監督。

　本作は、コロリョフの伝記映画ではあるが、1972年の『Taming of the Fire』が、ロケット開発に捧げた彼の人生を描いた映画であるのに対して、この映画は、彼がシベリアに流刑されていた時代の壮絶なエピソードを中心に描いている。

　1938年当時、ロケット工学の分野でソ連の第一人者であったコロリョフだが、1938年から始まったスターリンの大粛清により、同じく当時ソ連のロケット開発の第一人者であったヴァレンティン・グルシュコとともにテロ組織への関与容疑で逮捕されてしまう。このためコロリョフはシベリアへと流刑されるが、この映画はコロリョフがある日突然、政府に逮捕されるところから始まる。

　映画冒頭、赤い荒野の砂漠を一人歩く男が映る。オープニングクレジットが終わり場面が変わると、机に頭を伏して夢を見ていたコロリョフが映る。妻に起こされ夕食のテーブルに向かうコロリョフが興奮して妻に言う。

「今なんの夢を見てたかわかるかい？　火星を歩く夢を見ていたよ！」

　紅茶を飲もうとテーブルについた2人だったが、そのとき、ドアをノックする音が響く。ドアを開けた先にいたのは、ソ連内務人民委員部（NKVD）の男たちだ。コロ

第7章　宇宙開発の父たち

リョフの机を物色すると、コロリョフは、妻との別れの言葉を交わす間もなく突然連行されてしまう。史実では、コロリョフが逮捕されたのは１９３８年6月27日のことである。

　収容所で取り調べを受けるコロリョフ、テロ組織へのスパイ容疑をかけられ、容赦ない暴行と虐待、自白の強要を受ける。その尋問の中で、彼がロケット開発を目指し、１９３１年に結成された反動推進研究グループ（GIRD：Group for the Study of Reactive Motion）でソビエト連邦初の液体燃料ロケットの打ち上げを目指していた過去が回想される。

　彼が受けた内務人民委員部からの判決は、10年間の矯正労働収容所での服役、5年間の政治的権利剥奪と財産没収であった。こうしてコロリョフは、シベリアの中でも最も過酷なマガダン州コルィム山中の収容所に送られる。

　コロリョフの矯正収容所での生活は想像を絶するものだったという。

　収容所では食事もろくに与えられずに地下坑道で金採掘に従事させられ、コロリョフは3ヵ月のうちにひどい壊血病にかかった。さらに歯を14本も失い、足がむくんで歩行困難になったという。だが、そんなコロリョフの生命の危機に一筋の光明が差したのは、１９３９年11月のある日である。

　１９３８年の11月から国家への生産活動、軍事活動への影響を危惧した人民委員会の決定により、スターリンによる大粛清の収束と規模の縮小化へ政策転換が行われ、新しい内務人民委員のもとで裁判判決の見直しが行われた。そういった背景があり、コロリョフにもようやく裁判見直しの指示が届き、モスクワに戻ることになったのである。だがモスクワまでの道のりもまた、想像を絶するものであった。

　収容所のあったコルィムの山中からモスクワへ戻るには、オホーツク海ナガエヴォ湾沿いの町マガダンまで陸路で行き、マガダンから船でウラジオストクに至り、さらにウラジオストクからモスクワまでシベリア鉄道による陸路を行くという果てしない道のりである。

　しかし、マガダンまでの陸路で、深い雪のため車が立往生してしまう。コロリョフは言う。

「僕は歩いていく！　マガダンまでは残り１００キロだ！」

　なんと極寒の雪の中をマガダンまで徒歩で行くことにするのだ。途中、雪の中で倒れてしまうコロリョフ、だが小屋の外に誰かが置いていった一切れのパンを見つけ、そのパンを手にして口へ運ぶコロリョフ。

　こうしてなんとかマガダンへと到着したコロリョフだったが、なんと彼が乗船予定だったウラジオストク行きの船は満席のため乗船できないと言われてしまう。すでに座席はとってあるのに、ただ満席だ、と言われ相手にされない。既に体力的に限界だったコロリョフは、遂にその場で昏倒《こんとう》してしまう。

　目を覚ましたコロリョフは看護師の介護を受けていた。そこで看護師から、彼の乗るはずだった船が沈没し、乗員乗客が死亡したという衝撃の事実を知らされる。

「これは2つ目の奇跡だ。最初の奇跡はあのパンだった……」

　そう呟いたコロリョフに対して看護師が言う。

「神が3番目の奇跡を与えてくださるならば、この病気からも快復するわ」

「僕にはやるべきことがある！　その夢を実現しなければ！」

「あなたのその夢とは？」

「星々の世界に行くことだ！」

　なんとも不思議で奇跡的な事実として、彼の乗る予定だった船は冬のオホーツク海で暴風雪に襲われ難破し、乗っていた囚人たちがほぼ全員死亡するという事故に見舞われている。仮にコロリョフがこの船に乗っていたら、彼の名前はこの事故の犠牲者の一人として残ったに過ぎなかったかもしれない。

　コロリョフは、1939年11月末にコルィムを出発、モスクワには翌年2月28日に到着した。

「あなたの夢とは？」
「星々の世界へ行くことだ！」

　最後まで火星への夢をあきらめなかった彼の信念が奇跡をもたらしたのか、歴史の中の英雄、偉人のエピソードには時折、神が味方したとしか思えない奇跡があるものだ。

　このシベリア流刑から舞い戻ったコロリョフはその後、ロケット開発に邁進し、人類初の人工衛星を飛ばし、人類初の有人宇宙飛行を成功させる。彼の生きていた時代には叶わなかったが、人類は月へ達し、彼の死後50年を経て、人類は再び有人月探査、そして彼の夢だった有人火星探査に向かおうとしている。

　この映画は、偉大な先駆者が、壮絶な困難を乗り越え、貫き通した信念と、夢への強固な思い、そしてそのために決してあきらめなかった彼の勇気と行動を今に伝える映画である。

セルゲイ・コロリョフ

第7章　宇宙開発の父たち

『銭学森』

公開：2012年中国　原題：銭学森
監督：張建亜
脚本：陳懐国、陶純、孫毅安
出演：陳坤（チェン・クン）、張雨綺（キティ・チャン）

アメリカのヴェルナー・フォン・ブラウン、ロシアのセルゲイ・コロリョフは初期宇宙開発の二大双璧であるが、「中国宇宙開発の父」と呼ばれ、中国宇宙開発の黎明期を切り開いたのが銭学森（セン・ガクシン）である。日本では躍進する中国の宇宙開発の裏に彼のような偉大な工学者が存在することを知らない人が多い。本映画は、その銭学森の伝記映画である。

主演は、日本でも『小さな中国のお針子』などで知名度のある陳坤（チェン・クン）。また、本広克行監督の『少林少女』に出ていた張雨綺（キティ・チャン）が、オペラ歌手で銭学森の妻である蔣英を演じる。ちなみに蔣英は、中華民国の軍人で蔣介石の右腕の戦術家であった蔣百里と彼が日本で知り合った日本人看護師の佐野屋登の三女である。

銭学森は、1911年に当時の清朝浙江《せっこう》省の杭州府に生まれる。その後、1935年にマサチューセッツ工科大学へ留学し、そこで修士号を取得、その後カリフォルニア工科大学でセオドア・フォン・カルマンの指導を受け、博士号を取得、1944年に米国国防総省の科学顧問となる。アメリカにおいては当時、トップを争う航空宇宙工学者として活躍した。ロバート・ハッチングス・ゴダードと惑星間ロケットの研究を行い、ジェット推進研究所で教鞭をとった。

だが、そんな彼の人生は戦後大きく変わることになる。銭がアメリカで栄達していく間に、中国では国共内戦が激化、中国国民党は中国本土を追われ、1949年に中国共産党が中華人民共和国を建国するに至る。その結果、アメリカで吹き荒れた赤狩り（マッカーシズム）の嵐によって、彼は共産主義者の嫌疑でアメリカを追われることになってしまったのだ。その後、朝鮮戦争における捕虜交換で中国側へと身柄を引き渡される。

中国へ帰った後は、1955年に中国科学院力学研究所所長となり、1959年以降、弾道ミサイル「東風」、中国の人工衛星打ち上げロケットとして有名な「長征」、誘導弾などの開発に携わる。彼が中国へと戻ったときはまだ中ソ関係は密接であり、毛沢東と周恩来の後押しを受け、いわゆる「両弾一星（原爆、水爆、人工衛星）」のスローガンのもとミサイル、ロケット開発が推進されていく。1970年に中国は、人工衛星「東方紅1号」の打ち上げに成功、世界でソ連、アメリカ、フランス、日本に次ぐ5番目の人工衛星打ち上げ国になる。

この映画は、彼がアメリカにおいてトップの航空宇宙工学者としてその地位を確立するまでの青年期から、アメリカを追われ、いかにして「中国宇宙開発の父」「中国ミサイルの父」と呼ばれるようになったかを描く伝記映画だ。

映画は冒頭、1980年5月の長距離ミサイルの発射シーンから始まる。ゆっくりと発射台を飛び出し、空に向かって飛んでいくミサイルを静かに見つめている男がいた。この冒頭の打ち上げシーンは、その描き方が『アポロ13』を彷彿させる。時に銭学森（陳坤）69歳。導入で描かれる成年期の銭学森は、まさしくアメリカで成功を摑んだアメリカンドリームを実現した中華移民のエリートの姿である。上海でオペラ歌手として成功していた蔣英（張雨綺）との結婚とアメリカへの移住、息子の誕生。カルフォルニア工科大学におけるセオドア・フォン・カルマンとの師弟の絆。そのカルマンからも優秀さを認められ、まさしく幸せの絶頂である。遂に彼の異才と航空力学及びジェット推進研究における業績はアメリカの軍関係者も認めざるを得ないものとなり、空軍によるターボジェット戦闘機の研究開発の一翼を担うというアメリカの科学エリートのトップに近いところまで登りつめる。

ところが、ある日、通常通り出勤した彼の前に、移民局の男が現れる。取調室に拘束された彼は、中国共産党のメンバーであるという嫌疑をかけられてしまう。疑いを否定する彼だったが、研究所への立ち入り許可も取り上げられ、ついには国外退去命令を受けてしまう。

彼に対する共産主義者とスパイの嫌疑は、周囲の協力などもあって晴れたものの、自宅軟禁状態におかれた彼は、

第7章　宇宙開発の父たち

既に中国への帰還を決意していた。軍の研究開発の中枢にいた銭のような優秀な技術者が共産中国へ行くことは、すなわち、アメリカにとって大きな脅威になる。それを危惧した周囲は、銭の中国への帰還をあきらめさせようと説得する。

　銭の友人でカルフォルニア工科大学の学長であるデュブリッジは、中国へ帰ると主張する銭に対して、こう尋ねる。「君は中国で何をするのか？　中国に航空宇宙産業はないに等しい。中国でどんな挑戦ができるのか？」銭はこう言う。「母国では自分の好きなことができる。私が望めば、林檎を育てることも」

　中国へ戻ってからの銭は、ただひたむきに弾道ミサイル「東風」の開発を先導していく。映画の中盤から後半は、東風1号（DF-1）、2号（DF-2）の開発に邁進する銭の姿が描かれる。アメリカの豊かな開発環境はなく、環境も人材も無からのスタート。それでも銭は、ミサイル開発にかける中国人科学者と人民の熱意と情熱と向かい合いながら、開発の成功を確信していた。多くの失敗を乗り越え、遂に完成した東風2号。砂嵐の中、打ち上げに向けて組み上がった機体を見て、銭はデュブリッジとの会話を思い出す。「デュブリッジ先生、これが僕の林檎です」

　この映画でデュブリッジが言う林檎の例えは、ジョニー・アップルシードに代表されるように開拓者精神を表しているのかもしれない。銭は、当時の中国という無の荒野の中で、ミサイルとロケット技術を育てたのだ。

　また、この映画は、銭と蔣英夫妻の愛の物語でもある。夢と希望を持ってアメリカに渡った才気溢れる若い新婚の男女が、時代の運命の中で、母国へ戻る。歌手としての才能を持ち、ようやくアメリカでその才能を開花させ、オペラ歌手としてのキャリアをまさに歩まんとしていた蔣英もまた、銭とともにアメリカを去る。中国へ戻った彼女は音楽の教育者としての人生を歩む事になる。

　題材が中国の「両弾一星」計画であり、ところどころの描写も少なからず、中国の軍事近代化のプロパガンダ的要素がある点に抵抗のある人もいるかもしれないが、映画としては主演の2人の演技をはじめ、脚本、編集、音楽含め非常に見応えのある作品になっている。

　中国が、実際に世界で5番目の衛星打ち上げ国となった背景にはこのような優れた技術者がいたことと、彼の偉業は否定できない。彼の偉業は、実際にアメリカ、ロシアをはじめ世界的に評価されている。
例えば、『２００１年宇宙の旅』の続編にあたる映画『２０１０年宇宙の旅（原題：2010：The Year We Make Contact)』において出てくる中国の惑星間宇宙船「チェン号」は彼の名前にちなんだものとして登場する。

ヴェルナー・フォン・ブラウンは、ドイツ人でありながら敗戦の結果、自らの意志でアメリカへ亡命し業績を残した。セルゲイ・コロリョフは、ツィオルコフスキーから続くロシア宇宙主義の系譜から生まれたロシアという国の土壌が生み育んだ異才であった。銭学森は、アメリカに留まりたいという自らの意志に反した形で、中国へ帰還を余儀なくされ、最後は自らの意志で母国へ帰り業績を残した。

宇宙開発史に名を残した偉大な技術者たちの生き様は、三者三様である。それぞれの生き方は違えど、目指した宇宙への道を、紹介した映画から感じていただければ幸いである。

「中国で何をしようというのかね？」
「母国では何でもできます。もし望めば、林檎を育てることも」

銭学森

第８章
テレビドラマ・アニメに描かれた宇宙開発
～映画だけでない！宇宙開発を主題にしたテレビドラマ・アニメ作品～

『The Astronaut Wives Club』
『フロム・ジ・アース／人類、月に立つ』
『まんてん』（NHK 連続テレビ小説）
『ロケット・ボーイ』
『ロケットボーイズ』
『下町ロケット』（ＴＢＳ版）
『王立宇宙軍　オネアミスの翼』
『ふたつのスピカ』
『ロケットガール』

『The Astronaut Wives Club』

放映：２０１５年6月18日-8月20日 アメリカ
原作：リリー・コッペル「The Astronaut Wives Club」
監督：ステファニー・サヴェージ
出演：ジョアンナ・ガルシア、イヴォンヌ・ストラホフスキー、ドミニク・マケリゴット、オデット・アナブル、エリン・カミングス、アジュール・パーソンズ、ゾーイ・ボイル

マーキュリー計画で選ばれたＮＡＳＡ、アメリカ初の7人の宇宙飛行士、マーキュリーセブンを支えた妻たちの物語のテレビドラマである。原作は、リリー・コッペルが２０１３年に書いた同名小説で、物語は事実に基づくものになっており、ニューヨークタイムズのベストセラーになっている。

　ドラマは10話放映され、第1話で、マーキュリーセブンが宇宙飛行士に選抜されるところが描かれ、最終話ではアポロ11号の月面着陸が描かれた。各話では、1話ごとに7人の宇宙飛行士の妻たち一人ひとりに焦点をあてる。

　１９５９年、マーキュリーセブンが宇宙飛行士に選抜されたとき、彼らの妻たちは一番若いレーン・カーペンターで31歳、最年長はアニー・グレンで39歳であった。マーキュリーセブンが宇宙飛行士になったとき、彼女らもまたアメリカの顔になった。１９５９年9月14日に、マーキュリーセブンがライフ誌の表紙を飾ると、その翌週の21日に7人の女性たちもライフ誌の表紙を飾った。

　このドラマの第1話は、夫たちがマーキュリー計画の宇宙飛行士に選抜され、自分たちも世間、メディアの注目を浴びセレブになった妻たちと、彼女たちの間に芽生えたライバル心、宇宙飛行士の妻として共通する夫への不安などを通して、しだいに「宇宙飛行士たちの奥様クラブ」を結成していく様子が描かれる。

DVD=ASTRONAUT WIVES CLUB: COMPLETE SERIES

第8章 テレビドラマ・アニメに描かれた宇宙開発

夫たちがマーキュリーセブンに選ばれ、そのセレブレーションパーティーの場で、初めて妻たち同士が顔を合わせる。

　マーキュリーセブンの選抜は、7人のうちで誰が最初に宇宙に行くかという競争の始まりでもある。初顔合わせの妻たちは、互いに自分の夫が「アメリカで初めて宇宙へ行く男」にふさわしく、自分はその妻であることを自慢しあう。

　アラン・シェパードの妻であるルイーズは、7人の中では、一番我欲の強い女性。ゴードン・クーパーの妻トルーディとの初対面で、「あなたは、ゴードンの奥さんね。アランはゴードンが一番の競争相手だと言っているわ」という。

　トルーディは、負けず嫌いな性格、そういうルイーズに対して、自慢げな笑顔を浮かべてこういう。

「あら、ゴードンにライバルはいないわ」

　それを聞いたルイーズは、

「何か勘違いしていなくて」

と応じる。

　ウォルター・シラーの妻であるジョーは裏表のない率直な女性。ルイーズとトルーディのやり取りを聞いていてこう言う。

「ジョン・グレンはどうかしら？　彼は初めて超音速でアメリカを横断したし凄いわ」

「あんたは、ジョン・グレンの何でもないじゃない？」

　とディーク・スレイトンの妻であるマージが聞くと、

「そうよ、でも私はジョンが最初になると思っているわ」

　とジョーがさらに答える。

「そういえば（ジョン・グレンの妻の）アニーはどこにいるのかしら。お話をしたいのに」

「彼女、よくわからないわ。挨拶もしてこないし」

　と、ガス・グリソムの妻、ベティーが言うと、そこに当人のアニーがやってくる。アニーは清楚で淑《しと》やかな感じで夫をたてるというタイプの女性だ。

　そうこう話している7人のもとに、ライフ誌の記者であるマックスがやってくる。宇宙競争において、アメリカはソ連に対して、宇宙だけでなくメディアにおいても勝利を目指すと言うマックスは、7人の宇宙飛行士の妻たちや家族について特集を組みたいと言う。主人のためになるならと同意する7人。こうしてライフ誌に載った有名な写真が撮られる。

　遂にアラン・シェパードがアメリカ初の弾道宇宙飛行を行うことに決定する。アランの初飛行、夫がマーキュリー・アトラスロケットで空へ上がっていく様子を、自宅で一人、テレビで見ているルイーズ。他の妻たちが中継を一緒に見ようと手料理などを持参して、ルイーズのもとにやってくるが、ルイーズは固く断ってしまう。

ルイーズは、夫が優秀であることを信じ、彼がアメリカ初の宇宙飛行を行うことを願いながらも、夫の女性癖の悪さに対する不安から、公衆やほかの妻たちの前でも強い自分を演じようとしていたのだ。

それぞれ初対面では、自分の夫が宇宙へ行く最初の男になると信じ願っている競争心の強い女性同士だったものの、互いに抱えている秘密を話し合ううちに、次第に、ライバル心を燃やしながらも打ち解けて絆を深めていく様子が語られていく。

マーキュリーセブンの宇宙飛行士たちは今でもアメリカの英雄であり、その妻の女性たちも、当時からセレブとしてメディアの注目を浴びた。

マーキュリー計画により初めてアメリカ人が宇宙へいった1961年から計画が終了する1963年は、ちょうどジョン・F・ケネディが大統領であった時期と重なり、また、彼のファースト・レディであったジャクリーン・ケネディがホワイトハウスにいた時期でもある。

ジャクリーンはケネディの大統領就任当初31歳であり、史上3番目に若いファースト・レディであり、人気の高さも、アメリカ史上最も高いファースト・レディであった。また、当時のファッション・アイコンであり、時代の象徴でもあった。

当時、マーキュリーセブンの妻たちも、ジャクリーンと同様にアメリカの女性のアイコンになる。このドラマの中でも、誰が「宇宙のファースト・レディ」になるかという話題が出てくる。

だが、この時代の女性は、あくまで男性の支援者という役割しか持てなかった。夫の成功を信じ、夫を支え、家族を育て、魅力的で可愛らしくあるという、華やかな郊外の中産階級の主婦というイメージこそが、1960年代半ばまで世の中が求めたものだった。

さらに言えば、宇宙飛行士たちの妻にかけられた重圧はそれ以上のものだった。彼女らは、夫が常に死と隣り合わせで多忙な日々を送っている中で、終始人前にさらされ、公の場では、NASAやホワイトハウスから全アメリカ国民の良妻賢母であり、世間の求める女性らしさ、アメリカの宇宙開発のイメージを維持し、夫が宇宙飛行士であることを常に誇りとする妻を演じることを強いられたと言える。

1960年代のアメリカは、ちょうど1950年代に

第8章 テレビドラマ・アニメに描かれた宇宙開発

確立された女らしさ、すなわち、夫を支え、家族を育むことが第一とされた時代から、男性からの自立が女性らしさであるという、70年代初頭から起こってくる女性解放（ウーマンリブ）運動に向かう過程の時代であった。

日本でも、1960年代初頭は、相次いで女性週刊誌、ファッション雑誌が創刊された時代でもある。

1950年代は戦後の復興の時代であったが、高度経済成長の中で、中産階級が形成され、主婦たちは華やかなファッションに興味を持てるまでに豊かになっていった。そういった女性の関心を拾うために、こういった雑誌が創刊されていった。

マーキュリー・セブンの妻たちを、当時の女性らしさのモデルと世間は見ていたし、本人たちもその自覚を持っていた妻たちは、それを自身の自己実現として喜んだ妻たちもいただろう。

だが一方で、そういった郊外住宅の主婦となり、夫を支え、家事を行うだけの生活に不満を感じていた女性たちも多くいた。そして、1963年に、女性解放運動家のベティ・フリーダンは、そういった女性たちの心境を『新しい女性の創造（女らしさの神話）』にまとめて出版している。『新しい女性の創造』は、その後の女性解放運動のバイブルとなり、ベティ・フリーダンは全米女性機構（NOW）を組織し、ウーマンリブ運動の先頭に立って行った。

1963年はマーキュリー計画が終了した年と奇しくも同じであることは興味深い。

宇宙飛行士たちの成功を信じ、夫の成功のために、生活への不満や自分を少なからず犠牲にしながら夫を支えつづける妻たち。このドラマは、1960年代前半の女性たちの姿を描いたドラマである。

「野球、アップルパイ、そして宇宙飛行士……」
「まるで、私たちはプロパガンダの広告塔ね」
「私たちはただの主婦よ」
マージ・スレイトン

『フロム・ジ・アース／人類、月に立つ』

放映：１９９８年4月5日-5月20日
原題：From the Earth to the Moon
製作総指揮：トム・ハンクス
製作：ブライアン・グレイザー、ロン・ハワード、
　マイケル・ボスティック
出演：トム・ハンクス、ニック・サーシー、レイン・スミス、
　デヴィッド・アンドリュース、ティム・デイリー、
　ダン・バトラー、トニー・ゴールドウィン他
音楽：マイケル・ケイン他

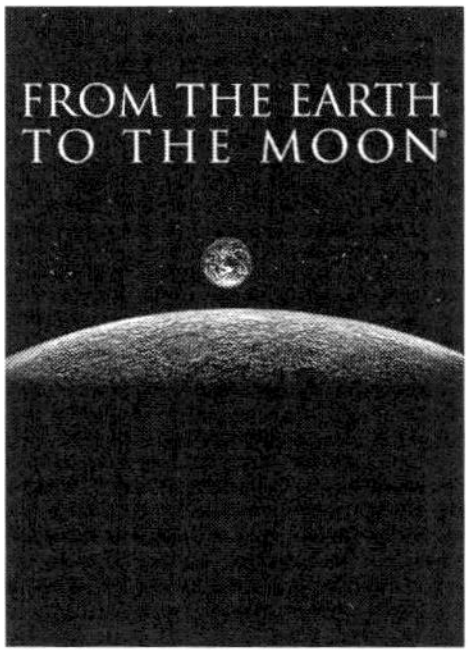

DVD=Hbo Home Video

アメリカのHBOが製作したNASAアポロ計画を描いたドキュメンタリードラマである。製作総指揮はトム・ハンクス。番組内でのナレーションも彼による。全12話におよぶエピソードで、アポロ計画前夜からアポロ17号のミッションまでを大規模なキャストと迫力ある特殊効果で再現する。１９９８年のエミー賞（アメリカのテレビドラマを中心にしてテレビに関する様々な業績に与えられる賞）の作品賞（ミニシリーズ部門）、同年のゴールデングローブ賞（テレビドラマ部門）の作品賞に選ばれている。

製作側は、１９９５年の『アポロ13』のスタッフが再結集している。製作総指揮は、『アポロ13』の主演で、アポロ13号の船長であったジム・ラベルを演じたトム・ハンクス。同じく『アポロ13』で監督を務めたロン・ハワードと、彼の盟友で、『アポロ13』のプロデューサーであるブライアン・グレイザーが共同プロデューサーを務める。また、音楽は、数々の映画音楽を手掛けたマイケル・ケイメンである。

全12話の構成で、アポロ計画の発足から17号の月着陸までのアポロ・ミッションを、ほぼ一つの月着陸ミッションにつき1話ごとで描く。

第8章 テレビドラマ・アニメに描かれた宇宙開発

第１話は「挑戦への序曲（原題：Can We Do This?）」。アポロ計画前夜、月有人飛行計画を打ち出したＮＡＳＡと選抜された宇宙飛行士たち。ケネディ大統領が、月着陸を宇宙開発の目標に挙げた時、アメリカは、まだ15分の弾道飛行に成功しただけであった。前代未聞の巨大プロジェクトへ向かって動き出す。マーキュリー計画とジェミニ計画が簡潔に描かれる。

第２話は「アポロ１号の悲劇（原題：Apollo 1）」。アポロ計画を語るうえで避けては通れないアポロ１号の火災事故、そしてその余波に苦悩する関係者たちを描く。

第３話は「試練を乗り越えて（原題：We Have Cleared the Tower）」。アポロ１号の火災を乗り越えて、遂にアポロ計画初の有人宇宙飛行であるアポロ７号が打ち上げられる。試練を超えて、アポロ再生に託したＮＡＳＡの想いを描く。また。発射台スタッフにも焦点を当てる。

第４話は「激動の１９６８年（原題：1968）」。１９６８年はアメリカにとって悲劇的な年であった。一つにはベトナム戦争の戦火がピークとなり、１９６８年の初頭、最大時でアメリカ兵士45万人が投入された。そして、この年からテト攻勢が始まる。３月には、ベトナム戦争における最大の悲劇といってよいソンミ村虐殺事件が起き、アメリカ軍のベトナム介入へ、政府内でも疑問の声が出始め、アメリカ国民の反発も大きくなっていった。そんな中、12月に人類で初めて月周回軌道を回ることに成功し、このときのテレビ中継はアメリカの史上最高の視聴率を記録した。

第５話は「月着陸船スパイダー（原題：Spider）」。アポロ９号、アポロ10号のミッションを描く。アポロ司令船、機械船の開発に対して、月着陸船の開発は大幅に遅れていた。１９６０年代の終わりが迫る中、ようやく完成した月着陸船の試験飛行。アポロ11号で予定されている月面着陸へ向けて、いよいよアポロ10号は月面への降下試験のためのミッションへ旅立つ。

第６話「人類の偉大な躍進（原題：Mare Tranquilitatis）」ではアポロ11号の月面着陸を描く。このエピソードではニール・アームストロング（トニー・ゴールドウィン）とバズ・オルドリン（ブライアン・クランストン）の葛藤に焦点を当てている。

第７話「友情の絆（原題：That's All There Is）」では

アポロ12号の乗組員たちの友情の絆を描く。

第８話「アポロ13号（原題：We Interrupt This Program）」ではアポロ13号の事故に関するエピソードとして、実況中継のニュースキャスターの苦労を描く。アポロ13号のミッションは、同製作スタッフで映画『アポロ13』で描かれているからか、このエピソードでは、13号のミッションそのものでなく、事故を中継するニュースキャスターに焦点をあてたドラマになっている。原題である「We Interrupt This Program」は、番組中に緊急報道をする際に用いられる「番組を中断し、緊急ニュースをお知らせします」の意味の決まり文句。

第９話「不屈のカムバック（原題：For Miles and Miles）」は、マーキュリー計画でアメリカ初の宇宙飛行を行ったアラン・シェパード（テッド・レヴィン）が再びアポロ14号で宇宙を目指すカムバックストーリー。

第10話は「ガリレオは正しかった（原題：Galileo was Right）」。アポロ15号のエピソード。アポロ15号では、初めて月面車を使用した長期滞在を行い、様々な科学的探査を行った。その成果の一つが、月と太陽系の誕生の起源を探る貴重なサンプルである「創世記の石（Genesis Rock）」と呼ばれる月の石の発見である。アポロ15号では、その発見に至るまでのエピソードがつづられる。またこのアポロ15号の科学探査ミッションの性格を象徴するイベントとして、デイヴィッド・スコット船長が、テレビ中継中に披露したガリレオの実験がある。金属のハンマーと羽根を同時に同じ高さから落として同時に着地することを確認することでこれを証明した。タイトルの「ガリレオは正しかった」はアポロ15号のミッションの性格を表した言葉である。

第11話「栄光の陰で（原題：The Original Wives' Club）」は、宇宙飛行士の妻たちのエピソード。宇宙飛行士の妻たちを題材にしたドラマは、２０１５年アメリカ、ABCで放映された、アメリカ初の７人の宇宙飛行士、マーキュリーセブンを支えた妻たちを描いた『The Astronaut Wives Club』があるが、ここでは、アポロ宇宙飛行士の妻たちの話を取り上げている。

最後に、第12話は「月世界旅行（原題：Le Voyage Dans La Lune）」。原題の「Le Voyage Dans La Lune」はフランス語で、１９０２年に作られたジョルジュ・メリエス

第8章 テレビドラマ・アニメに描かれた宇宙開発

監督のサイレント映画『月世界旅行』のこと。世界初のＳＦ映画と言われる。『月世界旅行』に思いをはせながら、アポロ計画最後となったアポロ17号のエピソードが描かれる。

アポロ計画を描いたドキュメンタリーは数多くあるが、これだけのスタッフと規模でアポロの月着陸ミッションをドラマ化したことには驚嘆する。製作にあたっては、アポロ計画当時の雰囲気を忠実に再現することに徹しており、宇宙船内のセットはもちろんのこと、管制室のセット、登場人物の衣装、小物、宇宙飛行士の月面歩行シーンなどにいたるまで、アポロ計画当時の様子を完全に再現している。

唯一のフィクション要素としては、全話に登場するＨＢＯのテレビニュースのアンカーマンであるエメット・シーボーン（レイン・スミス）が挙げられる。彼はＣＢＳテレビのアンカーマンだったウォルター・クロンカイトをモデルにした架空の人物である。

今まで宇宙飛行士のみに焦点が絞られがちだったアポロ計画を描いた映像作品の中で、初めて、アポロ計画に関連する宇宙飛行士以外の人物、発射台の作業員（第3話）、ニュースキャスター（第8話）、宇宙飛行士の妻たち（第11話）を描いた作品でもあるといえる。

私は、今後10年以内に人間を月に着陸させ、安全に地球へ帰還させるという目標に、アメリカ国民が取り組むべきであると確信しています。

ジョン・F・ケネディ

『まんてん』（NHK連続テレビ小説）

放映：2002年9月30日-2003年3月29日 日本
制作：NHK
脚本：マキノ・ノゾミ
出演：宮地真緒、浅野温子、藤井隆、生瀬勝久、鈴木紗理奈、照英、山田花子、角田信朗、毛利衛、笑福亭松之助、小日向文世、大杉漣、赤井英和、三橋達也、宮本信子

2002年度のNHK連続テレビ小説である。屋久島生まれの日高満天《まんてん》が、宇宙からの天気予報を行いたいという願いを胸に、宇宙飛行士を目指す。

主演は、宮地真緒。宇宙飛行士の毛利衛が本人役で出演している。その毛利さんに「自分が宇宙へ行って人の役に立てること、それを見つけなさい」と言われ、気象予報士だった彼女は、「宇宙からの気象予報」を実現したいと宇宙を目指す。

日本で、宇宙飛行士というものが広く一般的に認知され、宇宙飛行士というものが日本人でもなれるものだと思われるようになったのは、1990年代近くになって、1990年に秋山豊寛がソユーズで、1992年に毛利衛がスペースシャトル・エンデバー号で宇宙へ飛行したことが大きい。続いて、向井千秋、若田光一、土井隆雄らが続いてスペースシャトルで宇宙へ行く機会が多くなり、1990年代は日本人でも宇宙に行くことが身近になったことを感じさせた10年間である。そして、2000年代に入ると、国際宇宙ステーション（ISS）の宇宙実験棟「きぼう」の運用が開始され、日本人宇宙飛行士の活躍の場はさらに拡がった。

2000年代に相次いで、日本人の宇宙飛行に関するドラマ、映画が増えたのはそういう背景があるだろう。2002年度に放映されたこの『まんてん』もそうだが、この前年2001年には、フジテレビ制作の織田裕二主演のドラマ『ロケッ

第８章 テレビドラマ・アニメに描かれた宇宙開発

ト・ボーイ』が放映された。『ロケット・ボーイ』は、30代のサラリーマンが、宇宙飛行士に憧れ、その夢に挑むという内容。また、柳沼行による漫画『ふたつのスピカ』も２００１年から「月刊コミックフラッパー」に連載されはじめ、ＮＨＫによりテレビアニメが２００３年から製作、放映された。また、『ふたつのスピカ』が、２００９年には同じくＮＨＫの制作でテレビドラマにもなっている。

宮地真緒演じる日高満天は屋久島生まれの18歳。父の日高源吉は、シケの海に船を出し帰ってこなかった。大好きだった父と一緒に種子島から打ち上がったロケットを見た満天は「いつかお父ちゃんと宇宙へ行く」と誓う。

満天は祖父・源三の漁船でトビウオ漁を手伝っていたが、とあることから大阪・天神橋筋にやってくる。大阪で住み込むことになった合気道道場だが、そこで花山陽平（藤井隆）と知り合う。父の夢をついで、医師を目指して勉強を続けていた陽平だが、宇宙飛行士になりたいと言う満天に「君には99パーセント無理や」と言い放つ。

そんな陽平だが、実は陽平自身も、中学時代に毛利衛が宇宙飛行士になるという発表を聞き、宇宙飛行士になりたいと思っていたのだ。

母を悲しませたくないという思いから、父の夢をついで医者になる、と宇宙への夢を捨てたつもりだった。満天の宇宙への夢を聞き、陽平自身も再び宇宙飛行士を目指すことを決意する。

ちなみに、陽平を演じる藤井隆は、ドラマ放映中に公開された『明日があるさ THE MOVIE』で、民間会社でロケット開発に携わりながら有人ロケットで宇宙へ行くことを夢見る会社員役で出演している。宇宙への夢をこっそり胸に秘めている男が藤井隆である。また、満天が働く気象予報会社の気象予報士で、主人公満天が気象予報士を目指すきっかけを作ることになる人物として、大杉漣が出演している。大杉漣は10年後、２０１２年に公開された『おかえり、はやぶさ』の中で、小惑星探査機「はやぶさ」のプロジェクトマネージャーを演じている。

自分が宇宙へ行って人の役に立てること、
それを見つけなさい。

毛利　衛

『ロケット・ボーイ』

放映：2001年1月10-17日、2月21日-3月21日　日本
制作：フジテレビ　脚本：宮藤官九郎
出演：織田裕二、ユースケ・サンタマリア、市川染五郎

『2001年宇宙の旅』に憧れていた小林（織田裕二）は31歳。旅行会社で働く、さえないサラリーマン。ある日、立ち寄った野球場で、食品会社の営業マン、鈴木（ユースケ・サンタマリア）と、広告代理店に勤める田中（市川染五郎）に出会う。同棲中の彼女にも逃げられ、父親からは彼が経営する旅館を継げと言われ、強制的にお見合いのセッティングまでされた小林だったが、2人との出会いをきっかけに、かつて夢見ていた宇宙飛行士の夢に向かって動き出す。

　2001年にフジテレビで放映された織田裕二主演の連続テレビドラマである。子供のころに宇宙を夢見ていたサラリーマンが昔の夢に再チャレンジする物語は、2002年に公開された『明日があるさ THE MOVIE』と同じテーマだが、『明日があるさ』がすでに妻子をもった父親サラリーマンだったのに対して、こちらは31歳の独身サラリーマンが主人公。結婚や実家という同年代の男性が直面する問題を取り込んだ、男の成長物語でもある。

　健気にカップラーメンの得点シールを集めて宇宙旅行を狙っていたり、通勤電車で読んでいる雑誌が「ニュートン」だったり、携帯着信音が『2001年宇宙の旅』だったりと織田裕二の宇宙オタクぶりには、同じ宇宙好きとして思わず親近感が湧いてしまう。

　途中で織田裕二が椎間板ヘルニアで入院し、全11話を7話に短縮せざるをえなくなったトラブルもあり、織田裕二の主演ドラマでは知名度は低いが、2000年代初めの、日本人宇宙飛行士の存在感、認知度の高まりと合わせて作られた宇宙飛行士への挑戦を扱った数少ないテレビドラマだ。

誰が何と言おうと、これは僕の夢なんです！　小林晋平

第8章 テレビドラマ・アニメに描かれた宇宙開発

『ロケットボーイズ』

公開：2006年1月9日-3月27日 日本
原作：五十嵐貴久　脚本：武田樹里
出演：遠藤雄弥、柳浩太郎、安田美沙子、川岸銀次、加藤美佳、杉浦理史、瀬戸康史、河嶋健太

高校受験前日に、不運にも交通事故に遭ってしまった梶屋は、志望校の受験を逃してしまい、代わりに都内の私立工業高校へ進学する。不本意に入学した学校で授業にも身が入らない彼は、遂に2年生の時、素行の悪さを問題視され、呼び出しをうけてしまう。退学を言い渡された彼だが、退学処分の代わりに、小型の人工衛星であるキューブサットの設計に加わることになる。

原作は、五十嵐貴久による小説『2005年のロケットボーイズ』であり、2006年にテレビ東京系列局で遠藤雄弥主演でドラマ化された。ドラマ化に際してのタイトルは、『ロケットボーイズ』。

キューブサットは、10センチ×10センチ×11・35センチサイズ、重量1・33キロ以下のものを1キューブユニットする小型人工衛星のこと。もともと大学などにおける衛星設計の教育目的もあったが、現在、世界中の大学、企業、組織などで開発されており、一般的な人工衛星に比べて安価な打ち上げコストから、打ち上げ数も急速に増加している。

本作品は、積極的でない理由でキューブサットを作ることになった落ちこぼれな高校生たちが、次第にキューブサット作りに情熱を燃やしていく青春ドラマだ。

様々な青春ドラマのうちでも、宇宙開発と言えば、ありがちなロケットや宇宙飛行士ばかりが着目されがちだが、地味と思われがちな人工衛星開発、キューブサットを題材にした数少ないテレビドラマだ。

DVD＝フォーサイド・ドット・コム

お前の気持ちも乗っけて絶対宇宙に飛ばしてやるからな！
梶屋信介

『下町ロケット』（TBS版）

放映：2015年10月14日—12月23日 日本
原作：池井戸潤「下町ロケット」シリーズ
脚本：八津弘幸、稲葉一広
出演：阿部寛、土屋太鳳、立川談春、安田顕、真矢ミキ、恵俊彰、倍賞美津子、吉川晃司、杉良太郎、他

池井戸潤の同名小説のドラマ化作品である。原作小説シリーズは、シリーズの1作目『下町ロケット』が2008年に連載が開始され、その後『下町ロケット2 ガウディ計画』『下町ロケット ゴースト』『下町ロケット ヤタガラス』とすでに4作まで刊行されている人気シリーズである。ドラマ化も2度行われ、2011年にWOWOWで制作され、次いで2015年にTBSで制作された。

主人公の佃航平（阿部寛）は、元宇宙科学開発機構の研究員でロケットエンジンの開発者だったが、開発の失敗の責任をとり、今は父の遺した中小企業「佃製作所」を継ぎ、小型エンジンの製造をして経営者としての人生を過ごしている。

ところが、ある時主要取引先から取引の終了を通知され、さらに研究開発中のエンジンの実用性を疑問視する銀行からの融資も断られてしまった。社内からも水素エンジン開発が売り上げにつながらないことを理由にロケットエンジン開発への反対意見も出ていた。それに加えて、ライバル関係にあるナカシマ工業から言いがかりとも言える特許侵害の提訴を受ける。

絶体絶命のピンチに陥った佃製作所だったが、そこに大手重工メーカー、帝国重工の宇宙開発担当部長である財前（吉川晃司）が佃製作所の持つ水素エンジン用の調圧バルブの特許売却を要求してくる。この動きの裏には、純国産ロケットに搭載する水素エンジン開発を進めたい帝国重工が、既に先を越されていた佃製作所のもつ特許技術を手に入れたいという思惑があった。億単位の金額で特許売却を迫る帝国重工。特許の売却

第8章 テレビドラマ・アニメに描かれた宇宙開発

か、帝国重工へ特許の独占使用を認めるかという選択を迫られた佃航平だが、エンジンメーカーの夢とプライドをかけて、あくまで自身で開発した調圧バルブを、帝国重工に部品供給するという道を選ぶ。

2015年放映のTBS版では全10話のうち、前半までがロケット編で、後半はガウディ編となり、『下町ロケット　ガウディ計画』に基づく内容になっている。また、2018年10月から12月まで、シリーズ3作目である『下町ロケット　ゴースト』を原作にしたドラマが放映された。

ガウディ編では、前作から数年後の佃製作所が舞台となる。NASA出身の社長が率いるサヤマ製作所との競争により、前作で獲得した帝国重工とのエンジン開発の取引の継続に危機が訪れる。新しく量産しようとしていた人工心臓用のバルブ開発も打ち切られ、サヤマ製作所に取引を奪われてしまう。ところが、サヤマ製作所がデータ偽装を働いていたことが発覚し、佃航平は技術者のプライドをかけ、人工弁の実用化のために突き進む。

個人対組織、組織の巨悪に立ち向かう個人を描いてきた池井戸潤がロケットエンジン開発を題材にし、そこに日本の中小企業の苦悩、技術者のプライド、特許を巡る大企業との攻防、品質データの偽装といった問題をからめている。

かつてはバリバリの研究者で、ロケットエンジンの夢をひたすら追い求めていた佃航平は、日々自分の夢を追い求めながらも、厳しい会社の経営状況に対し、頭を抱えている。コスト削減のために研究開発を止めるように会社幹部から言われ、さらに営業からは、自分たちが稼いだ利益を日の目を見ない技術開発につぎ込んでいると非難が上がっている。そんな中でも佃は「どんな難しい問題でも、挑戦すれば必ず答えがある」と信じ続け、ふりかかる困難に立ち向かう。そんな社長の姿に周りも少しずつ理解し、佃製作所の厳しい現実に立ち向かっていく。次から次へと佃製作所に降りかかる困難を、佃航平とその社員たちが一緒に乗り越えていく展開にハラハラさせられ、社員同士のドラマに涙する。

これまで宇宙開発もののドラマは、有人ロケットや宇宙飛行士がテーマのものが多かったが、ロケットを支える宇宙品質のバルブ製造を手がける中小企業という、日本のものづくりの技術と技術者のプライド、情熱、夢を描いたドラマは新しい。

さて、このドラマでは純国産ロケットというものが登場するが、日本の大型液体燃料ロケットの開発史を紹介しておく。

日本は東京大学宇宙航空研究所の糸川博士率いるチームにより、固体燃料ロケットの開発が１９５０年代より始められ、１９７０年に初めて人工衛星を打ち上げるに至る。

だが、より大型で実用商用衛星打ち上げ用の液体燃料ロケットでは遅れを取っていた。１９７０年より開発が始まったＮ‐Ｉロケットは、１９７５年に初めて1号機が打ち上げに成功した。だがＮ‐Ｉロケットは純国産ではなく、ロケットエンジンはアメリカのデルタロケットの技術を導入したものだった。続くＮ‐Ⅱロケットも国産率は60パーセントであり、日本は米国のロケット技術を段階的に取得していった。

１９８６年に打ち上げに成功したＨ‐Ｉロケットでは、国産率が約8割から１００パーセントに近づいたが、それでも、最も推力を必要とする第一段のメインエンジンは米国製のままだった。

初の純国産ロケットは、１９９４年に試験1号機の打ち上げに成功したＨ‐Ⅱロケットである。そして、打ち上げコストを抑えるためにＨ‐ⅡＡロケットが開発され、２００１年に打ち上げに成功し、現在に至っている。Ｎ‐Ⅱ、Ｈ‐Ｉロケットでは失敗のなかった打ち上げも、Ｈ‐Ⅱロケットでは、7回の打ち上げで成功は5回となり、ロケットの純国産化の難しさがはっきりとここに現れている。現在、Ｈ‐ⅡＡロケットは、40回の打ち上げで39回成功となり、6号機の失敗以来連続成功を続けている。さらに打ち上げ能力を向上させたＨ‐ⅡＢロケットは7回打ち上げて成功率１００パーセントとなっている。国産ロケットの打ち上げ実績がここまで成長してきたのは数々の失敗とそれを乗り越えるための挑戦があったからだと言えるだろう。

さて、日本のロケット開発は次のステップへ向かおうとしている。国際競争力を持った商業受注を目指す次期大型ロケットとして開発中のＨ３ロケットは、２０２０年に初の打ち上げを予定している。

純国産ロケットの開発の歴史を知っておくと、このドラマもより楽しめるかもしれない。

どんな難問にも必ず答えはある。
挑戦し続ける限り、必ずその答えを見つけ出せる。

佃　航平

第8章 テレビドラマ・アニメに描かれた宇宙開発

『王立宇宙軍　オネアミスの翼』

公開：1987年 日本
監督：山賀博之
脚本：山賀博之
製作：末吉博彦、井上博明
出演：森本レオ、弥生みつき、村田彩、曾我部和恭、平野正人、鈴置洋孝、伊沢弘

　オネアミス王立宇宙軍士官のシロッグ・ラーダットは、昔戦闘機乗りにあこがれていたが、今や宇宙軍で張り合いのない日々を送っていた。宇宙軍とは、名ばかりで宇宙艦隊も持たない、落ちこぼれで役立たずの軍隊と揶揄されていた。ある夜、同僚たちと歓楽街に出かけたシロッグは布教活動に熱心で敬虔な宗教徒の少女リイクニ・ノンデライコと出会う。彼女から宇宙軍って凄いと言われて発奮したシロッグは、宇宙戦艦という名目の人類初の有人人工衛星打ち上げ計画の搭乗員として志願する。最初は、本気でなかった志願であったシロッグだが、宇宙船を開発する技師たちに触れていくうちにその気になっていく。

　ガイナックスが制作したSFアニメ、いろいろな意味で日本アニメ史に残る作品として有名な本作品だが、宇宙開発を題材にしたアニメ作品としても、この作品を挙げないわけにはいかない。

　公開は1987年、ガイナックスの制作した第1作。ガイナックスは、のちに『トップをねらえ』『新世紀エヴァンゲリオン』を製作することになる。監督は、当時24歳であった山賀博之で、また他のスタッフも平均年齢27歳という若手アニメーターたちであった。

　舞台は、現実の地球世界に似た架空の惑星にある、オネアミス王国である。オネアミス王国は宇宙軍を持ってはいるが、宇宙戦艦を持たず、名ばかりの宇宙軍であった。そんな宇宙軍に、ようやく宇宙

DVD= バンダイビジュアル

戦艦という名目の人類初の有人人工衛星打ち上げ計画が立ち上がる。志願者は誰もいない中、ただ一人主人公のシロツグ・ラーダットが名乗りを上げる。宇宙戦艦を持たず、名ばかりの宇宙軍、「戦争をしない軍隊」というのは、日本のことだとも言える。また有人人工衛星を持たないという設定も日本に共通する。

ライブドア社長で液体燃料ロケットの開発を進めるインターステラテクノロジズ株式会社を立ち上げた堀江貴文も、有人ロケットによる宇宙飛行を描いた本作から影響を受けたことを語っている。

また、宇宙飛行士の金井宣茂も本作が好きで、挫折しながら目標に向かう主人公に元気づけられたと話している。

本作品に出てくるロケットは、宇宙軍・第4号ロケットと呼ばれており、クラスター方式（多数のロケットエンジンを束ねた構成をしている）のロケットであり、発射台の姿かたち、その打ち上げの様子も含め、ソ連のボストークロケットに似通っている。人類初の有人人工衛星という点でも、あきらかにボストーク1号（ユーリ・ガガーリンの乗った宇宙船）を意識していると思われるし、意図したものかわからないが、切り離された円形の宇宙船本体と、そこから伸びたアンテナの姿も、ボストーク1号に近いデザインだ。

本作の作画技術の高さと緻密な映像表現はアニメ史に残るものとして今更説明する必要もないが、特にロケットの打ち上げシーンでロケット表面の凍結した氷の細かな破片が落ちていく様子は本物の液体燃料ロケットで発生する現象の通りに緻密に描いていて見応えある迫力である。

本作品が公開された1987年は、毛利衛、向井千秋、土井隆雄らの3人が日本人宇宙飛行士候補として発表された2年後であり、ようやく日本人が宇宙へ行ける時代になったと国民が感じ始めたころだった。

日本独自の有人宇宙飛行を描くコミック・アニメ作品は2000年代に入ってから登場してくるが、本作は、（物語の舞台は日本ではないにせよ）名ばかりの軍隊が人類初の有人ロケットを打ち上げるというストーリーで、日本で初めて有人宇宙飛行を描いたものであり、テーマを先取りしていたといえるかもしれない。

どのような方法でも構いません。
人間がここへ到達した事に感謝の祈りを捧げてください。

シロツグ・ラーダット

第8章　テレビドラマ・アニメに描かれた宇宙開発

『ふたつのスピカ』

原作：柳沼 行（「月刊コミックフラッパー」）
放映：テレビアニメ　２００３年11月1日－２００４年３月27日（全20話）
放映：テレビドラマ　２００９年６月18日－２００９年７月30日（全7話）
テレビアニメ 監督：望月智充　脚本：望月智充、中瀬理香
テレビドラマ 監督：山本剛義、塚原あゆ子

DVD= キングレコード

２０１０年、日本初の有人宇宙ロケット「獅子号」が打ち上げられる。だが、上昇中に爆発炎上して打ち上げは失敗。獅子号は鴨川アスミの住む唯ヶ浜市街地に墜落し大惨事となってしまう。アスミの母親もこの事故で寝たきりとなり亡くなった。

数年後、アスミの前に、ライオンさんが現れる。ライオンさんは獅子号の搭乗員だった高野の幽霊で、アスミにしか見えなかった。彼はアスミに、果たせなかった宇宙への夢を語り、アスミは、大きくなったら「ロケットの運転手さん」になることを心に誓うのだった。宇宙飛行士になる夢を心に抱いたアスミは、宇宙飛行士の養成学校である「東京宇宙学校」へ進学し、同じ夢を目指す仲間たちと自分の夢に向かって歩みだす。

原作は、「月刊コミックフラッパー」に２００１年から２００９年まで掲載されていた柳沼《やぎぬま》行《こう》による漫画作品。掲載中の２００３年から２００４年に、望月智充《ともみ》監督によりテレビアニメ化され、２００９年には山本剛義、塚原あゆ子監督、ＪＡＸＡ協力を得て、ＮＨＫでテレビドラマ化された。ドラマの主演は、桜庭ななみ。

原作、アニメ、ドラマによりストーリーに若干の差異はあるものの、アスミをはじめ、宇宙飛行士を目指す高校生たちの学園ドラマである。また、宇宙開発の歴史への言及や、リスペクトを見ることのできる作品である。例え

ば、アスミたちが宇宙学校で入寮するのは「かもめ寮」であるが、これは、ロシア人のワレンチナ・テレシコワが女性初の宇宙飛行を行ったボストーク6号のコールサイン。日本では「私はカモメ」の台詞で知られている。また、東京宇宙学校を受験しに実技試験会場にやってきたアスミに対して、鈴木秋が「君もカモメになれるといいね」と言うが、これは、アスミがテレシコワになれるといいね、という意味である。

ライオンさんはハーモニカを持ち歩いているが、ハーモニカはジェミニ6-A号で、ウォルター・シラーがこっそりと隠し持って宇宙へ持っていき、宇宙に初めて持っていかれた楽器である。

登場する宇宙事業の関連施設は、すべて旧宇宙開発事業団（NASDA）や宇宙航空研究開発機構（JAXA）の施設がモデルになっている。

テレビアニメの放映が開始した半年前の2003年2月に、コロンビア号の空中分解事故が発生しており、アニメ版の放映時期は、折しもスペースシャトル計画がその後2年半近く中断していた時期にあたる。

また、2003年10月には、航空宇宙三機関（宇宙科学研究所、航空宇宙技術研究所、宇宙開発事業団）の統合により、宇宙航空研究開発機構JAXAが発足するものの、日本の宇宙開発にトラブルが続いた時期である。

2003年11月には、H-ⅡAロケット6号機が固体ロケットブースターの分離に失敗し、指令破壊コマンドにより自爆させられ打ち上げが失敗した。またその前月10月には、地球観測衛星「みどりⅡ」が運用開始後10ヵ月で電源系の異常により運用を断念、翌月の12月には火星探査機「のぞみ」の軌道投入失敗、と不運な出来事が相次いだ。

だが、同時にこの前年には同じくNHK連続テレビ小説『まんてん』で宇宙飛行士を目指す女性のドラマが放映されており、国際宇宙ステーションの運用と、国際社会でも存在を増してきた日本人宇宙飛行士の活躍もあり、より宇宙が日本人の身近になった時期である。

少年少女らにとって、宇宙開発や宇宙事業、宇宙飛行士に興味を与える契機になればと思う作品である。

ロケットの運転手さんになって、宇宙へ行きたい。
いろんな星へみんなを連れていってあげたい。　鴨川アスミ

第8章 テレビドラマ・アニメに描かれた宇宙開発

『ロケットガール』

原作：野尻抱介（富士見ファンタジア文庫）
放映：テレビアニメ　２００７年２月21日－２００７年５月17日（全12話）
テレビアニメ 監督：青山弘
シリーズ構成：中瀬理香

　宇宙開発団体「ソロモン宇宙協会（ＳＳＡ）」は、ソロモン諸島の島・アクシオ島で、責任者那須田の元、日本初の有人ロケットの打ち上げを計画していた。しかし、失敗の連続に計画の打ち切りの瀬戸際にいた。失敗続きの新型ロケットの代わりに、実績がある旧型ロケット「ＬＳ－５」を導入することにするが、ＬＳ－５はパワー不足であり、宇宙飛行士の安川の体重を減量するよう指示する。

　だが、安川は恐れをなして逃亡してしまう。安川を追う那須田と医学主任の旭川さつきは、そのころ、島にきていた高校生森田ゆかりと知り合う。ゆかりの体重が40キロ以下である事から、簡単なバイトと称して、無理矢理宇宙飛行士の訓練を受けることを認めさせる。

　原作は、富士見ファンタジア文庫から出版されていたライトノベルである。作者は、宇宙に関するＳＦ作品を多く手掛け星雲賞受賞作家である野尻抱介。２００７年には、全12話のテレビアニメが放映された。アニメ版の監督は青山弘である。

DVD= ハピネット

　内容は、女子高生が宇宙飛行士を目指すという話で、冒頭、ロケットの失敗によって日本の有人宇宙計画が瀬戸際に立たされる点や、宇宙飛行士養成学校で女子高生が訓練をする点など『ふたつのスピカ』と共通点もある。

　物語冒頭、ゆかりが捜していた父親が部族の酋長になっていたり、滑稽無稽なところもあるが、有人宇宙船やロケットなど、描かれる技術には最新の科学的考証を踏まえているところなど、ハードＳＦとしても評価できる。

軽量化のために女子高生が宇宙へ行くという設定は滑稽だが、日本的サブカルらしいユニークさが面白い。「ＪＡＰＡＮ」と機体側面に描かれた有人ロケットの打ち上げシーンや、宇宙船の再突入、宇宙空間で主人公が活躍するシーンなどを見れば、やはり日本人として、日本独自の有人宇宙開発を夢見る人たちにとっては、その願いを画にして見せてくれる点で楽しめる作品である。

アニメ化は２００７年と『ふたつのスピカ』よりも後だが、原作のライトノベルの刊行は１９９５年と早い。

日本の独自有人宇宙船構想は、当時のＮＡＳＤＡによって２００１年に、使い捨てカプセル型有人宇宙船構想「ふじ」として公表されたものがあり、国際宇宙ステーションの完成や、日本人宇宙飛行士が多く宇宙へ行くようになり、２０００年代に入って『ふたつのスピカ』『まんてん』『明日があるさ THE MOVIE』『宇宙兄弟』と日本人宇宙飛行士や、日本の有人ロケット開発を題材した作品が登場してくるが、本作の登場時期を考えると、『王立宇宙軍　オネアミスの翼』とこれらの２０００年代の作品群をつなぐ作品と位置づけることができるだろう。

ちなみに、本作品とタイアップした企画として、文部科学省の女子中高生理系進路選択支援事業の１つとして、秋田大学ものづくり創造工学センターと秋田大学学生宇宙プロジェクト（ＡＳＳＰ）が中心になり、「ロケットガール養成講座」が２００６年から開催されている。

秋田県能代市には、１９６２年に能代ロケット実験場が開設され、日本の国産固体ロケットエンジンの実験場として、日本の宇宙開発の進展に寄与した。また、１９５５年にペンシルロケットの上空への初の打ち上げ実験が行われたのも秋田県であり、その後もベビーロケット、カッパロケットと現在の内之浦の発射実験場へ移設される前までロケット実験場が置かれた。

責任に押しつぶされそうになったら、みんなの夢にのっかってしまうといい。
任務じゃない。お祭りの神輿（みこし）に乗るんだ。

木下和也

〈宇宙×映画雑話３〉

宇宙開発における宇宙映画の文化的影響

これまで宇宙開発を題材にした映画を紹介してきたが、それとは逆に、宇宙映画に影響、触発された宇宙開発計画や、宇宙開発に携わった人たちがいるのも事実である。ここでは、そんな、映画に影響を受けた宇宙開発の話を紹介したい。

スペースシャトル エンタープライズ号

１９８０年に登場したスペースシャトル。スペースシャトルは５機製造され、コロンビア、チャレンジャー、ディスカバリー、アトランティス、エンデバーとアメリカのフロンティア精神を彷彿させる名前を冠している。また、開発過程で試作機が１機作られており、エンタープライズという名前が付けられている。

　エンタープライズは、何を隠そう『スター・トレック』に登場するカーク船長が登場する宇宙船の名前である。当初、エンタープライズ号は、１９７６年のアメリカ合衆国建国２００年を記念し、「コンスティチューション」とされる予定だったが、『スター・トレック』ファンからの要望が多かったため、名前をエンタープライズとした。

　１９６６年から１９６９年まで第１シリーズ（いわゆるＴＯＳ）が放映され人気を得たこのテレビシリーズは、このシャトルの例以外にも、多くの将来のＮＡＳＡスタッフを触発している。ＮＡＳＡの惑星探査ミッションを率先するジェット推進研究所には、スター・トレックファンが多くいる。宇宙の神秘を解明する宇宙科学を目指すジェット推進所の職員にとって、スター・トレックの世界観とテーマがマッチするからであろう。

ニシェル・ニコルズとその影響

『スター・トレック』がＮＡＳＡへ与えた影響はこれに留まらない。『スター・トレック』で地球人黒人女性の宇宙飛行士ウフーラの役を演じたニシェル・ニコルズは『スター・トレック』のテレビシリーズ放映後、ＮＡＳＡでの仕事を志願した。ＮＡＳＡはニシェル・ニコルズを採用し、彼女はＮＡＳＡで女性やアフリカ系アメリカ人のリクルート活動に貢献する。

　まだまだ人種差別が残っていた１９６０年代のアメリカにおいて、『スター・トレック』は、白人、アフリカ系、ラテン系、アジア系の人種を問わず構成されたエンタープライズ号の乗組員が銀河の神秘を解明する

ニシェル・ニコルズ

冒険を繰り広げるドラマを見せたことで衝撃的であり、新鮮だった。

　ニシェル・ニコルズは自身が演じた黒人女性の宇宙飛行士ウフーラが一つの人種差別を取り払うことを実現するロールモデルになることを信じて、その結果、ＮＡＳＡへ新しい時代をもたらした。

　その結果、アメリカ初の女性宇宙飛行士サリー・ライド、初のアフリカ系宇宙飛行士ガイオン・ブリュフォードが誕生し、またジュディス・レズニック、ロナルド・マクネイアなどの女性、アフリカ系の宇宙飛行士が生まれた。現在のＮＡＳＡ長官であるチャールズ・ボールデン（ボールデンは初のアフリカ系のＮＡＳＡ長官で、元宇宙飛行士である）もニシェル・ニコルズがいなければ誕生しなかったかもしれない。

スペースシャトル「エンタープライズ」の前で一緒に写真に納まるスター・トレックの出演者とスタッフたち

「私がお前の父親なのだ」スター・ウォーズ大好き宇宙飛行士

　宇宙飛行士のスコット・パラジンスキーは、5回の宇宙飛行を経験したベテラン飛行士であるが、『スター・ウォーズ』の大ファンでもある。彼のスター・ウォーズ愛は凄い。まず、偶然にも１９９７年、『スター・ウォーズ特別篇』が公開された年に生まれた自分の息子に、「ルーク」と名付けている。

　２００７年、奇しくもスター・ウォーズ公開から30周年のこの年、パラジンスキーは、ＳＴＳ－１２０のミッションでスペースシャトル、ディスカバリー号に乗り、5回目で、かつ彼の最後の宇宙への旅を行った。このとき、当時10歳になっていた息子のルークにむかって、宇宙から「ルーク、私がお前の父親なのだ」と言ったのだ。これでパラジンスキーは、宇宙で初めてダース・ヴェイダーの物まねをした宇宙飛行士になったのである。

宇宙へ行ったライトセーバー

　また、このＳＴＳ－１２０のミッションでは、スター・ウォーズ公開30年イベントとして、１９８３年に公開された『スター・ウォーズ　ジェダイの復讐』（公開当時）で撮影に使われたルーク・スカイウォーカーのライトセーバーが、スペースシャトルに持ち込まれて実際に宇宙へ行った。このアイデアは、ＮＡＳＡの職員の思い

〈宇宙×映画雑話３〉
宇宙開発における宇宙映画の文化的影響

つきで、スター・ウォーズの原作者、ジョージ・ルーカスも快諾。ライトセーバーは、チューバッカを演じた俳優ピーター・メイヒューによってオークランド空港でNASAの職員へ手渡され、ヒューストンへ到着後、ケネディー宇宙センターで、ジェームズ・レイリー飛行士がR２‐D２から受け取り、シャトルに載せられ宇宙へ旅立った。

さらに、このSTS‐120のミッション12日目の２０１２年11月３日には、国際宇宙ステーションで任務を行うパラジンスキーとその他のクルーへのモーニングコールとして、スター・ウォーズのテーマ曲が流された。パラジンスキーにとったら最高のミッションだったに違いないだろう。

NASAのスター・ウォーズへの敬意はこれだけではない。もう一つ紹介したいのは、国際宇宙ステーションの第45次長期滞在メンバーのポスター。このポスターでは、宇宙飛行士たちがジェダイの騎士の格好に扮して写真に納まっている。日本人宇宙飛行士の油井亀美也もジェダイになって白い光剣を構えている。実は、宇宙ステーションのクルーのポスターと映画のコラボレーションはこれだけでない。第21次長期滞在のポスターは、『スター・トレック』だし、第40次長期滞在のポスターは、２００２年のテレビドラマ『ファイヤーフライ　宇宙大戦争』をモチーフにしたもので、第42次長期滞在のポスターは、イギリス発のSFシリーズ『銀河ヒッチハイク・ガイド』である。

これらは、NASAのSFA(Space Flight Awareness)プログラムのプロモーション用のポスターであり、SFAプログラムは宇宙飛行の業績をたたえて、仁務を安全に遂行することを助けることを目的としたプログラムで、こういった遊び心などを通じて、風通しの良さ、職場におけるそれぞれの仕事の役割への認識や、誇りやモチベーションを保たせることで、職場環境をよくし、チームワークを促進するものだ。

他にも『マトリックス』や『パイレーツ・オブ・カリビアン』をテーマにしたものや、映画をテーマにしたもの以外にも、第26次長期滞在はビートルズの「アイビー・ロード」風であったりと、なかなかNASAの遊び心が面白いので、興味のある方は見てみるといいかもしれない。

C‐３POと呼ばれている民間宇宙船開発補助金計画

NASAが、スペースシャトル退役後、新しく民間セクターの有人宇宙船開発を支援し、民間宇宙船により国際宇宙ステーションへの乗員を送るための宇宙技術開発の支援を立ち上げたが、これは「CCDev (Commercial Crew

Development）」と呼ばれている。このCCDevを統括する部署は、Commercial Crew and Cargo Program Office という名称から、頭文字をとって「C3PO」と呼ばれている。NASAがスター・ウォーズに、ささやかなオマージュを捧げている例である。

　ちなみに、日本においても、同様な例があるので紹介しておくと、JAXA（宇宙航空研究開発機構）に存在した研究センターの一つである情報・計算工学センター（JAXA's Engineering Digital Innovation Center）は、略してJEDIと呼ばれていた。

　どうやらNASAの宇宙探査に関わる人たちは、こういった形でスター・ウォーズにさりげないオマージュを捧げるのが好きなようで、ほかにも、細かな例を挙げると、2011年に打ち上げられた木星探査機ジュノーに搭載された観測機器の一つに、高エネルギー粒子検出装置（Jupiter Energeticparticle Detector Instrument）というものがあり、その頭文字もJEDIである。

　また、アメリカで2010年に小惑星での鉱業を目指すために設立された民間の宇宙ベンチャー企業で、プラネタリー・リソーシズ社という企業があるが、設立当時は「アルキッド・アストロノティクス」という名称だった。

　実は、アルキッドというのは、スター・ウォーズ世界において、探査ドロイドや宇宙船の

第 45 次長期滞在のポスター
映画『スター・ウォーズ』がテーマ

第 21 次長期滞在のポスター
映画『スター・トレック』がテーマ

〈宇宙×映画雑話３〉
宇宙開発における宇宙映画の文化的影響

製造メーカーとして登場する企業の名称である。

映画『スター・ウォーズ　帝国の逆襲』の冒頭で、氷の惑星ホスへ探査ドロイドが送られるシーンがあったが、あの探査ドロイドの製造元はアルキッドなのである。プラネタリー・リソーシズ社の立ち上げに関わった人物の一人であるクリス・レビツキは元ＮＡＳＡの火星探査機「スピリット」「オポチュニティー」の元フライトディレクターであり、スター・ウォーズに触発されてこの名称を考えたそうだ。

惑星タトゥイーンの発見

スター・ウォーズの有名なワンシーン、故郷を離れられないという絶望的な気持ちになった主人公ルーク・スカイウォーカーが、砂漠の惑星、タトゥイーンの２つの太陽を眺める。２０１２年はスター・ウォーズファンにとってあるニュースが大きな話題になった。ＮＡＳＡの天文学者ローランス・ドイル率いるグループは、ケプラー望遠鏡での観測で、実際に２つの太陽の周りをまわる惑星を発見した。そのような惑星が発見されたのは初めての出来事であった。公式には、「ケプラー１６ｂ」と名付けられたこの惑星だが、非公式には「タトゥイーン」と呼ばれることになった。

この「タトゥイーン」は木星を一回り小さくした大きさで、ガスと岩石で構成されていると考えられている。地球からははくちょう座の方向へ約２００光年の距離にある。『スター・ウォーズ』が公開された時、２つの太陽を持つ惑星は存在しないと考えられていたが、この発見以降、新しく19個のタトゥイーンのような惑星が発見されている。

ジュール・ヴェルヌが『月世界旅行』を発表したとき、また１９５０年代にＳＦ映画の中で月旅行が描かれていた時代、人類が本当に月面に着陸する日が来ると信じていた人間は少なかっただろう。このタトゥイーンの例でもヴェルヌの月世界旅行でも、人間の想像力は凄いことを考える。時に科学というものが後から想像力についてくるということがあることの例であり、宇宙科学や宇宙開発は、この想像力に触発されて発展してきたに違いない。

スペースXとスター・ウォーズ

スター・ウォーズの世界に触発されたのはＮＡＳＡの職員たちだけではない。２００２年に創業した宇宙ベンチャーであるスペースX社のイーロン・マスクやその社員たちも同じである。スペースX社は民間の宇宙企業として、独自のロケットを開発し、宇宙ビジネス、衛星打ち上げビジネスや有人宇宙旅行ビジネスへ参入している企業である。

そのスペースX社が開発したロケットは「ファルコン」シリーズと呼ばれ、これは『スター・ウォーズ』に登場するミレニアム・ファルコンに触発されて名付けられている。２０００年初頭、まさしく千年紀（ミレニアム）に登場したファルコンロケットは、まさしくイーロン・マスクのミレニアム・ファルコン号なのだ。

また同社は、２０１５年12月22日、初めて再利用可能なロケットの打ち上げに成功したが、この再利用型のロケットの第2段は回収の際に大気圏での姿勢制御を行うためのフィンがロケット本体から4方向についており、その様子を「X翼（Xウィング）スタイル」と呼んでいた。Xウィングは、当然『スター・ウォーズ』に登場したルークの搭乗していた反乱軍の小型戦闘機だ。

さらに言えば、スペースXがこの再利用ロケットの打ち上げと回収に成功した２０１５年12月末は、スペースX社のスター・ウォーズファンにとってはダブルで嬉しい時だったに違いない。なにしろ、22日に先立つ18日には、世界中が待ち望んでいた『スター・ウォーズ／フォースの覚醒』が公開されたのだ。その興奮はスペースX社が公開している打ち上げ中継映像の中で、MCを務めた同社のエンジニアであるマイケル・ハンマースリーが『フォースの覚醒』劇中のセリフに言及したことでもわかる。彼は最後にこう言ったのだ。

「みなさん、私たちの最終目的地は火星です。だって、だれもジャクーには戻りたくないですからね」

ジャクーは、『フォースの覚醒』に出てくる主人公レイがいた砂漠の惑星の名前だ。そして、『フォースの覚醒』はレイが友人のフィンと一緒にミレニアム・ファルコン号でジャクーを脱出したところから始まる。

ファルコンロケットは、スペースX社のミレニアム・ファルコンだ。そのミレニアム・ファルコンは地球を脱して火星へ向かう。『フォースの覚醒』でミレニアム・ファルコン号がジャクーには戻らず宇宙へ飛び出していったようにである。マイケル・ハンマースリーが言った言葉は、スペースX社の行く先を、実にうまく象徴的に言い表した言葉なのである。

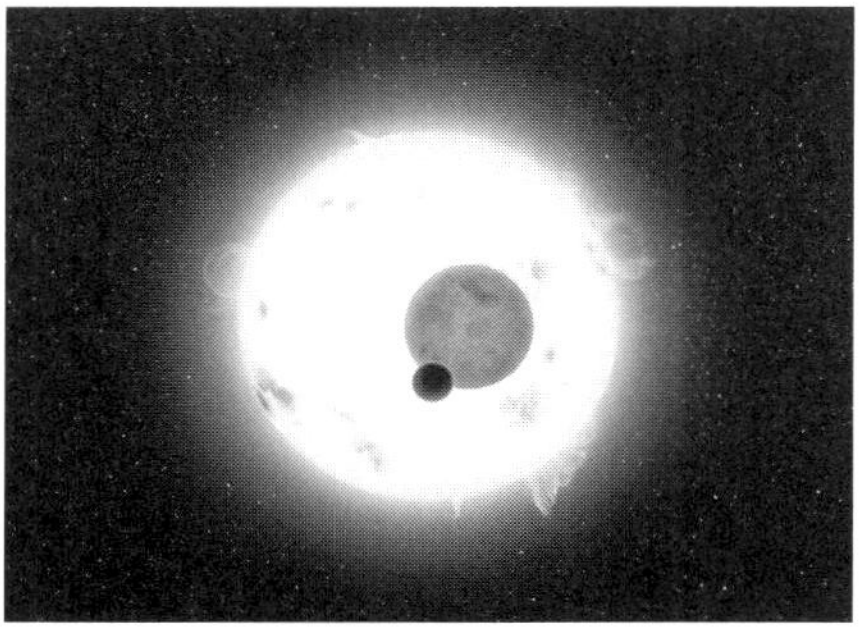

地球からはくちょう座の方向
200 光年にあるという「ケプラー 16b」

第９章
宇宙開発の歴史
～宇宙開発史を知るドキュメンタリー映像作品～

『宇宙への挑戦』『月世界探検』「火星とその彼方』

『The Race for Space』

『The John Glenn Story』

『人類の偉大な飛躍　アポロ 11 号・公式記録』

『宇宙へのフロンティア』

『宇宙へ～冷戦と二人の天才～』

『ザ・ムーン』

『One Small Step: The Story of the Space Chimps』

『宇宙へ。挑戦者たちの栄光と挫折』

『宇宙への挑戦』『月世界探検』『火星とその彼方』

放映：1955年アメリカ（テレビ番組「ディズニーランド」）
出演：ウィリー・レイ、ヴェルナー・フォン・ブラウン、ハインツ・ハーバー、アール・C・スライファー、アーンスト・シェトゥリンガー
原題：Man in Space / Man and the Moon/Mars and Beyond
監督／制作：ウォード・キンボール

『宇宙への挑戦』『月世界探検』『火星とその彼方』は、1955年から放映されたテレビ番組「ディズニーランド」で紹介されたエピソードである。

テレビ番組「ディズニーランド」はウォルト・ディズニーが構想していたディズニーランド建設のための資金確保のために、自身が建設していたディズニーランドの4つのテーマランドである「未来の国（トゥモローランド）」、「おとぎの国（ファンタジーランド）」、「冒険の国（アドベンチャーランド）」、「開拓の国（フロンティアランド）」から毎回一つを取り上げ、それに関連した内容を紹介していく教養番組であった。

『宇宙への挑戦』『月世界探検』『火星とその彼方』は、このうち「未来の国」に関するエピソードとして放映され、当時の宇宙開発、宇宙科学に関してロケットの開発史、宇宙船の仕組み、そしてアメリカの進める有人宇宙飛行計画の内容を紹介している。

『宇宙への挑戦』では、ウィリー・レイ（ドイツ系アメリカ人の著作家、ロケット工学と宇宙飛行に関する著作で有名）そしてヴェルナー・フォン・ブラウンが、ロケット、有人宇宙船の仕組みを解説する。

またロケットの仕組みだけでなく、宇宙環境における放射性などの人体への影響、宇宙医療などに関してハインツ・ハーバー（ドイツ系アメリカ人の物理学者）が解説している。

『宇宙への挑戦』は1955年の放映であるが、当時アメリカは、有人宇宙飛行どころ

第９章　宇宙開発の歴史

か人工衛星の打ち上げロケットもまだ完成しておらず、そもそも宇宙開発計画時代が白紙の状態で、ヴェルナー・フォン・ブラウンを中心としてアメリカ陸軍がようやく液体燃料ロケットの打ち上げに成功していた程度であった。しかし、『宇宙への挑戦』にアニメで描かれた有人宇宙ロケットの打ち上げシーンは、すぐ来る未来を予言しているような内容であり驚嘆する。

　続く『月世界探検』も１９５５年に放映されたエピソードである。内容は、月と人類の歴史の関わりとして、世界各地にある月と人間の営みに関する迷信、様々な信仰、伝説などを紹介する内容から始まり、ヴェルナー・フォン・ブラウンが構想する月ロケットの紹介、その月ロケットによる月世界探検を再現した実写ドラマ、という３つの構成になっている。

『火星とその彼方』は１９５７年に放映され、古代から近代にかけて、火星についての人類の天文学的知識の発展と文化史、火星や他天体における生命の存在への興味、またそれにまつわる世界の神話、ＳＦなどの物語をアニメーションで紹介している。後半は、天文学者であるアール・Ｃ・スライファー博士による火星における生命の可能性、アーンスト・シュトゥリンガーによる原子力推進による宇宙船、火星探査機、将来の火星探査などが紹介される。

「ディズニーランド」に紹介されたこれら３つのエピソードは、かなり専門的な内容を含んでいながら、効果的にアニメを取り入れて大変完成度の高い教養番組として仕上がっており、ロケット工学や宇宙開発の大衆化に大いに貢献した番組であるといえる。

　１９５５年７月17日に開園したディズニーランド「トゥモローランド」には、「ムーンライナー」というロケット型のアトラクションと、「ロケット・トゥー・ザ・ムーン」というドーム型シアターがあり、観客は、ドームに映し出される宇宙の映像で宇宙旅行を体感できた。「ムーンライナー」はトランスワールド航空がスポンサーであり、赤と白のストライプカラーとＴＷＡのロゴが象徴的である。「ロケット・トゥー・ザ・ムーン」は、１９６７年には名前を変え「フライト・トゥ・ザ・ムーン」となった。いよいよ月ロケットは実現し、人類がついに月面に到達しようとしていた。

　１９７０年代に入ると、人類の宇宙探査は月から火星へと舞台を移す。バイキング１号が打ち上げられた１９７５年、「フライト・トゥ・ザ・ムーン」は「ミッション・トゥ・マーズ」と名称を変え、内容も火星探査をテーマにしたものに変わった。

　テレビ番組「ディズニーランド」で紹介されたように、『宇宙への挑戦』『月世界探検』『火星とその彼方』と、米国の宇宙開発の歴史とともにディズニーランドのアトラクションも変遷している。

　残念ながら「ミッション・トゥ・マーズ」は、１９９２年にクローズとなり、後には１９９８年に「レッド・ロケット・ピザ・ポート」が営業を開始した。

　今日のディズニーランドでは、初代ムーンライナーをスケールダウンしたムーンライナーのモニュメントが近くに立って、新しいトゥモローランドで観客を迎えている。

　さてトゥモローランドと宇宙の話に関していえば、もう一つ紹介したいのが東京ディズニーランドにあったスター・ジェットのことだろう。

　東京ディズニーランドの「スター・ジェット」は、１９５６年当時にディズニーランドに登場したアトラクション「アストロ・ジェット」の系譜にあたるアトラクションで、世界のディズニーパークにあるが、パークごとにそれぞれ異なった外観のデザインの変遷を受けながら今に至って存在している。

　東京ディズニーランドにあった「スター・ジェット」は、１９７４年にフロリダのウォルト・ディズニー・ワールドに最初に登場したデザインと同一のもので、外観はサターンV型ロケットを模している。またアトラクションへ乗り込む際の赤いエレベータ棟もアポロ時代の発射台にあったものそっくりに再現しており、トゥモローランドでありながら、アポロ時代の名残りを感じられるアトラクションになっていた。

　東京ディズニーランド以外のディズニーパークでは、外観デザインがレトロ・フューチャー風にリニューアルされているため、世界にただ一つ日本でしか楽しめないアトラクションだったが、残念ながら２０１７年の東京ディズニーランドのファンタジーランド拡張に伴いクローズしてしまった。

　ウォルト・ディズニーは生前中にこう言っている。

「誰もが世界中で最も素晴らしい場所を夢見て、創造し、設計して作り上げることができる。その夢を実現するためには、人の力が必要である」

　これこそが、ウォルト・ディズニーがトゥモローランドを作り上げた原動力となった想いだ。

　科学技術がもたらす明るい未来、そしてそれを夢見て現実にしようとする人々の努力と情熱、ウォルト・ディズ

第9章　宇宙開発の歴史

ニーがトゥモローランドを作るにあたり伝えたかった想いは、今でも引き継がれ、2015年公開のディズニー映画『トゥモローランド』の中でも描かれている。

映画『トゥモローランド』に登場した主人公、ケイシー・ニュートンは、星々への旅を夢見る高校生であり、父親がNASAのエンジニアであるという設定だ。破滅が近い地球の運命に挑戦し、明るい未来を夢見て絶えず進んでいこうとする人々によって、未来の国、トゥモローランドを作っていこうとする。

このテーマはクリストファー・ノーラン監督の『インターステラー』にも通じるものがある。

1955年に放映されたこのテレビ番組「ディズニーランド」の宇宙への挑戦に関わる3つのエピソードは、今にも続くウォルト・ディズニーの夢と魔法の王国の原点にあるそんな想いを伝えるものでもあり、その想いは、世界のディズニーパークのトゥモローランドに宿っている。

今は不可能に見える多くのことが近い未来に現実になるのです。

ウォルト・ディズニー

『The Race for Space』

公開：1959年アメリカ
製作：ジャック・ヘイリー・ジュニア、デイヴィッド・L・ウォルパー
監督：デイヴィッド・L・ウォルパー
出演：マリー・サンブラバ、エスター・ゴダード、オルガー・F・トフトイ
音楽：エルマー・バーンスタイン
ナレーション：マイク・ウォレス

1959年に製作されたロケット開発に関するドキュメンタリー映画である。今でこそ数々の宇宙開発に関するドキュメンタリー映画が製作されているが、この『The Race for Space』は、米ソの宇宙開発がまさに始まったばかりの当時に作られた映画であり、本格的な宇宙開発ものドキュメンタリー映画としては初めてのものだ。

そのため、1959年のアカデミー賞の長編ドキュメンタリー映画賞にもノミネートされており、なんと音楽を担当しているのは、後に『十戒』『荒野の七人』『大脱走』などで有名となる映画音楽の巨匠エルマー・バーンスタインである。

内容は、ロシアのコンスタンチン・エドゥアルド・ツィオルコフスキーによるロケット理論の始まり、アメリカでのロバード・ゴダードによるロケット開発、ドイツのヴェルナー・フォン・ブラウンによるV-2ロケットの開発の歴史をまとめて、米ソの人工衛星打ち上げに至るまでを描くものだ。

映画は貴重なインタビューを含んでいて、ツィオルコフスキーの孫娘であるマリー・サンブラバや、ゴダードの妻であるエスター・ゴダードのインタビューなどが収録されている。

1944年、いよいよドイツへ侵攻したアメリカ軍、ソ連軍は、ロケット開発の第一人者であったヴェルナー・フォン・ブラウンとV-2ロケットの開発チームを巡って攻防する。

V-2ロケットの開発拠点であったペーネミュンデは敗戦後のナチス・ドイツの領土分割協定では、ソ連の占領地

第９章　宇宙開発の歴史

域にあった。

　アメリカ軍は「ペーパークリップ作戦」と呼ばれる作戦を立て、フォン・ブラウンをはじめＶ・２開発に関わる１００人の技術者の身柄の拘束とペーネミュンデからのＶ・２ロケットの接収を計画する。米軍はペーネミュンデに到着し、Ｖ・２ロケットの接収には成功するものの、フォン・ブラウンの一行はすでにペーネミュンデを放棄しており見つからなかった。当時、フォン・ブラウン一行は南ドイツのハルツ山地へ逃亡していたが、最終的に、ドイツが敗れると、一行はアメリカへ亡命する道を選んだ。

　この映画の中では、このペーパークリップ作戦を計画したオルガー・Ｎ・トフトイ大佐のインタビューも収録されている。

　トフトイ大佐は、アメリカ陸軍で１９５２年から１９５８年までレッドストーン兵器廠の司令官を務め、フォン・ブラウンとミサイル、ロケット開発を行ったアメリカの宇宙開発のパイオニアである。

　フォン・ブラウンとドイツ人技術者チーム、アメリカ陸軍の設計チームはトフトイ大佐の指導下でレッドストーンロケットの開発を行うが、当時アメリカ海軍で開発の進められていたヴァンガードロケットを先に衛星打ち上げ用に使うことが決定されてしまう。１９５７年12月６日のケープ・カナベラル空軍基地から打ち上げられたヴァンガードＴＶ３は、打ち上げ後わずかに浮上したものの、そのまま垂直に地面へ落ちて爆発炎上し、打ち上げは失敗する。これにより、陸軍とフォン・ブラウンの設計チームに順番がまわってきた。90日間の期間を与えられた設計チームは、１９５８年１月31日、遂にレッドストーンの改良型であるジュピターＣロケットにより人工衛星エクスプローラー１号を軌道上に投入することに成功。米ソは共に人工衛星を打ち上げることに成功し、こうして米ソの競争は有人宇宙飛行という次のステージに移っていく。

宇宙は人類の新たなるフロンティアである。他の星々の世界、人類以外の生命体の探索は、人類の運命であり、壮大な冒険である。

ローレンス・Ｅ・マスコット

『The John Glenn Story』

公開：1962年 アメリカ
製作：ウィリアム・L・ヘンドリック
監督：マイケル・R・ローレンス
ナレーション：ジャック・ウェブ

　1962年に製作されたマーキュリー計画の宇宙飛行士であるジョン・グレンの短編ドキュメンタリー映画である。また、第35回のアカデミー賞の短編ドキュメンタリー映画賞にノミネートされている。

　ジョン・グレンは1921年にオハイオ州で生まれる。マスキンガム大学を卒業し、1943年にアメリカ海軍に入隊し、1944年にアメリカ海兵隊に配属、1945年にはパタクセント・リバー海軍航空基地のテストパイロット養成学校に入校する。第2次大戦、朝鮮戦争を通し戦闘機乗りとして様々な成果を上げるが、朝鮮戦争後には、再び、パタクセント・リバー海軍航空基地でテストパイロットとしてのキャリアに戻る。1957年7月16日には、新型超音速戦闘機であるF-8クルセイダーに乗り、超音速初のアメリカ大陸横断飛行に成功している。

　1958年に、NASAの最初の宇宙飛行士の7人、マーキュリーセブンに選ばれた彼は、1961年のアラン・シェパード、その2ヵ月後のガス・グリソムの宇宙弾道飛行について、1962年2月20日にマーキュリー・アトラス6号によって、アメリカによる初の地球周回飛行に成功する。地球3周、飛行時間は4時間55分。これは、当時すでに地球周回軌道飛行に成功していたソ連にアメリカがようやく追いついた瞬間であった。

　この映画は、彼の飛行の成功の直後に作られた作品だけあって、当時の彼の宇宙飛行の成功に対する熱狂ぶりを伝えるドキュメンタリー作品である。

VHS=Turner Home Ent

第9章　宇宙開発の歴史

『人類の偉大な飛躍　アポロ11号・公式記録』

公開：１９６９年アメリカ
原題：Footprints on the Moon: Apollo 11
製作：バリー・コー
監督：ビル・ギブソン　編集：ジョン・Ｆ・フィンク
ナレーション：ヴェルナー・フォン・ブラウン

DVD=20th Century Fox

アポロ11号の月面着陸の直後の１９６９年９月に公開された、アポロ11号の飛行の記録映画で、アポロ11号の打ち上げから月着陸、着水、回収までをＮＡＳＡのフイルム映像とヴェルナー・フォン・ブラウン博士によるナレーションで描く。

アポロ11号は、アポロ計画において５回目の有人宇宙飛行であった。

１９６９年10月に打ち上げられたアポロ７号はアポロ計画で初の有人宇宙飛行で、アポロ１号の火災で設計の見直しを行ったアポロ司令船、機械船による地球周回軌道への飛行ミッションだった。次のアポロ８号では、初めて人類が月周回軌道を回った。翌６９年３月に打ち上げられたアポロ９号では、初めて司令船、機械船、そして月着陸船がセットとなり、地球軌道上で、月着陸船とのランデブーとドッキングなど月着陸に必要な要素の軌道上試験を行った。続くアポロ10号は、月周回軌道における司令船、機械船、月着陸船による月面着陸のリハーサルを行った。

１９６８年10月のアポロ７号から翌６９年７月の11号の打ち上げまで、わずかに５回の有人宇宙飛行、月着陸船の軌道上運用実績は２回、８ヵ月余りである。

アポロ11号の月面着陸は、号から10号までの段階的な技術実証を重ねた上にあったが、それでもなお、こうしてみると、アポロ計画の進行の早さは驚くべきものである。それぞれの要素技術の実証は最低限度の１つのミッションごとに集約し、リスクを抑えながらも、大胆に次のミッションに挑戦していったことがよくわかる。

ケネディ大統領がアメリカ国民に誓った６０年代の終わりまでは残り５ヵ月に迫っていた。

アポロ11号は、１９６９年７月16日13時32分（世界標準時、以下同）、人類初の月面着陸に向け、ケネディ宇宙センターから打ち上げられた。

　アポロ11号を載せたサターンV型ロケットは、打ち上げ後12分で地球軌道に到達し、地球周回軌道を回った後、第三段目を点火し、月へと向かう。その後、ロケット最終ステージに格納されている月着陸船を切り離し、司令船、機械船とドッキングを行う。

　７月19日、17時21分、月の裏側に到達し、機械船のエンジンを噴射して、月周回軌道へ入る。月を30周回した後、着陸地点である「静かの海」を確認した後、７月20日、アームストロング船長とオルドリン着陸船操縦士は月着陸船「イーグル」へ乗り込み、20日17時44分に「イーグル」は司令船、機械船から分離、月面へ向けて降下を開始する。

　分離した「イーグル」は降下を続け、遂に月面への着陸に成功する。７月20日、20時17分40秒のことであった。

　日が変わって21日、２時51分、ニール・アームストロング船長は着陸船のハッチを開け、２時56分５秒、アームストロング船長が月面に人類初の一歩を刻んだ。


　アポロ11号を描いたドキュメンタリーは、挙げればきりがないが、本作はその月着陸の僅かに２ヵ月後に公開された作品で、アポロ11号のドキュメンタリーとしては一番最初のものと言える。

　ナレーションをフォン・ブラウンが担当している点や、月面着陸の着後に製作されただけあって、映像から伝わる臨場感は、時代の空気そのものを観客に運んでくれるようで他のドキュメンタリーにはない独特のものを感じる。

　アポロ宇宙船が宇宙空間を漂う映像に重ねて流れるピアノの旋律が美しく神秘的だ。当時の観客は、まさしくこの前年に公開された『２００１年宇宙の旅』を思い起こしたに違いない。

　内容の大半はＮＡＳＡによる記録映像をアポロ11号の飛行の時系列に沿ってつないだものだが、その編集の出来は素晴らしく、エンディングのロケットステージの切り離しの映像からエンドクレジットの流れは不思議な余韻を感じさせ、なかなか魅了される。

　本作の製作スタッフは、特にその後目立った作品はない中で、この編集を担当しているジョン・Ｆ・フィンクは、その後ハリウッドで著名な編集者の一人となり、１９８０年代には『コマンドー』『プレデター』とアーノルド・シュワルツェネッガー作品に携わり編集を担当し、『ダイ・ハード』（１９８８年）でアカデミー編集賞にノミネートされるまでになるから面白い。

第9章　宇宙開発の歴史

『宇宙へのフロンティア』

公開：１９８９年アメリカ　原題：For All Mankind
製作：アル・レイナート
監督：アル・レイナート
音楽：ブライアン・イーノ

月面着陸20周年の１９８９年に制作されたアポロ計画に関するドキュメンタリー映画。監督はアル・レイナート。１９８９年のサンダンス映画祭グランプリ（ドキュメンタリー部門）および観客賞を受賞した作品。また第62回アカデミー賞で長編ドキュメンタリー映画賞にノミネートされている。また、アル・レイナートは、その後、１９９６年『アポロ13』で、ウィリアム・ブロイルス・ジュニアと共に、アカデミー脚色賞にノミネートされている。

　音楽は、環境音楽の先駆者で知られるブライアン・イーノによるもので、１９８３年に、「Apollo: Atmospheres and Soundtracks」というアルバムとして作曲、リリースされたもの。当時アル・レイナートは、アポロ計画の映像をつなぎ合わせただけの映画に、この音楽をつけたドキュメンタリーを製作していたが、のちにナレーションを加え、この『宇宙へのフロンティア』として公開された。

　原題の「For All Mankind」は、１９６２年9月12日にケネディ大統領がライス大学で行った有名な演説の一説から。アポロ11号から17号までの映像を集め、サターンＶロケットの打ち上げから月着陸地球への帰還までを１つの物語のように編集してみせている。

DVD=Criterion

　宇宙飛行士たちがアポロに持ち込んだ音楽や、ブライアン・イーノの音楽をＢＧＭに、宇宙飛行士が当時のミッションを振り返るインタビューとナレーションに、暗闇の宇宙に浮かぶ地球の映像と、灰色で神秘的な月面、その月面を宇宙飛行士たちが歩く映像を見せるという演出が、壮大なアポロ計画と、月世界の神秘への誘い、そして月旅行へ盛り上がっていた時代へのノスタルジーを盛り上げてくれる。

『宇宙へ〜冷戦と二人の天才〜』

放映：２００５年イギリス　原題：Space Race
製作総指揮：ジル・フラートン・スミス
シリーズ制作：デボラ・カベトリー
脚本：クリストファー・スペンサー
演出：マーク・エベレスト
出演：スティーブ・ニコルソン、リチャード・ディレイン

２００５年にイギリスのＢＢＣ、ロシアの第1チャンネル、アメリカのナショナルジオグラフィックチャンネル、ドイツのＮＤＲが共同制作した米ソ宇宙競争を題材にしたドキュメンタリードラマ。

アメリカ、ソ連の宇宙開発の第一人者であったヴェルナー・フォン・ブラウンとセルゲイ・コロリョフの視点から米ソ宇宙開発の内幕を描く。1回60分の計4回２４０分の内容で、日本でもＮＨＫ総合テレビで２００６年3月18日〜3月26日に放送された。

ストーリーは、アメリカとソ連がドイツのＶ‐２ロケット開発の第一人者であったフォン・ブラウンの身柄を巡って争っていた第二次世界大戦末期から始まる。フォン・ブラウンはアメリカへ亡命するが、一方、ソ連では、セルゲイ・コロリョフがシベリア流刑から釈放され、ここから二人による宇宙開発競争が始まる。

第１話はロケット開発競争、第2話は人工衛星開発競争、第３話は有人宇宙飛行競争、そして最終話は月への競争と各話がまとまっているのも鑑賞しやすい構成だ。第１話から第３話では、ソ連がアメリカに一歩先んじてロケット、衛星、有人飛行に成功するが、薄氷を踏む成功であったことが描かれる。そして第四話では、コロリョフが月を目指しながら志半ばでこの世を去り、アメリカが月着陸を達成するまでが描かれた。

２人の科学者の人間ドラマを中心に描かれる内容は実際の出来事をもとにしながらもドラマとして脚色されている部分も少なからずあるが、宇宙開発史の内幕を知るための入門書的に楽しめる番組である。

DVD=NHK エンタープライズ

『ザ・ムーン』

公開：2007年 イギリス
原題：In the Shadow of the Moon
監督：デヴィッド・シントン　製作：ダンカン・コップ
出演：バズ・オルドリン、マイケル・コリンズ、
アラン・ビーン、ジム・ラベル、
エドガー・ミッチェル、デイヴィッド・スコット、
ジョン・ヤング、チャールズ・デューク、
ユージン・サーナン、ハリソン・シュミット

月面着陸40周年が近い2007年にイギリスBBCによって制作されたドキュメンタリー映画。2007年のサンダンス映画祭で公開された。東京国際映画祭における特別招待作品。

原題は「In the Shadow of the Moon」である。月面を歩いた宇宙飛行士たちのインタビューと当時の貴重な未公開映像でアポロ計画を振り返る作品。

アポロ11号の月面着陸に至るアポロ計画の出来事が宇宙飛行士のインタビューとともに語られる。当初、月へ行くことはアメリカがソ連との宇宙開発競争に勝つために掲げた目標であった。だが、それはいつの間にか人類が成し遂げた偉業として、語り継がれることになった。

月面を歩いた宇宙飛行士たちが真に持ち帰ったものは、地球の起源についての科学的調査結果や、惑星や宇宙の成り立ちについてではなかった。

月着陸は、我々人類が初めて、人類として達した偉業であり、彼らの言葉は、この宇宙に人類が存在することの奇跡と、壮大な宇宙の神秘であり、同時にまたその中に存在する人の体とそれに与えられた魂のはかなさと小ささであった。

アポロの撮影した宇宙から見た地球の映像を見ながら聞く彼らの言葉を通して、彼らが月で本当に感じたものは何だったのかを感じることができると思う。

DVD= 角川エンタテインメント

『One Small Step: The Story of the Space Chimps』

放映：２００８年アメリカ（ＣＢＣ）
監督：デヴィッド・キャシディ、クリスティン・デイビー
出演：ジェーン・グドール、ジョン・Ｆ・ケネディ、キャロル・ヌーン、ドナルド・バーンズ

２００８年に製作され、ＣＢＣで放映されたテレビ映画で、１９６０年代の有人宇宙飛行に先駆けて行われた動物による宇宙飛行実験に関するドキュメンタリー映画である。

映画には、イギリスの霊長類学者であるジェーン・グドール博士、そして宇宙計画終了後のチンパンジーたちの保護のために尽力したキャロル・ヌーン博士のインタビューなどが含まれ、Ｖ-２ロケットによるアルバート２世の物語から１９５９年のサルのエーブルとベーカーによるジュピターロケットの成功と、ハム、エノスによる初のチンパンジーによる宇宙飛行の成功までを振り返る。

アメリカにおける宇宙開発のための動物実験は、第２次世界大戦の終結とともに始まった。ナチス・ドイツから接収したＶ-２ロケットを徹底的に研究することによってアメリカとソ連は、それぞれロケット・ミサイル技術を発展させていく。

１９４０年代は、Ｖ-２ロケットに様々な動物を乗せ、主に発射時の加速度や、微小重力下での生命体への影響を調べるのための調査が行われた。

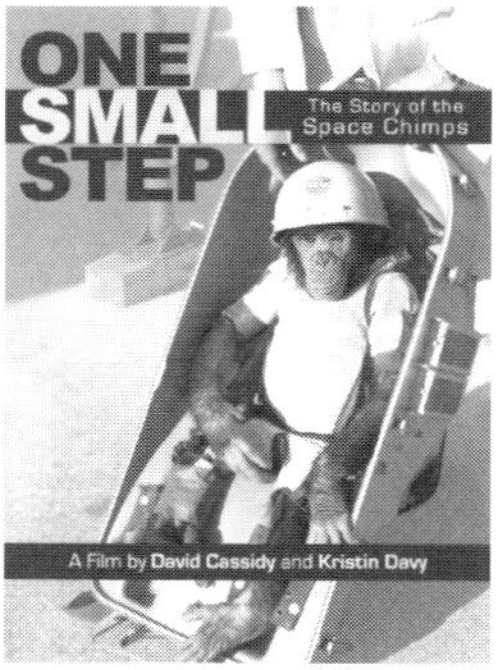

DVD=Space Chimps Movie

宇宙に最初に行ったサルは、１９４９年6月14日、アメリカのＶ-２ロケットによって打ち上げられたアカゲザルのアルバート２世だった。だが、アルバート２世を乗せたＶ-２ロケットはパラシュートの故障にあい、地面に激突。アルバート２世は生還することはなかった。

１９５０年代になると、ソ連では犬を、アメリカではネズミによる実験が繰り返されたが、１９５７年11月にソ連が一足先に、スプートニク２号で犬のライカを打ち上げ、軌道周回飛行に成功する。ス

第9章　宇宙開発の歴史

スプートニク1号に続いて大きな衝撃を受けたアメリカは、1959年5月28日、アカゲザルのエーブルとリスザルのベーカーを乗せたジュピターミサイルを打ち上げ、高度579キロに達し、無事に回収地点に降下することに成功。エーブルとベーカーは、アメリカにおいて初めて弾道宇宙飛行に成功、無事生還した動物となった。

1960年代になり、米ソの宇宙開発競争が有人宇宙飛行のステージになると、米ソは次々に動物たちを宇宙へ送った。

マーキュリー計画が始動すると、アメリカの第一目標は人間を宇宙へ送ることとなる。だが、ロケット、宇宙船、そして生命維持装置、これらのすべてが完全に動作しなければ人間を宇宙へ送ることはできない。チンパンジーのハムの目的は、これらが人間を送る準備ができていることを示すことであった。

1961年1月31日、チンパンジーのハムがマーキュリー・レッドストーン2号のマーキュリーカプセルに乗せられ、弾道宇宙飛行を行い、無事に生還した。

ハムの宇宙飛行の成功は、アメリカでビッグニュースになった。これでアメリカが世界初の宇宙飛行に近づいたという実感がアメリカ全土に広がったからである。人工衛星ではスプートニクでソ連に先を越されたが、人間を宇宙へ送るのはアメリカが先だという大衆の期待が確信に変わろうとしていた。

だが、この飛行も完璧ではなく、電気系統のオーバーヒートにより燃料を早く使い過ぎ、回収予定地点よりも210キロ手前に着水したため回収までに時間を要し、回収されたときには、カプセル内に海水が浸水していた。

そのため、フォン・ブラウンは人間を搭乗させるのに慎重だった。次のマーキュリー・レッドストーン3号でアラン・シェパードが飛行を行う前に、レッドストーン2号の飛行データから解析したロケットの欠陥を改修し、マーキュリー・レッドストーンBD号として打ち上げた。1961年3月24日である。

これに成功したアメリカは、遂に有人宇宙飛行でソ連より先手を打てると思っていただろう。だが、期待は裏切られた。4月12日にソ連のボストーク1号で、ユーリ・ガガーリンが世界初の地球周回軌道飛行に成功したからである。アメリカの失望は大きかった。世界初の有人宇宙飛行をソ連に出し抜かれたこと、そしてすでにソ連が地球周回飛行に成功したからである。

レッドストーン3号、4号ではアラン・シェパード、ガス・グリソムが続けて弾道宇宙飛行に成功、アメリカの有人宇宙飛行計画は軌道に乗った。

弾道宇宙飛行に成功したアメリカの次の目標は、有人地球周回飛行であった。だが、そのためには、レッドストーンロケットでなく、新しくアトラスロケットを使う必要があった。人間がアトラスロケットで宇宙へ行く前、2回ほど無人飛行が行われた後、1961年11月29日、チンパンジーのエノスは、マーキュリー・アトラス5号で初めて地球周回軌道に送られ、地球を2周回して無事に帰還した。この成功によって、遂に1962年の2月20日、ジョン・グレンが、アメリカで初めて地球を回った宇宙飛行士になる。

だが悲しいことに、有人宇宙飛行の成功は、同時に実験に使われた動物たちの悲劇の始まりだったと言っていい。

マーキュリー計画で、人間が宇宙へ行けることが証明されると、実験台とされたチンパンジーたちに、もはやその存在意義はなくなってしまった。

マーキュリー計画で宇宙へ行ったチンパンジー、ハムとエノスだが、飛行後の運命は分かれた。エノスは、残念ながら宇宙飛行に成功した9ヵ月後に赤痢にかかり、1962年11月4日に死亡。ハムは1963年にNASAを退役し、ワシントンDCの国立動物園へ送られた。1980年にはノースカロライナ動物園へ送られ、3年後の1983年1月19日に死亡する。

ハムとエノス以外の宇宙へ行かなかったチンパンジーたちは医療機関などの研究所に送られた。1997、空軍は141匹いたチンパンジーたちの拘留権を競売にかけ、その結果、30匹はテキサス州の保護施設へ、残りの111匹は、ニューメキシコ州のクルストン基金と呼ばれる研究施設へ送られた。

だが、クルストン基金には動物虐待の疑いが発覚し、後にこの施設は閉鎖されるに至る。当時、この問題を重要視したキャロル・ヌーン博士は空軍を訴え、勝訴したヌーン博士は2001年に、自身の創設した施設であるフロリダ州のチンパンジー保護センター（The Center for Captive Chimpanzee Care）に21匹のチンパンジーたちを引き取ることになった。

宇宙開発の黎明期に、有人宇宙飛行のために犠牲になり、様々な実験や訓練など人類のために実験台となったチンパンジーたちが、宇宙開発が終わった途端に用済みとされたその後の運命を考えると、理不尽さと憤りも感じ

第9章　宇宙開発の歴史

る。この作品は、スペース・チンプスたちの栄光だけでなく、その後の運命もたどった貴重なドキュメンタリーである。

栄光で飾られがちな宇宙開発の歴史の裏で、犠牲になった動物たちに関する事実を知ることのできる貴重な作品だ。

『宇宙《そら》へ。挑戦者たちの栄光と挫折』

公開：２００９年 イギリス　原題：Rocket Men
製作：ティム・グッドチャイルド、マイケル・ケンプ、ピーター・パーンハム
監督：リチャード・デイル
ナレーション：マイケル・J・レイノルズ

月面着陸40周年の２００９年にBBCによって制作されたドキュメンタリー映画。日本ではソニーピクチャーズの配給により、同年8月21日に劇場公開された。

　原題は「Rocket Men」であるだけに、アポロ計画やスペースシャトル計画に関する詳細なドキュメンタリーというよりは、宇宙探査が始まって以来、宇宙という未知の領域へと挑む宇宙飛行士そしてそれに関わる人々の姿を描いた作品となっており、ラストシーンでは、「夢を現実にしたすべてのNASA職員に捧ぐ」という献辞がはいる。

NASAにおける宇宙開発の試練は、１９６７年のアポロ1号の船内火災、１９７０年におきたアポロ13号の事故と奇跡の帰還、１９８６年のチャレンジャー号の爆発事故、２００３年のコロンビア号の空中分解事故がある。こう見ると、おおよそ20年おきに有人宇宙開発では犠牲者を出していることになる。

　アポロ1号は、アメリカの宇宙開発における最初の死亡事故であり、チャレンジャーはNASAが経験した初の飛行中の悲劇であった。コロンビア号では、大気圏突入、地球帰還中の悲劇であり、人類が宇宙へ進出するようになって半世紀がたち、科学技術が進歩しても宇宙への挑戦は常に危険が伴っているという教訓を与えられる。

　これから、再び人類が火星そしてその彼方へ挑むときに、犠牲者は少なからずでるかもしれない。だがその犠牲がなければ月面着陸という偉業はなかったし、宇宙への旅がここまで身近になることもなかった。未知への挑戦を続ける人類の勇気と叡智について振り返ることのできる作品である。

DVD= ソニー・ピクチャーズ
エンタテインメント

第 10 章

宇宙開発の陰謀論

～宇宙計画の陰謀論を題材にした映画・ドラマ～

『ＳＦ火星の謎／アストロノーツ』
『第三の選択／米ソ宇宙開発の陰謀～火星移住計画の謎』
『アポロ 18』
『ヒューストンへの伝言』
『ムーンサルト／ソ連極秘宇宙計画』
『ムーン・ウォーカーズ』

『ＳＦ火星の謎／アストロノーツ』

放映：１９７２年アメリカ　原題：The Astronaut
製作：ハーヴ・ベネット
監督：ロバート・マイケル・ルイス
脚本：ロバート・Ｓ・ビヘラー、
　　　チャールズ・Ｒ・キューンストル、
　　　ジェラルド・ディペゴ
出演：ジャッキー・クーパー、モンテ・マーカム、
　　　スーザン・クラーク、ロバート・ランシング、
　　　リチャード・アンダーソン

DVD= 有限会社フォワード

火星着陸に成功したブライス・ランドルフ宇宙飛行士。だが着陸後、謎の事故により死亡してしまう。宇宙飛行士の死亡事故が発覚すると、火星計画は永遠に中断されてしまうことを恐れたＮＡＳＡは、彼に瓜二つのエリー・リースをブライスの身代わりとし、事故を隠蔽しようとする。ブライスは火星から帰還し、英雄として凱旋する。ブライスの妻ゲイルのもとに送られたエリーだが、妻のゲイルは火星へ旅立つ前後でブライスの性格が変わったことに違和感を覚え、異変に気が付く。

監督はロバート・マイケル・ルイス。ＮＡＳＡが宇宙飛行士の事故を隠蔽しようとするという陰謀論に関するテレビ映画である。宇宙飛行士ブライスと身代わりになったエリーをモンテ・マーカムが、ＮＡＳＡ所長のカート・アンダーソンを１９３０年代に子役スターとして活躍した名優ジャッキー・クーパーが演じている。

１９７０年代には、この他にも火星有人探査を題材にした陰謀論を扱った作品、『第三の選択』（１９７７年）『カプリコン１』（１９７８年）などが作られている。本作品は、『カプリコン１』で描かれたサスペンスよりも、死亡した宇宙飛行士の妻ゲイル

第10章　宇宙開発の陰謀論

が、身代わりとなってしまったが、本来は優しく人間性に富んだエリー・リースに徐々に心を許し、2人で生きて行こうとする人間ドラマが良くできているメロドラマ的要素が強い。

宇宙開発における陰謀論は、アポロ計画に全世界が夢中になっていた1972年まで特に注目されていなかったが、最初に陰謀論をネタとした話が映画あるいはテレビで語られたのは、本作が初ではないかと思われる。

宇宙開発に対する陰謀論が登場してきたのは、アメリカが月面着陸に成功し、ソ連との宇宙競争に勝ってしまった以上、宇宙開発が下火となったこと、そして、当時、アメリカの栄光を映した宇宙開発の裏で、次第に泥沼化の様相を呈していたベトナム戦争とそれに対する反戦運動の影響で、政府に対する不信感が頂点に達したという時代背景があるだろう。

中でも、1971年は、ニューヨーク・タイムズがアメリカ政府のトンキン湾事件に関する捏造を暴き、また1972年にはウォーターゲート事件による政治スキャンダルで、当時の政権の不正、捏造、陰謀が次々と暴かれた時代である。

宇宙開発に対する陰謀論もまさしく、このころから徐々に広まっていくわけだが、その背景には、政府ならやりかねないという世間がそれを自然と受け入れやすい土壌が形成されていたことがあると思う。

本作では陰謀論を扱いながらも物語はメロドラマ要素が強く、宇宙開発に関する陰謀そのものは背景として設定されている部分が大きいが、その後、1970年代の後半になると、より直接的に宇宙開発陰謀論として捏造論を扱った作品が出てくる。『第三の選択』『カプリコン1』はその代表作といえる。

1972年に公開された『SF火星の謎』では、あくまで火星探査を題材にしたSF映画であるが、1976年にビル・ケイシングによる著書『我々は月に行っていない』が出版されると、アポロ計画と月面着陸への捏造論に火が付き、それが『第三の選択』と『カプリコン1』が作られる遠因となる。

『カプリコン1』は、火星着陸を捏造したはよいものの、帰還に失敗したことで、宇宙飛行士を秘密裏に殺害して死亡したことにするというものだが、『SF火星の謎』も同様に火星探査の失敗とその隠蔽を描いたもので、『カプリコン1』へ続く陰謀論を扱ったドラマの流れを作った最初の作品と言える。

『第三の選択／米ソ宇宙開発の陰謀～火星移住計画の謎』

放映：1977年イギリス　原題：Alternative 3
監督：クリストファー・マイルズ
出演：ティム・ブリントン、グレゴリー・マンロー、シェーン・リマー、キャロル・ヘイゼル、リチャード・マーナー

イギリスのテレビ局アングリア・テレビジョンの科学番組「サイエンス・レポート」は、1970年代半ばから国内で科学者の失踪事件が相次いで発生していることをレポートする。また、謎の自動車事故で不可解な死をとげたジョドレルバンク天文台のバランタイン博士が事故の前日に送ったビデオテープの存在が明らかになる。取材を進めていくうちに明らかになったのは、米ソによる宇宙開発の陰謀だった。環境問題により、近い将来に地球に定住することができなくなることを秘密裏に共有している米ソ両国は、1957年以来、優秀な人間だけを月面基地、そして火星へ移住させることを決定し、宇宙開発をすすめてきたという。

　これは、アングリア・テレビジョンが製作した偽ドキュメンタリーである。従って、本作内に登場する人物は全てフィクションであり、俳優が演じる架空の人物だ。番組のエンドクレジットには出演者の名前が登場し、さらに番組に登場する月面を歩いたアポロの宇宙飛行士としてボブ・グローディンなる人物が登場するが、アポロの宇宙飛行士にそのような飛行士はおらず、シェーン・リマーが演じている。シェーン・リマーは、あの『サンダーバード』でスコット・トレーシーの声を担当していた声優・俳優である。

DVD= マクザム

　このように偽ドキュメンタリーとして作られた番組だったが、放映後、番組を見た視聴者が混乱し、問い合わせが殺到した。実際は、「サイエ

第10章　宇宙開発の陰謀論

ンス・リポート」の1977年4月1日の最終回に向けて作られたエイプリル・フール用の冗談だったが、放送枠が確保できなかったため6月20日になって放映されたため、余計に混乱を招く結果になった。

本作が登場する前年の1976年に、ビル・ケイシングが『我々は月に行っていない』を出版し、現在に至るまで有名になった月着陸捏造論、アポロ計画陰謀論を初めて発表した。ビル・ケイシングはわずかな期間だが、アポロ計画のサターンロケットのエンジンの設計・開発を行っていたロケットダイン社に勤務していた技術者であり、その経歴も手伝って、アポロ月着陸捏造説はアメリカ国民の間に広まることになった。

ただし、この中でケイシングは、アポロ計画で遺された画像や映像の不自然さや、当時のロケットや着陸船の信頼性の低さなどを指摘し、あくまで技術者らしいアプローチで、アポロ月着陸の捏造を訴えるにとどまっており、その背後に政治的な陰謀があるといったところまでには及んでいない。

『第三の選択』は、こういった捏造論でなく、月面着陸、そして火星探査を目指す目的に対して米ソがこっそりと協調して地球からの移住計画を進めているという陰謀論であり、劇中では、1962年に米ソ共同の無人探査機が火星着陸を成功させていたというように、月着陸の捏造を語ったものではない。むしろ、アポロ11号の月着陸は人類初でなく、カモフラージュであり、その裏に火星移住計画があるというスケールが大きい話なのだ。

劇中、ソ連も1972年にボストーク宇宙船で月周回軌道に達していたこともほのめかされるが、これは後に、ソ連もまた世間の知らないうちに月面着陸をしていたというフィクションの題材のはしりかもしれない。

この偽ドキュメンタリーが面白いのは、ボストークのような旧式の宇宙船が既に月軌道に達するよう開発されていたことを説明し、1960年代に行われた米ソの宇宙開発がカモフラージュであり、69年のアメリカによる初の月着陸よりも以前に、米ソは月へ行っていたという結論へと上手く導いている点だ。

そのあたり、宇宙開発の事実にフィクションを上手く入れ込んでおり、直接的な月着陸否定捏造論よりも、フェイクドキュメンタリーとして作られた本作は妙な説得力が出ていて、その結果、視聴者もだまされてしまったとも言えるかもしれない。

『アポロ18』

公開：２０１１年　アメリカ／カナダ　原題：Apollo 18
監督：ゴンサーロ・ロペス＝ガイエゴ
脚本：ブライアン・ミラー
出演：ウォーレン・クリスティー、ロイド・オーウェン、ライアン・ロビンス

１９６１年から７２年にかけて計６回の有人月面着陸を成功させたアポロ計画は、アポロ17号を最後に突然打ち切られる。しかし、極秘に計画されていたアポロ18号のミッションがあった。そしてその極秘の映像には乗組員が恐るべき事件に直面する様子が映し出されていた。

　アポロ月面着陸を題材にした宇宙ホラー映画である。映画の形としては、17号で終わったはずのアポロ計画には18号があったが、とある理由によりなかったことにされていたというもの。隠されていた18号の船内で撮影された映像を公開するというフェイク・ドキュメンタリーの形式をとっている。前半、月へ向かうまでは、順調に進むアポロ18号のミッションが描かれるが、月に着陸したあたりから、だんだんと不思議で不気味な現象に遭遇していく宇宙飛行士たち。月という遠隔地、そして、月に着陸した宇宙船内という密室空間を生かした演出で、徐々に迫る恐怖とサスペンスを盛り上げている。

　宇宙を題材にしたＳＦホラー作品は、１９５０年代からあるが、近年における類似作品では、月を舞台にした宇宙ホラー作品として、１９８８年の『ムーントラップ（原題：Moontrap）』がある。また、１９９９年に公開されたジョニー・デップ主演の『ノイズ（原題：The Astronaut's Wife）』がある。

　この作品も過去の類似作品同様に、宇宙飛行士が、敵性をもった不気味な地球外知的生命体に遭遇、寄生され、襲われるというパターンだが、アポロ計画に関するフェイク・ドキュメンタリーを装っているという、アポロ陰謀論的な要素を混ぜ合わせている点はなかなか面白い。

DVD= 角川書店

第10章　宇宙開発の陰謀論

『ヒューストンへの伝言』

公開：2016年　スロヴェニア／クロアチア／ドイツ／チェコ／カタール
監督：ジガ・ヴィルツ
脚本：ボスジャン・ヴィルツ、ジガ・ヴィルツ

1960年代の冷戦時代、アメリカとソ連が宇宙開発競争を行っていた。アメリカは、ユーゴスラビアのチトーから宇宙計画を数億ドルで購入する。ユーゴスラビアの技術者の一人であったアイヴァン・パビィックはプロジェクトの機密解禁がなされた後、会ったこともない母国に残された娘に会うために帰国する。アイヴァン・パビィックの死は、秘密警察によって偽装されており、娘は父が生きていることを知らずにいた。アイヴァン・パビィックと当時計画に関わっていたフランク将軍の証言をもとに、アメリカの歴史家ロジャー・マクミランが、アメリカがユーゴスラビアの宇宙技術の取引により、宇宙開発競争を制したという語られることのなかった歴史を暴いていく。

1960年代の米ソ宇宙開発競争を題材にして歴史的事実をもとにフィクション要素を加えて作った偽ドキュメンタリーである。

2016年のトライベッカ映画祭出品作品、クロアチアの映画祭である2016年のプーラ映画祭出品。スロベニア人の監督ジガ・ヴィルツの初監督作品である。

映画では、チトー政権下、1960年代はじめのユーゴスラビアにおいて、ヘルマン・ポトチェニク（別名：ヘルマン・ノードゥング、実在のスロベニア人のロケット技術者、宇宙開発史に多大な影響を与えたパイオニアである）の未公開の実績を基盤に、独自に発達させた宇宙開発があったことが示される。

1961年、当時のケネディ大統領が、ユーゴスラビアの宇宙ロケット技術をアメリカに提供する代わりに多額の資金援助をし、このときの技術がのちにアポロ計画に生かされたというエピソードを暴いていくというのが映画の軸になっている。

物語の鍵となるヘルマン・ポトチェニクの業績についてだが、ヘルマン・ポトチェニクは、コンスタンチン・ツィオルコフスキー、ロバート・ゴダード、ヘルマン・オーベルトと同じ20世紀初頭のロケット技術者であり、その研究成果は先駆的なものだった。

ヘルマン・ポトチェニクは、1892年に当時のオーストリア・ハンガリー帝国(現在のクロアチア・イストラ郡)に生まれる。1925年から、オーストリアのウィーンに滞在し、ロケット技術の研究を独自に進めた彼は、1928年に『宇宙旅行の問題点―ロケットモーター』を著し、宇宙ステーションの概念や静止軌道、地球を回る人工衛星やその有用性、人類の宇宙の滞在などについての研究をまとめている。彼の業績は、ヘルマン・オーベルトやドイツ宇宙旅行協会に多大な影響を与えた。また、円形で回転して人工重力を発生させる型の宇宙ステーションの構想を発表したのは彼が最初であり、後に、フォン・ブラウンやアーサー・C・クラークをはじめ、様々な人によって提唱されるようになった宇宙ステーションのデザインに影響を与えている。

だが、彼の不運は、彼が短命であったことだろう。『宇宙旅行の問題点』を著した翌年の1929年に、肺炎により36年の若さでこの世を去る。

ヘルマン・ポトチェニクが長生きをしていたら、その後の宇宙開発はまた変わったものになっていたかもしれない。この映画は、スロベニア人だったヘルマン・ポトチェニクへのそんな期待から生まれた作品のように思える。ジガ・ヴィルツ監督は、トライベッカ映画祭のワールドプレミアで、「この映画は、ユーゴスラビアの発展と転落」を描きたかったのだそうだ。

ヘルマン・ポトチェニクが生まれた当時、ユーゴスラビアという国はなく、南スラブ人はオーストリア＝ハンガリー帝国の支配下にあった。第1次世界大戦により、南スラブ民族による国家創設の動きが起き、セルビア人、クロアチア人、スロベニア人王国として1918年にユーゴスラビアが誕生する。

1929年10月に、国名がユーゴスラビア王国と改称されるが、これは当時の国王アレクサンダルI世が、民族対立により機能不全となった議会に対してクーデターを起こし独裁制を布き、事態の収拾を図って国号を改称したためだった。奇しくも、ヘルマン・ポトチュニフが亡くなったのは、この年の8月だった。

第10章　宇宙開発の陰謀論

その後、第2次世界大戦でナチス・ドイツに対抗し、人民解放軍（パルチザン）を率いたヨシップ・ブロズ・チトーが、戦後ソ連のスターリンと対立し、1948年、ユーゴスラビア連邦人民共和国を成立、周辺諸国を衛星国として自陣営に取り込みたいソ連の支配から逃れるため、アメリカに接近し、経済援助を受けた。だが、あくまで武装中立としてアメリカと良好な関係を築きながら、東西どちらの陣営にも加わらず、当時のユーゴスラビアは、ソ連へ対抗するため兵器の国産化などを進めていた。

スロベニア人のヘルマン・ポトチェニクという歴史的先駆者の存在と、チトーのすぐれたバランス外交とカリスマ性でバルカン半島の大国であったユーゴスラビアという国が、米ソの間で、影の第3のプレーヤーとして宇宙開発に関わっていたというストーリーは面白い。

宇宙開発ものの陰謀論やフィクションにも、制作された国の事情が色濃く反映される。

史実において名実ともに世界一の宇宙先進国であり、月面着陸を達成し、宇宙開発競争の勝者となったアメリカでは、陰謀論のネタは政府による捏造説に結びつく。一方、宇宙開発の初期において世界をリードしていた旧ソ連、ロシアでは、秘密のうちにソ連も実は月に行ってた、アメリカに勝利していたという話になりやすい。これには月を目指しながらも、米ソ宇宙競争において多大な功績を残したコロリョフを途中で失った事も影響しているだろう。

ユーゴスラビアの場合は、先駆的なロケット開発の研究者を持ちながら政治に翻弄され果たし得なかった宇宙開発における自国の存在価値をフィクションの中で示したいという願望の現れかもしれない。

また我が国、日本では宇宙開発の先進国とされ、宇宙飛行士を持ちながらも、戦後の体制の中では独自に有人宇宙ロケットを持てなかったことから、宇宙への夢は、有人宇宙飛行への夢や憧れとして描かれてきた。

このように、宇宙開発の陰謀論を扱った映画やフィクションからも、その製作国の宇宙開発に対する姿勢や事情、歴史と文化を考えることができるだろう。

『ムーンサルト／ソ連極秘宇宙計画』

公開：２００５年　ロシア　原題：Первые на Луне
監督：アレクセイ・フェドルチェンコ
脚本：アレクサンドル・ゴノロヴスキ、ラミル・ヤマレイェフ
出演：アレクセイ・アニシモフ、ヴィクトリア・イリーンスカヤ、ビクトル・コトフ

１９３８年、南米チリ北部に謎の物体が落下、光る物体が目撃された。この事件の真相を解いていくと、この落下物体の正体はソ連の軌道衛星であり、ソ連がまだ第２次大戦中の１９３８年代に極秘に計画していたという宇宙計画の存在が浮かび上がってくる。この時代に、すでにソ連は最初のロケットを製造しており、月へ宇宙飛行士を送ろうとしていたのだ。

映画冒頭で、南米チリ北部に謎の物体が墜落した事件が描かれ、それを皮切りに１９３０年代のソ連において進行していた宇宙計画の内容が暴かれていく。ソ連は極秘裏に４人の宇宙飛行士候補を選抜しており、彼らは極秘裏に訓練を受け、また同時に月ロケットの開発が進められていたことが描かれる。こうして選抜された宇宙飛行士のイヴァン・ハルラーモフを乗せて月に向かってロケットが打ち上げられたが、ロケットは飛行中に通信が途絶してしまう。

その後、この宇宙極秘計画に関わっていた人間がＮＫＶＤ（ソ連の秘密警察）により抹消されたことが描かれるが、チリ山岳部に墜落した宇宙船に乗っていたハルラーモフはなんとか生存しており、チリから南太平洋、中国を経て長い道のりを何とかロシアまで帰還したらしいことが判明する。

ラストでは、実際には、ハルラーモフは月着陸に成功していたことが仄めかされて終わるところが面白い。

ロシアの製作による宇宙計画に係わる陰謀論を扱った偽ドキュメンタリー映画である。

この作品で描かれている話は完全にフィクションであ

第10章　宇宙開発の陰謀論

り、1938年といえば、まだグルシコやコロリョフらが初期のロケット・エンジンの開発をしていた時期で、月ロケット開発に及ぶ技術はできていなかった。また、1937年から39年は、スターリンによる大粛清の全盛期であり、1938年にグルシコやコロリョフらもNKVDに反政府分子として逮捕されるという時代である。

ちなみに、この作品に登場するイヴァン・ハルラーモフという名前は、ガガーリンらとともに第1次宇宙飛行士選抜に選ばれた6人の候補者の一人であるヴァレンチン・ヴァルラモフの名前を彷彿させるが、名前のモデルにしているかもしれない。

前半、ロケットの打ち上げまでは、ソ連のアーカイブからの実写映像を模したモノクロ映像により語られ、ドキュメンタリーとしての仕上がりはなかなか作りこまれている。後半で、打ち上げたロケットの失敗以降は、映像もカラーとなり、宇宙計画のその後と、チリに墜落した宇宙船、そして実は生き残っていたハルラーモフのその後の行方の謎を解明することに話が移っていく。

宇宙開発に関連する陰謀論では、アポロ計画に関するものがフィクションとして多く製作されているが、ソ連時代の宇宙開発を描いたモキュメンタリー映画は、これが初めてだろう。ただし、ソ連の月面着陸計画や、ソ連がアメリカより先に月着陸を実現していたという題材は、映画でも多く取り上げられ、『エンド・オブ・オデッセイ』（2013年・スペイン）、『アポロ18』（2011年・アメリカ／カナダ）などでも見られる。

また、宇宙開発に関する国家陰謀論を描いたモキュメンタリー、ドキュメンタリードラマとしては、『第三の選択』（1977年・イギリス）や『ヒューストンへの伝言』（2016年・スロヴェニア他）がある。

史実において、最終的に宇宙開発競争に勝利した（と考えられる）アメリカでは、陰謀論に関するモキュメンタリー作品の題材は、月着陸捏造説や、月を目指した理由についての様々な陰謀めいた話などになるが、ロシアの作品では、隠された歴史として宇宙競争に勝利していたソ連というものが題材にされることが多い。

ソユーズ宇宙船やミールに始まった宇宙ステーションの技術は、現在に至るまで世界の有人宇宙活動に必要不可欠なものとして存在しているが、それと同時に、ロシアがアメリカを宇宙開発でリードしていた1950年代末から1960年代前半の栄光の名残を懐かしむものがあるからかもしれない。

事実、ソ連の宇宙開発ほどその政治的な理由に愚弄されたものはないだろう。アメリカにおいてはその初期に陸軍と海軍によるロケット開発の対立などはあったものの、1960年代は月面着陸のために一体となって突き進んでいったが、ロシアにおいては、特に宇宙開発のパトロンであったフルシチョフの失脚という共産党上層部の政治劇による煽りが露骨に宇宙開発に影響を及ぼした。

ロシアは他のどこの国よりも先んじてツィオルコフスキーらの宇宙進出のパイオニアを生みだした。しかしながら、戦時中におけるスターリンによる大粛清により、グルシコやコロリョフによるロケット・エンジン開発は一時停滞させられることになり、またガガーリンが宇宙へ行った後も、1964年に米ソ宇宙競争の只中に、宇宙活動を推し進めたフルシチョフが失脚し、また不幸なことにそのすぐ後にはコロリョフが死去することで、その後の宇宙競争はアメリカがリードしていくことになる。

歴史の表から消された宇宙開発という題材は『ヒューストンへの伝言』でも扱われていたが、宇宙開発の歴史というのは、その性質上当然ながら初期のロケット開発から既に、国際政治と第二次大戦後の世界体制に翻弄される運命だった。20世紀に登場した宇宙開発という新しい科学技術の発展領域の歴史は、そのまま20世紀の世界の体制の変遷の歴史でもある。世界大戦と冷戦と国際協調という変化の中で、一時は世界をリードしていたソ連の科学技術に対する栄光への名残り惜しさを感じる。

このような旧ソ連における宇宙開発の歴史を振り返ってみると、歴史に「もしも」はないとはいえど、仮にこういった政治的混乱や思惑に翻弄されなかったら、ソ連の宇宙開発がどこまで進んでいくことができたのかは興味深いところである。そんなことを感じさせてくれるのも本作のような宇宙開発陰謀論の映画の面白いところである。

第10章　宇宙開発の陰謀論

『ムーン・ウォーカーズ』

公開：２０１５年　フランス／ベルギー
原題：Moon Walkers
製作：ジョルジュ・ベルマン
監督：アントワーヌ・バルドー＝ジャケ
出演：ロン・パールマン、ルパート・グリント

DVD= バップ

　１９６９年、なかなか月着陸を実現できずにいることに不満と不安を抱いたアメリカ政府は、ひそかに映画『２００１年宇宙の旅』のスタンリー・キューブリック監督に人類の月着陸映像の捏造を依頼しようする。ＣＩＡの諜報員であるキッドマン（ロン・パールマン）は、キューブリックと交渉を行うためロンドンへやってくるが、たまたまその場にいた借金まみれのジョニー（ルパート・グリント）に工作資金を騙し取られてしまった。騙されたと知ったキッドマンは激怒するが、ジョニーの知り合いの映画監督であるレナータスに依頼し月着陸捏造映像の撮影することを決め、彼のもとを訪ねる。

　『ハリー・ポッター』のロン・ウィズリー役で有名なルパート・グリントが主演のアポロ月着陸捏造説を題材にしたドタバタコメディーである。月着陸の映像をスタンリー・キューブリックに依頼して捏造したというのは月着陸陰謀説の中では、誰もが一度は聞いたことのあるほど有名な話である。

　キッドマンがジョニーの居場所を教えない連中を殴り倒すという暴力シーンでは、軽快なクラシック音楽を流したり、月着陸船が置かれた月面セットに男が降り立つシーンでは『２００１年宇宙の旅』のテーマ曲を流したり、キューブリック作品へのオマージュ演出もある。

　１９６０年代後半のカウンターカルチャー、ロック、ドラッグ、セックス、ヒッピーというこの時代を象徴する自由なイギリス人であるジョニーに対して、キッドマンはベトナムの経験でＰＴＳＤを負っているＣＩＡアメリカ人である対比、当時の狂った世相と輝かしい宇宙開発とのギャップを社会風刺的に描いた作品でもある。

〈宇宙×映画雑話4〉
宇宙×映画の歴史

人類は遥か昔から宇宙への旅を夢見てきた。古代には神話の中で、中世、近世にはおとぎ話そして寓話の中で、近代にはSF、科学小説の中で、そして現代では映画の中で。時代が変わり、物語の媒体が変わっても、宇宙科学と宇宙開発は常にその中で人類の興味を引きつけてきた。宇宙開発と映画の歴史の変遷を振り返ってみたい。

映画誕生以前

宇宙旅行の物語は、古くは2世紀のギリシアの風刺作家、ルキアノスにさかのぼる。ルキアノスが西暦167年ごろに書いたとされる「本当の話」では、航海に出たギリシアの青年たちが、風に飛ばされて月に辿り着くという月旅行の話が書かれていて、しばしば世界最古のSFと言われる。また、日本にも10世紀ごろに成立したと言われる「竹取物語」がある。

17世紀になると天文学の発達とともに、月が地球と同じような天体であることや、引力の考え方などの近代の宇宙観を取り込んだSF小説が出てくる。フランシス・ゴドウィンの『月の男』、そして、シラノ・ド・ベルジュラックの『月世界旅行記』や『太陽世界旅行記』である。

19世紀から20世紀初頭になると、これに科学の進歩を反映して、月旅行、宇宙旅行により科学的、工学的に現実的な描写が取り込まれた形で、ジュール・ヴェルヌの『地球から月へ』『月世界へ行く』、H・G・ウェルズの『月世界最初の人間』などが発表される。

映画の誕生と『月世界旅行』

一方、映画技術は、19世紀後半から研究されはじめ、1895年、世界初の実写映画と言われる『工場の出口』がフランスで公開されるに至る。そして、1902年に、世界で初めて物語構成をもった映画として、ジョルジュ・メリエスの『月世界旅行』が作られる。

こうして考えると、宇宙×映画の歴史は、映画の誕生とともにすでに始まっていたとも言える。

こうして誕生した映画は、1900年代から1920年代の近代資本主義の発展とともに、民衆の娯楽、新しい芸術として急速に発展した。大手の映画スタジオもこのころ現れ、1927年はすでに初のトーキー映画も登場するに至った。

さて、このとき、映画の発展と時同じくして発展していたのが近代ロケット技術である。1920年代は、アメリカ、ドイツ、そしてソ連でロケット技術が研究され、近代のロケット工学の基礎が出来上がったのがこの時代であった。

第1次世界大戦を経験した世界は、一気に世界の経済構造を変え、産業の中心は工業に、軍需産業が台頭した。1903年に、ライト兄弟によって生み出された動力飛行機は、すでに第１次大戦では兵器として用いられた。

　第１次世界大戦のころにはまだ実用されるほどの技術まで発展していなかったロケットだったが、すぐに兵器としての有効性に着目され、第２次世界大戦前夜、ナチス・ドイツによるＶ‐２ロケットの開発により、大きく進展していくことになる。

宇宙開発競争前夜

　１９２０年代から１９３０年代にかけて、近代ロケットの研究、開発はソ連、ドイツ、アメリカなどで始まってはいたものの、１９５０年代までは、宇宙飛行はまだＳＦ、そしてファンタジーの絵空事の物語でしかなかった。そして、映画の中で描かれる宇宙飛行士はまだまだ宇宙や他の惑星といった未知の世界を訪れる冒険者であった。描かれる宇宙とは、地上とは別世界であり、そこには知られざる生物や、異星人が存在しており、別世界を探検するお話は、ファンタジーと童話の世界であった。

　このころの宇宙映画は、『月世界の女』『フラッシュ・ゴードンの火星旅行』『月世界征服』『火星探検』などがある。みな１９３０年代から１９５０年代前半を代表するＳＦ映画であり、このころは宇宙探検ものが主流であった。

　１９５０年代はこの流れに第２次世界大戦後の共産主義に対する恐怖と東西冷戦の世界情勢といった世相が反映され、宇宙人侵略ものが出てくる。特に、１９５０年から１９５７年のスプートニク・ショックに至るまでは、アメリカは、ソ連の宇宙開発技術の発展が国防上の一番の脅威と考えていたし、これらの空からの恐怖、ソ連の全体主義、進んだ科学技術というものが、そのまま宇宙人や地球外宇宙からの侵略と結びついていた。

　宇宙から空飛ぶ円盤でやってきて、進んだ科学技術を持ち、冷酷で全体主義的な宇宙人や宇宙生物は、ソ連の象徴あったのである。

宇宙開発の最盛期

　１９５７年に、ソ連がスプートニク１号の打ち上げに成功し、米ソの宇宙開発競争が始まると、人類未踏の地へ挑戦する宇宙開発は、当時の科学技術の最先端とされ、宇宙飛行士は人類から選ばれたごく少数のエリートであり国家の英雄とされた。マーキュリー計画、アポロの月面着陸は映画、ドラマの格好の題材であった。国家プロジェクトとしての宇宙開発は、もはやＳＦやファンタジーではなく、科学的な国威発揚と国民の啓蒙を目的とした映画を生み出す。

　また、一方でこの時代には、

〈宇宙×映画雑話４〉
宇宙×映画の歴史

宇宙開発を題材にしたコメディーも多く作られた。現実では超人的な宇宙飛行士に対して、コメディーでは間抜けでさえない宇宙飛行士が宇宙へ行き騒動を起こしたり、国家間の競争のために行われている宇宙開発を皮肉った作品などが作られた。

戦後の経済発展の中で、映画とテレビが娯楽として広まり、宇宙開発ですら人々がコメディのネタとして楽しむ余裕がでてきたと言える。

また、この時代の特徴は、これらの国家の威信をかけたプロジェクトであった宇宙開発が、フォン・ブラウンとコロリョフという2人の異才なロケット工学者による競争でもあったことであった。

当時は、宇宙飛行士が表舞台にたってヒーローとされた時代だったが、次第に彼らの業績が一般にも認知されるようになっていった。フォン・ブラウンの場合は、メディアへの露出も多く、アメリカ人はみな彼の名を知っていたが、コロリョフにいたっては、個人名は伏せられ、ただ設計局長とだけ呼ばれていた。最初は、国威発揚的な要素もあったものの、彼らの人生、個人的な物語を題材にした伝記映画も作られるようになった。

アポロ計画と月着陸以後

１９６９年から１９７２年にアポロが月に到達してしまうと、世界の宇宙開発熱は一時冷めたようになってしまった。アメリカそして世界は月面着陸の栄光の陰で地球を蝕んでいた様々な問題に気が付いたと言えるのかもしれしれない。１９６０年代から１９７０年代はベトナム戦争、人種差別への闘い、環境問題が徐々にクローズアップされはじめた。科学技術の発展が世界の豊かさ、文明の発展につながると無邪気に信じることはできなくなった。そんな世界的な革命の時代になって、映画史においても、アメリカン・ニューシネマが登場し、宇宙SF映画は全く作られなくなってしまった。宇宙開発は、お金と時間のムダとされる時代になってしまったのだ。

この時代に登場してきたのが、いわゆる陰謀論を扱った宇宙SF映画である。１９７２年の『SF火星の謎／アストロノーツ』や『第三の選択』『カプリコン１』などが登場したのがこの時代だ。これには、当時のベトナム戦争の泥沼化と、ペンタゴン・ペーパーズによるトンキン湾事件におけるアメリカのいかさま、ウォータゲート事件などでアメリカ政府の信頼が失墜した時代背景がある。６０年代の輝かしい宇宙開発の栄光に対しても、その裏側に何かしらの陰謀があるのではという疑念がこういう形で現れてきたと言えるかもしれない。

１９７７年、『スター・ウォーズ』が出たのは、まさしくそんな時代だった。１９７６年に火星探査機バイキング1号が火星に着陸して以来、NASAは惑星探査に積極的にはなっていなかった。だが、ジョージ・ルーカス自身は、世界が宇宙開発が熱心だった時代に育った人で、彼自身現実の宇宙開発のサポーターだった。だからこそルーカスは、自分の『スター・ウォーズ』が宇宙開発を触発し、宇宙探査への興味を掻き立てることを望んでいた。

１９８０年代になり、スペースシャトルが登場。宇宙映画もファミリー・エンターテインメントとしての映画要素が強くなった。

また、冷戦がデタント、雪解け、終結に向かうにつれ、米ソによる国際競争という性格は薄れ、時代は宇宙開発から宇宙環境を利用した宇宙科学の追求の時代に移り変わっていく。

月へ、より遠くへ行くことを目指していた時代から、人類がより長く宇宙に滞在することを目指す時代になった。そして、宇宙飛行士は、以前より一般的な存在となった。白人男性だけであった宇宙飛行士のコミュニティーは、女性、そしてアフリカ系、ラテン系、アジア系、と多国籍になった。宇宙開発も米ソのみならず各国で行われるようになった。

１９８０年代、１９９０年代は公共事業化したスペースシャトルや宇宙ステーションによる宇宙計画が堅実に進みながらも、地球低軌道にとどまる宇宙開発に対してアポロ計画を懐かしんだ時代でもあった。１９９５年に公開された『アポロ13』をはじめ、１９９９年はアポロ月面着陸30周年となり、多くのドキュメンタリーが作られた。

１９８０年代後半から徐々に作られていたＩＭＡＸカメラを用いた宇宙の映像作品が数多く登場し、これまで宇宙飛行士だけが体感することのできた宇宙の姿、青い地球の姿をより多くの人々が映像を通じて体感できるようになった。

２０００年代を迎えて

２０００年代に入ると、これまで焦点の当てられなかった宇宙開発の歴史にもスポットライトがあてられるようになり、様々な宇宙映画が作られるようになった。

宇宙飛行士だけでなく、宇宙開発の舞台裏で活躍した人々にフォーカスをあてた作品も出てきた。

また、一番大きな変化は、これまで御門にアメリカ、ハリウッドが中心となって作られてきた宇宙開発映画が、より多くの国々で、また独自に作られるようになったことだ。ロシア、日本、中国、そしてヨーロッパでそれぞれの国の宇宙開発を題材にした映画が登場してきた。

そして、２０１０年に入り、時代の様相は変わった。スペースシャトルは引退し、民間による宇宙ベンチャーが登場、また

〈宇宙×映画雑話4〉

宇宙×映画の歴史

NASAはシャトル退役後、再び月、火星を目指す「コンステレーション計画」を発表、いったんは白紙とされたが、再びオリオン宇宙船とシャトルに変わる大型ロケット開発計画、SLS（Space Launch System）を発表し、2020年には月軌道へ、2030年には有人火星探査を行うとした。

近年発表された「アルテミス計画」では、NASAは2024年までに米国の宇宙飛行士を再び月へ送る。また、月周回軌道上に有人の宇宙ステーションを建設することを目指したゲートウェイ計画も進行中だ。2019年は、アポロ計画による月着陸から50年を迎え、人々の興味が再び月へ集まっている。

映画に描かれる内容も、そんな時代の変化を表すように、再び、有人月探査、有人火星探査が注目され始めた。

『キャプチャー・ザ・フラッグ　月への大冒険！』では再び月を目指す次世代の主人公の物語が展開された。『ドリーム』『ファースト・マン』などアポロ計画をこれまでと異なる視点で描いた作品も登場し、日本でも、「はやぶさ」の小惑星探査やアポロ月着陸50周年で月探査への関心が高まり、『ドラえもん　のび太の月面探査記』なども公開された。

映画は19世紀末にその基礎技術が登場し、20世紀初頭に近代映画技術が確立して娯楽として発展した。映像技術は当時の先端技術として研究され、また大衆への影響力の強さから、20世紀前半の国際政治情勢の中でプロパガンダとしても利用された。その後、戦後再び娯楽産業そして新しい芸術として発展し、今日に至っている。

宇宙開発は、20世紀初頭においてその先駆的技術であるロケット技術と宇宙飛行の理論が確立し、兵器として研究開発される中でその技術が確立し、戦後、東西冷戦による開発競争により現在に至る有人及び無人宇宙船、宇宙飛行技術が発展した。

映画が登場して以来、人類の宇宙開発の歩みとともに実に様々な形で、宇宙開発はスクリーンに描かれてきた。ともに19世紀末に研究され始めた映画技術とロケット技術は、20世紀の時代の変化をともに歩んできたと言える。

人類の宇宙開発が、再び大きな変化を迎える中で、この先どのような宇宙開発映画が登場するのか楽しみである。

おわりに

『スター・ウォーズ』をこの世に生み出したジョージ・ルーカスは、2010年のインタビューで次のように言っている。

「僕の唯一の希望は、火星に初めて到達した人間が、〝こういうことをしたくなったのは、スター・ウォーズを観たからだ〟と言うことなんだ」

また、『スター・ウォーズ』が大ヒットした時ルーカスは、この映画がアメリカの宇宙開発に与える影響についても話している。

「もしこの映画が何かを成し遂げるのだとしたら、それは10歳の子供がこの映画をきっかけにして、宇宙へ関心を抱き、そこでのロマンスや冒険に胸を躍らせるようになることだ。僕はそうなることを願っている」

何を隠そう、私はこの言葉どおり、『スター・ウォーズ』に触発されて宇宙開発に携わりたいと思った一人だ。また、コラムでも紹介したように、宇宙飛行士を目指した人たちにも、宇宙を題材にしたファンタジー、映画に触発された人たちも少なくない。まさしく、ルーカスが言ったことは本当になったのだ。それだけ映画がもつ影響力には大きなものがあるし、それは誰かの人生を変える力がある。

昔から、映画と宇宙が好きだった自分にとって、映画と宇宙の両者は一つであり、宇宙の映画を見ては宇宙への思いを馳せた。また仕事や学習へのモチベーションになったのもまた、ここで紹介したような宇宙の映画だった。

2016年、『スター・ウォーズ　フォースの覚醒』が公開されたとき、私は、自分のすべての原点となった『スター・ウォーズ』という映画の影響の強さをあらためて感じずにはいられなかった。そして、自分がこれまで見ていた、宇宙と映画という世界を、あらためて振り返って見てみた時、実は宇宙開発を題材にした映画は、古今東西、ジャンルも様々あるのに、一般に知られていないものがあまりにも多く、またそれらを紹介する媒体も少ないことに気が付いた。

日本では、宇宙という題材はSF枠でとらえられてしまうことが多く、いわゆるSNF（サイエンス・ノンフィクション）ものはピックアップされないケースが多いのではないだろうか。また、宇宙産業の規模も欧米に比べて小さな日本では、宇宙開発を題材にした映画もごく一部の興味のある人間の中で閉じてしまっていて、なかなか一般的な認知度を得ないでとどまっている。近年、小惑星探査機「はやぶさ」の帰還や「はやぶさ2」の活躍、『オデッセイ』などのヒットで日本でも徐々に宇宙映画が話題にでることが多くなったことは嬉しい。

１９５０年代に、宇宙開発が始まって以来、宇宙開発史も常に前進していたし、映画に描かれる宇宙開発に関する様々なものは変化した。人類が宇宙で活動する時代はもう半世紀になる。今や、宇宙産業は人類の活動になくてはならないものになっている。

ＧＰＳをはじめ、地球観測、通信、軍事、安全保障、災害監視、社会ソリューション、宇宙惑星科学、そして、近年台頭してきた宇宙ベンチャー企業による民間主導の宇宙開発。人類は宇宙へ飛び出したことで、ようやく地球を外から眺めるという新しい視点を手に入れた。今後、ますます宇宙という分野は開拓され、研究され、産業化され、進化して、人々の活動により不可欠なものになっていくだろう。

私は、人間の想像力と創造力を信じている。20世紀において人類が飛躍的に向上させた科学技術は人類を進化させてきた。速く移動したいという想いが車を生み出し、鉄道を作り、空を飛びたいという気持ちが飛行機を生んだ。そしてその想いは果てしない宇宙への想いとなり、遂には12人の人間に月面を歩かせることになった。

人間の想像力という意味では、映画という芸術においても同じだ。未来の世界を想像することなしに、人類の進歩はありえない。２つの太陽のある惑星タトゥイーンを想像すれば、それは実在することが確認された。科学の先を行くファンタジーは、言い換えれば科学を牽引する。

本書で紹介した映画のすべてが、次世代の宇宙エンジニアや、宇宙科学を志す科学者たちや、将来月面や火星に立つ宇宙飛行士たちを生み出すことにはならないかもしれない。だが、宇宙の映画を通して、宇宙への想いを抱き、宇宙へ挑む人々の姿に魅せられ、ロマンや冒険心を持った少年少女たちが少しでも増えればいいと私は心から思っている。

そして、そんな映画との出会いが、本書を通じてであれば、なお嬉しいと思う。

最後に、本書を世に送り出す機会を与えて下さった鳥影社、色々と尽力して下さった皆様に心から御礼申し上げたい。

また、執筆にあたり支えてくれた妻・美和子、そして読者の皆様に深く感謝します。

日達　佳嗣

宇宙開発×宇宙映画　記録年表

※年表に記載している映画作品・出来事は、基本的に本書の本文で紹介しているもの、作品名に触れているものに限ります。

※国名を一部、次の様な略称で記述している。

米：アメリカ
中：中国
英：イギリス
日：日本
独：ドイツ
印：インド
露：ロシア帝国
ソ：ソ連
ロ：ロシア連邦
仏：フランス
豪：オーストラリア
西：スペイン
伊：イタリア

1900 ～ 1929 年：ロケット研究の萌芽期

年	宇宙開発史の出来事	宇宙映画史
～ 1900		1865 年、ジュール・ヴェルヌ、小説『地球から月へ』発表。 1870 年、ジュール・ヴェルヌ、小説『月世界へ行く』発表。
1901		H.G. ウェルズ、小説『月世界最初の人間』発表
1902		『月世界旅行』（仏）
1903	露、ツィオルコフスキーが「ロケットによる宇宙空間の探求」を発表	
1904	日露戦争（～ 1905）	
1905	3/24 『地球から月へ』『月世界へ行く』の作家ジュール・ヴェルヌ没す	
～		
1911	ツィオルコフスキー、1911 年論文を発表	
～		
1914	第 1 次世界大戦（～ 1918）	
～		
1917	ロシア革命	『天国船』（デンマーク）
～		
1920	米、ロバート・ハッチングズ・ゴダードが「きわめて高い高度に到達する方法」を発表	
1921	露、ティホミロフがのちの気体力学研究所の前身となる研究所を発足	
1922	12 月　ソビエト社会主義共和国連邦成立	
1923	6 月　独、ヘルマン・オーベルトが「惑星空間へのロケット」を出版	
1924	ソ、ツァンデルが宇宙船構想「他の惑星への飛行」を発表	『アエリータ』（ソ）
～		
1926	3/16　米、ゴダードが世界初の液体燃料ロケットの飛行に成功 ツィオルコフスキー、1926 年論文を発表	
1927	6/5　独、ヨハネス・ヴィンクラー、ウィリー・レイらドイツ宇宙旅行協会発足（オーベルト、フォン・ブラウンらも参加）	
1928	独、オーベルト、映画『月世界の女』の技術監修を手がける	
1929	独、オーベルトが「宇宙旅行への道」を出版	『月世界の女』（独）

1930 ～ 1949 年：第 2 次世界大戦とロケット開発

年	宇宙開発史の出来事	宇宙映画史
1930	1/25　独、ドイツ宇宙旅行協会が液体燃料を使用した燃焼実験に成功	
1931	3 月　独、ヴィンクラーが小型液体燃料ロケット打ち上げに成功、ヨーロッパ初 9/15　ソ、モスクワで反動推進研究グループ（GIRD）発足（コロリョフ、グルシュコらが参加）	
1932	11 月　フォン・ブラウン、ドイツ陸軍兵器局に入り、大型ロケット開発に従事	
1933	1/30　独、ナチ党政権成立 8/17　ソ、GIRD がソ連初のハイブリッド（固体・液体混合）ロケットの打ち上げ成功 11/1　ソ、反動推進研究所発足。コロリョフが副所長に任命される 11/25　ソ、反動推進研究所がソ連初の液体燃料ロケットの打ち上げに成功	
1934	フォン・ブラウンら、A-1、A-2 ロケットの開発 12 月　独、A-2 ロケットの発射に成功	
1935	3/16　ナチスドイツ、再軍備宣言 9/19　ソ、「宇宙ロケットの父」ツィオルコフスキー没す	
1936	3 月　独、A-4 ロケット基本仕様が決定する 7 月　ソ、スターリンの大粛清（大テロル）始まる	『超人対火星人』（米）
1937	5 月　ペーネミュンデ陸軍研究所発足	
1938	6/27　大テロルによりコロリョフ逮捕 9 月　コロリョフに判決、シベリア矯正労働収容所行きが決定	『フラッシュ・ゴードンの火星旅行』（米）
1939	9/1　独、ポーランド侵攻 9/3　英仏、独に宣戦布告（第 2 次世界大戦はじまる）	
1940	9/13　コロリョフ再審、シャラーシカ（専門家収容施設）へ送られる	『フラッシュ・ゴードン　宇宙征服』（米）
1941	6/22　独ソ戦開始（大祖国戦争） 12/8　日、米ハワイの真珠湾を攻撃（太平洋戦争始まる）	
1942	10/3　独、A-4 ロケット発射に成功する	
1943	1/15　独、A-4 ロケットの量産に向け特別委員会を組織、量産体制へ	
1944	9/8　独、A-4 ロケットを兵器転用した V-2 ロケットを実戦配備、発射成功	
1945	5/7　独、ナチスドイツが連合国軍に降伏（第 2 次世界大戦のヨーロッパ戦線の終戦） 8/10　米、ロケット工学者ロバート・ハッチングズ・ゴダード没す 8/15　日、ポツダム宣言受諾、第 2 次世界大戦終結 9/2　日ソ戦終結 9/20　フォン・ブラウンらアメリカに移送	
1946	8/13　『宇宙戦争』『月世界最初の人間』の作家 H.G. ウェルズ没す 3/18　ソ、第 4 次 5 ヵ年計画採択	
1947	4/14　ソ、独 A-4 ロケットのコピーとして R-1 ロケットを開発する方針を決定する	
1948	4/14　ソ、R-1 ロケット開発開始	
1949	9 月　ソ、R-2 ロケット（短距離弾道ミサイル）試験飛行	

1950～1959年：ロケット技術の確立と人工衛星の登場

年	天文・宇宙開発史	宇宙映画史
1950	フォン・ブラウン、米陸軍のレッドストーン兵器廠へ。レッドストーンロケットの開発始まる 4月　コロリョフ、第1設計局の主任設計者に任命される 6/25　朝鮮戦争始まる（～1953）	『月世界征服』（米） 『火星探検』（米） 『謎の空飛ぶ円盤』（米）
1951		『火星超特急』（米）
1952	フォン・ブラウンが「The Mars Project」を発表 オルガー・N・トフトイ大佐、レッドストーン兵器廠司令官に	『合衆国の恐怖・火星からの伝言』（米）
1953	レッドストーンロケット発射実験 ソ連、R-5ロケット（中距離弾道ミサイル）の開発に成功 9/28　米、天文学者エドウィン・ハッブル没す	『惑星アドベンチャー／スペース・モンスター襲来』（米） 『宇宙戦争』（米） 『それは外宇宙からやってきた』（米） 『凸凹火星探検』（米）
1954	2/5　日、東京大学生産技術研究所（東大生研）に糸川英夫グループが発足、本格的なロケット開発に着手 5/20　ソ、R-7ロケット開発指示	『宇宙への挑戦』（米）
1955	3/11　日、糸川英夫らがペンシルロケットの水平発射に成功 9/9　米、国防省ヴァンガード計画承認	『宇宙征服』（米） 『宇宙への挑戦』『月世界探検』（米） 『火星とその彼方』（米）
1956	9/4　日、日本ロケット協会設立 9/24　日、東大生研の糸川英夫グループがカッパ1型ロケット打ち上げに成功	『禁断の惑星』（米） 『宇宙人東京に現わる』（日）
1957	国際地球観測年（～1958） 8/21　ソ、R-7ロケット発射成功 10/4　ソ、スプートニク1号、世界初の人工衛星打ち上げ成功 11/3　ソ、スプートニク2号打ち上げ成功、ライカ（犬）が地球軌道を周回した最初の動物となる 12/6　米、ヴァンガードロケット、人工衛星打ち上げ失敗	『宇宙からの侵略生物』（英） 『地球防衛軍』（日） 『火星とその彼方』（米）
1958	1/31　米、初の人工衛星打ち上げ成功（エクスプローラ1号） 10/1　米、NASA（アメリカ航空宇宙局）発足	『宇宙冒険旅行』（米） 『恐怖の火星探検』（米） 『月へのミサイル』（米） 『War of the Satellites』（米）
1959	1/2　ソ連、ルナ1号打ち上げ。1/4に人類初の人工惑星となる 2/28　米、初の偵察衛星ディスカバラー1号打ち上げ 9/12　ソ、ルナ2号打ち上げ。翌13日に人工物として初めて月に到達。14日に月面に初めて衝突した人工物となる 10/4　ソ、ルナ4号打ち上げ。初めて月の裏側の撮影に成功する	『The Race for Space』（米） 『宇宙大戦争』（日） 『プラン9・フロム・アウタースペース』（米）

1960 ～ 1964 年：有人宇宙飛行の始まり

年	天文・宇宙開発史	宇宙映画史
1960	3/11　米、初の金星探査機パイオニア５号が金星に接近、観測に成功 4/1　米、世界初の気象衛星タイロス１号が打ち上げ 7/11　東大生研、糸川英夫グループがカッパロケットK-8 打ち上げに成功 10/24　ソ、R-16 ロケット打ち上げ。直前に燃料タンク破損による大火災が発生。発射点にいた人員約 70 名が死亡する大惨事となる	『金星ロケット発進す』（東独／ポーランド） 『わたしは星々を目指す』（米） 『12 to the Moon』（米） 『底抜け宇宙旅行』（米）
1961	1/30　米、チンパンジーのハムがマーキュリー・レッドストーンロケットで弾道宇宙飛行に成功 4/12　ソ、ボストーク１号打ち上げ。ユーリ・ガガーリンが地球周回軌道をまわり、世界初の有人宇宙飛行に成功 5/5　米、アラン・シェパードがマーキュリー・レッドストーン３号でアメリカ初の有人弾道飛行に成功 5/25　ケネディ大統領、議会で 60 年代の月面着陸宣言 8/6　ボストーク２号打ち上げ。ゲルマン・チトフ、25 時間の長時間宇宙飛行に成功 8/19　ソ、スプートニク５号打ち上げ。ベルカとストレルカが地球軌道を周回し、無事地球に帰還した初の動物となる 8/22　米、月探査機レインジャー１号打ち上げ 12/19　仏、CNES（フランス国立宇宙研究センター）創設	『月世界一番乗り』（英）
1962	2/2　日、鹿児島宇宙空間観測所（KSC）、起工 2/20　米、ジョン・グレンがマーキュリー・レッドストーン６号でアメリカ初の地球周回飛行に成功 4/26　英、初の人工衛星アリエル１号打ち上げ成功 8/11,12　ソ、ボストーク３号、４号打ち上げ。世界で初めて同じ軌道に２つの有人宇宙船が飛行するアベック飛行に成功 9/29　カナダ、初の人工衛星アールエット１号を打ち上げ	『007 は殺しの番号』（英） 『火を噴く惑星』（ソ） 『ムーン・パイロット』（米） 『妖星ゴラス』（日） 『The John Glenn Story』（米）
1963	5/15　米、マーキュリー・アトラス９号「フェイス７」が打ち上げ。ゴードン・クーパーが地球を 22 周し、アメリカ人として初の 24 時間以上の宇宙滞在に成功 6/16　ソ、ボストーク 6 号打ち上げ、テレシコワ宇宙飛行成功。初の女性宇宙飛行士となる 11/22　ケネディ大統領がダラスで暗殺される 11/23　米、通信衛星リレー１号による日米間テレビ衛星通信実験	『月ロケット・ワイン号』（英）
1964	1/29　米、サターンロケット打ち上げ初成功 3/25　米、通信衛星リレー２号により日米間で初のテレビ中継に成功 3/27　日、東京大学宇宙航空研究所発足 10/10　シンコム３号が東京オリンピックのテレビ世界中継を行う 10/12　ソ、ボスホート１号打ち上げ 12/15　伊、初の人工衛星打ち上げ成功	『H.G. ウェルズの S.F. 月世界探険』（英） 『火星着陸第 1 号』（米）

1965～1969年：人類、月に立つ

年	天文・宇宙開発史	宇宙映画史
1965	3/18　ソ、ボスホート2号アレクセイ・レオーノフが世界初、20分間の宇宙遊泳に成功 3/23　米、ジェミニ3号打ち上げ。ジェミニ計画初の有人飛行 4/6　米、世界初の商用通信衛星インテルサット1号打ち上げ 6/3　米、ジェミニ4号でエドワード・ホワイトがアメリカ初の20分間の宇宙遊泳 7/15　米、マリナー4号が火星表面の撮影に成功 7/18　ソ、ゾンド3号打ち上げ成功。7/20月の裏側撮影に成功 8/21　米、ジェミニ5号でゴードン・クーパーとチャールズ・コンラッドが8日間、地球120周の長時間飛行記録を樹立 11/26　仏、初の国産衛星の自国製ロケットによる打ち上げに成功（ソ、米に次ぎ3番目）	『バンパイアの惑星』（伊／西） 『宇宙家族ロビンソン』放映開始（米） 『かわいい魔女ジニー』放映開始（米）
1966	1/14　セルゲイ・コロリョフ没す 1/31　ソ、ルナ9号打ち上げ。2/3（モスクワ時間）世界初の月面軟着陸成功。月表面の直接撮影に成功 3/16　米、ジェミニ8号打ち上げ。史上初となる2機の宇宙機のランデブーとドッキング。ニール・アームストロングの初飛行。ドッキング後、姿勢制御ロケットの異常による緊急事態が発生するが、緊急着水により無事帰還する 5/30　米、サーベイヤー1号打ち上げ。6/2（米東部標準時間）アメリカ初の月面軟着陸に成功 6/3　米、ジェミニ9号でジーン・サーナンが2時間5分の長時間宇宙遊泳に成功 12/9　国連で、「宇宙条約」が採択される	『惑星からの侵略』（伊） 『月世界宙がえり』（米） 『スター・トレック（宇宙大作戦）』放映開始（米）
1967	1/27　アポロ1号火災事故。グリソム、ホワイト、チャーフーの3人が焼死 11/29　豪、初の人工衛星打ち上げ成功	『火星人地球大襲撃』（英） 『6つ子のパパは宇宙人』（仏） 『気の進まない宇宙飛行士』（米） 『007は二度死ぬ』（英／米）
1968	3/27　ソ、世界初の有人宇宙飛行を行ったユーリ・ガガーリン没す 12/21　米、アポロ8号打ち上げ。12/24月周回軌道を10周し、世界初の有人月周回飛行に成功	『2001年宇宙の旅』（英／米） 『猿の惑星』（米） 『宇宙大征服』（米） 『ガンマ第3号・宇宙大作戦』（日／米）
1969	1/16　ソ、ソユーズ4号、5号で史上初の有人宇宙飛行船同士のドッキング、移乗成功 5/18　米、アポロ11号打ち上げ 7/20　米、アポロ11号人類初有人月面着陸 10/1　日、宇宙開発事業団（NASDA）種子島宇宙センター開設 11/14　アポロ12号打ち上げ。11/24史上2度目の月面着陸	『宇宙からの脱出』（米） 『人類の偉大な飛躍　アポロ11号・公式記録』（米） 『決死圏SOS宇宙船』（英） 『宇宙船02』（英）

1970 ～ 1973 年：アポロ計画の終結と宇宙ステーションの登場

年	天文・宇宙開発史	宇宙映画史
1970	2/11　日、国産初の人工衛星「おおすみ」の自国製ロケットによる打ち上げ成功（ソ、米、仏に次ぎ 4 番目） 4/11　米、アポロ 13 号打ち上げ。4/13 司令船の酸素タンクが爆発する大事故となる。4/17 地球へ帰還する 4/24　中、国産初の人工衛星打ち上げ成功（ソ、米、仏、日に次ぎ 5 番目） 9 月　米、アポロ計画の縮小、アポロ 17 号で有人月探査を終了することを発表 9/12　ソ、ルナ 16 号打ち上げ。9/20 月面軟着陸に成功。月面の土壌サンプルの採集を行う。9/24 地球へ帰還。無人探査機による初の月面からのサンプルリターンに成功する	
1971	1/31　米、アポロ 14 号打ち上げ。2/5 史上 3 度目の月面着陸 4/19　ソ、サリュート 1 号打ち上げ、世界初の宇宙ステーション。運用中にソユーズ 10 号、11 号とドッキング。10/11 大気圏に突入し運用終了 5/19　ソ、火星探査機マルス 2 号打ち上げ。11/27 火星表面に到達した最初の人工物体となる 5/28　ソ、火星探査機マルス 3 号打ち上げ。12/2 世界初の火星表面への軟着陸に成功 5/30　米、火星探査機マリナー 9 号打ち上げ。11/14 火星周回軌道到達、世界初の火星人工衛星となる 6/30　6/6 に打ち上げられたソユーズ 11 号で宇宙飛行士 3 名が地球帰還の際に船内気密喪失のため死亡 7/26　米、アポロ 15 号打ち上げ。7/30 史上 4 度目の月面着陸 10/28　英、国産初の人工衛星の自国製ロケットによる打ち上げ成功（ソ、米、仏、日、中に次ぎ 6 番目）	『アンドロメダ……』（米）
1972	1/5　米、ニクソン大統領、スペースシャトル計画を発表 4/16　米、アポロ 16 号打ち上げ。4/20 史上 5 度目の月面着陸 7/17　米ソ宇宙船協力計画（アポロ・ソユーズ計画米ソ合意） 12/7　米、アポロ 17 号打ち上げ。12/11 アポロ計画最後の月面着陸。12/20 地球に帰還しアポロ計画終了	『惑星ソラリス』（ソ） 『サイレント・ランニング』（米） 『Taming of the Fire』（ソ） 『SF 火星の謎／アストロノーツ』（米）
1973	1/8　ソ、ルナ 21 号打ち上げ。1/16 月面着陸。無人月面走行車でテレビ中継を実施 5/15　米、初の宇宙実験室スカイラブ 1 号打ち上げ 7/28　スカイラブ 3 号打ち上げ 11/16　スカイラブ 4 号打ち上げ。スカイラブ計画終了 12/4　米、初の木星探査機パイオニア 10 号木星撮影に成功	

1974～1980年：無人惑星探査の時代

年	天文・宇宙開発史	宇宙映画史
1974	5/17　米、初の静止気象衛星打ち上げ 6/25　ソ、サリュート3号打ち上げ	『ダーク・スター』（米） 『フラッシュ・ゴードン SPACE WARS』（米） 『ヒューストン、問題が発生しました』（米） 『宇宙戦艦ヤマト』放映開始（日）
1975	4月　印、初の国産衛星をソ連ロケットで打ち上げ 5/30　欧州宇宙機関（ESA）発足 7月　米ソ、アポローソユーズ共同飛行実験、史上初の国際ドッキング成功 8/20　米、火星探査機バイキング1号打ち上げ。翌年7/20火星軟着陸に成功 9/9　米、バイキング2号打ち上げ。翌年9/3火星軟着陸に成功	『月への冒険旅行』（米）
1976	9/18　米、スペースシャトル実験用軌道船が完成、公開。エンタープライズ号と命名 10月　日、NASDAが打ち上げ性能向上のためN-Ⅱロケット開発に着手	
1977	2/23　日、日本初の静止衛星「きく」打ち上げ成功 6/16　ヴェルナー・フォン・ブラウン没す 8月　米、惑星探査機ボイジャー1号、2号打ち上げ、木星、土星の観測へ 8/12　スペースシャトル実験用軌道船エンタープライズ号が滑空飛行実験	『惑星ソラリス』日本公開 『スター・ウォーズ』（米） 『未知との遭遇』（米） 『惑星大戦争』（日） 『宇宙戦艦ヤマト』（日） 『第三の選択／米ソ宇宙開発の陰謀　火星移住計画の謎』（英）
1978	1/11　ソ、サリュート6号、ソユーズ26号、ソユーズ27号が史上初の宇宙船3船によるドッキング成功 11/2　ソ、コワリョーノク、イワンチェンコフ両飛行士がサリュート6号で宇宙滞在140日の最長記録を樹立 12月　米、金星探査機パイオニア・ヴィーナス1号および2号による金星観測	『カプリコン1』（米／英） 『宇宙からのメッセージ』（日） 『銀河鉄道999』放映開始（日） 『宇宙空母ギャラクティカ』放映開始（米）
1979	7/12　米、スカイラブ墜落 8/19　ソ、リヤホフ、リューミン宇宙飛行士がサリュート6号で宇宙滞在175日の新記録樹立	『スター・トレック』（米） 『機動戦士ガンダム』放映開始（日） 『エイリアン』（米） 『銀河鉄道999』（日）
1980	7/18　印、初の国産人工衛星を自国製ロケットで打ち上げに成功（世界で7番目） 7/23　ソ、ソユーズ37号打ち上げ。ベトナム初（アジア初）の宇宙飛行士が宇宙へ。	『スター・ウォーズ／帝国の逆襲』（米） 『フライングハイ』（米）

1981 ～ 1989 年：スペースシャトルの登場

年	天文・宇宙開発史	宇宙映画史
1981	4/12　スペースシャトル、コロンビア号打ち上げ。14 日に帰還成功（スペースシャトルによる初飛行） 5/7　インドネシア、国産ロケット打ち上げ初成功	『ドラえもん　のび太の宇宙開拓史』（日） 『機動戦士ガンダム』（日） 『さよなら銀河鉄道 999　アンドロメダ終着駅』（日）
1982	8/19　ソ、ソユーズ T-7 打ち上げ。スベトラーナ・サビツカヤが史上２人目の女性宇宙飛行士として宇宙へ 12/11　サリュート 7 号のベレゾボイ、レベデフ両飛行士が宇宙滞在 211 日新記録樹立	『E.T.』（米） 『遊星からの物体Ｘ』（米） 『フライングハイ２』（個ｋ目）
1983	3/23　米、レーガン大統領「戦略防衛構想（SDI）」（通称「スター・ウォーズ計画」）を提唱 6/18　米、スペースシャトル、チャレンジャー号の２回目打ち上げ（STS-7）。サリー・ライドがアメリカ初の女性宇宙飛行士として宇宙へ 8/30　米、スペースシャトル、チャレンジャー号の３回目打ち上げ（STS-8）。ガイオン・S・ブリュフォードが初のアフリカ系アメリカ人宇宙飛行士として宇宙へ	『スター・ウォーズ／ジェダイの復讐』（米） 『ライトスタッフ』（米） 『ＳＦスターフライト１』（米）
1984	1/25　レーガン大統領、有人宇宙基地構想を発表 7/25　ソ、スベトラーナ・サビツカヤが、女性宇宙飛行士として世界初の宇宙遊泳を行う 10/11　米、キャサリン・サリバンが米女性初の船外活動を行う	『砂の惑星』（米） 『2010 年』（米） 『さよならジュピター』（日）
1985	1/24　米、スペースシャトル、ディスカバリー号の３回目の打ち上げ（STS-51-C）。エリソン・オニヅカがアメリカ宇宙計画初のアジア系宇宙飛行士として宇宙へ。 8/7　日、毛利衛、向井千秋、土井隆雄の３名が初の日本人宇宙飛行士に選抜	『コクーン』（米） 『ドラえもん　のび太の宇宙小戦争』（日） 『人類の宇宙への夢を乗せて』（米）
1986	1/28　米、チャレンジャー号空中爆発事故。スペースシャトル、チャレンジャー号が打ち上げ後 73 秒で空中爆発をおこし、クリスタ・マコーリフ、エリソン・オニヅカら７人の宇宙飛行士が死亡。	『スペースキャンプ』（米） 『スペースインベーダー』（米）
1987	ESA（欧州宇宙機関）、アリアン 5 ロケット開発決定	『王立宇宙軍　オネアミスの翼』（日）
1988	2/11　レーガン大統領、新宇宙政策発表（月面基地建設、有人火星飛行の実現、民間企業の参入の呼びかけ）	『ブロブ／宇宙からの不明物体』（米）
1989	9/29　米、日、欧州、カナダで宇宙基地政府間協力協定署名。レーガンが提唱する宇宙基地（フリーダム）建設へ向けた国際協力協定なる 12/28　ロケット工学者ヘルマン・オーベルト没す	『宇宙へのフロンティア』（米）

1990〜1999年：日本人宇宙飛行士の登場

年	天文・宇宙開発史	宇宙映画史
1990	12/2　日、東京放送の秋山豊寛がソ連のソユーズ宇宙船により日本人初の宇宙飛行を行う	『飛行時間73秒／チャレンジャー号の悲劇』（米） 『碧い惑星の神秘に迫る』（米）
1991	5/18　英、英国初の女性宇宙飛行士ヘレン・シャーマンがソユーズ宇宙船で宇宙飛行に成功 12/25　ソ連崩壊、ロシア連邦成立	
1992	9月　日、毛利衛がエンデバー号に搭乗、日本人初の米国スペースシャトル搭乗員となる	
1993	8/18　米、マクドネル・ダグラス社が再利用可能な単段式ロケットの実験に成功 9/2　米ロ、宇宙協力に関する米ロ共同声明調印、米ロ協調時代の始まり	
1994	2/3　ロ、ロシア人宇宙飛行士セルゲイ・クリカリョフがロシア人として初めてスペースシャトルに搭乗する 2/4　日、純国産技術による初の大型ロケット、H-Ⅱロケット1号機が打ち上げに成功 7/9　向井千秋、スペースシャトル、コロンビア号に搭乗、女性最長飛行記録を樹立	『ジェネレーションズ／STAR TREK』（米） 『ディスティニー・イン・スペース』（米）
1995	2/3　アイリーン・コリンズがスペースシャトル初の女性操縦士としてディスカバリー号で飛行 3/22　ロ、ワレリー・ポリャコフがミールで最長連続宇宙滞在記録438日を達成 6/29　スペースシャトル、アトランティス号と宇宙ステーション「ミール」がソユーズ・アポロ以来となる米ロ宇宙船のドッキングに成功	『アポロ13』（米） 『ロケットガール』刊行（日）
1996	1/11　日、若田光一、スペースシャトル、エンデバー号に搭乗、日本人初の搭乗運用技術者（ミッションスペシャリスト）となる	『インデペンデンス・デイ』（米） 『マーズ・アタック！』（米） 『アポロ11／史上最大のミッション』（米）
1997	7/4　米、火星探査機マーズ・パスファインダーがバイキング2号以来21年ぶり火星着陸に成功 9/11　米、火星探査機マーズ・グローバル・サーベイヤーが火星に到達。火星軌道投入に成功 10/15　米、ボイジャー1号、2号以来20年ぶりに土星探査機カッシーニを打ち上げ 11/20　日、土井隆雄がスペースシャトル、コロンビア号に搭乗、日本人初の船外活動を実施	『スターシップ・トゥルーパーズ』（米） 『ロケットマン』（米） 『コンタクト』（米） 『宇宙ステーションミール』（米）
1998	7/7　日、人工衛星おりひめ、ひこぼし（きく7号）が世界初の無人衛星同士の自動ドッキングに成功 9/24　日、火星探査機のぞみが日本で初めて月の裏側の撮影に成功。米、露に次ぎ3番目	『アルマゲドン』（米） 『ロスト・イン・スペース』（米） 『フロム・ジ・アース／人類、月に立つ』（米）
1999	3/7　『2001年宇宙の旅』の映画監督スタンリー・キューブリック没す 7/23　米、スペースシャトル、コロンビア号打ち上げ。アイリーン・コリンズが、女性初のスペースシャトル船長として搭乗	『スター・ウォーズ　エピソード1／ファントム・メナス』（米） 『遠い空の向こうに』（米）

2000 ～ 2009 年：国際宇宙ステーションと民間宇宙ベンチャーの登場

年	天文・宇宙開発史	宇宙映画史
2000	2/15　米、小惑星探査機ニア、小惑星エロスの周回軌道投入 9/20　ロ、旧ソ連の宇宙飛行士ゲルマン・チトフ没す	『月のひつじ』（豪） 『スペース・カウボーイ』（米） 『ミッション・トゥ・マーズ』（米）
2001	3/23　ロシアの宇宙ステーション「ミール」が落下軌道に入り運用終了 4/8　米、火星探査機マーズ・オデッセイ打ち上げ 4/28　米、実業家デニス・チトーがソユーズ宇宙船で初の宇宙観光旅行（８日間で 24 億円） 8/29　日、H-ⅡA ロケット１号機、打ち上げ成功	『スペース・ミッション　宇宙への挑戦』（米） 『ロケット・ボーイ』（日） 『ふたつのスピカ』連載開始（日）
2002	3/1　NASA、火星に大量の水の存在する可能性を発表 4/25　南アフリカ共和国の実業家マーク・シャトルワースがソユーズ宇宙船で史上２番目となる民間宇宙旅行 5/6　米、イーロン・マスクが民間宇宙ベンチャーであるスペース X 社を設立	『まんてん』（日） 『明日があるさ　THE MOVIE』（日） 『スター・ウォーズ／クローンの攻撃』（米）
2003	2/1　米、コロンビア号空中分解事故 5/9　日、小惑星探査機はやぶさ打ち上げ 10/1　日、宇宙３機関が統合し JAXA（宇宙航空研究開発機構）発足 10/15　中、神舟５号が有人宇宙飛行に成功。旧ソ連、アメリカに次いで３番目に独自の有人宇宙飛行技術を有する国となる 11/29　日、H-ⅡA6 号機が個体ロケットブースターの分離に失敗し、打ち上げ後 11 分で指令破壊される 12/9　日、火星探査機のぞみ、火星軌道投入を断念	テレビアニメ『ふたつのスピカ』（日）
2004	1/4　米、火星探査機スピリット着陸 1/14　ブッシュ大統領、有人月面探査、火星有人飛行を含む新宇宙計画を発表 6/21　米、民間企業スケールド・コンポジット社による有人宇宙船スペースシップワンが宇宙飛行に成功	
2005	7/26　スペースシャトル飛行再開、野口聡一が搭乗 11/20　日、小惑星探査機はやぶさが小惑星イトカワに着地、世界初の小惑星へのタッチダウン	『宇宙へ～冷戦と二人の天才～』（英） 『スター・ウォーズ／シスの復讐』（米） 『ムーンサルト／ソ連極秘宇宙計画』（ロ）
2006	1/18　米、NASA が国際宇宙ステーション（ISS）への民間企業による輸送サービス計画を発表 1/19　米、初の冥王星探査機ニュー・ホライズンズ打ち上げ	『ロケットボーイズ』（日）
2007	1/11　イラン、国産ロケット打ち上げ 9/14　日、月探査機かぐや打ち上げ。日本初の本格的な月探査を行う 10/24　中、月探査機嫦娥 1 号打ち上げ	『ザ・ムーン』（英） 『庭から昇ったロケット雲』（米） 『カラリョフ』（ロ） 『ロケットガール』（日）
2008	3/19　『2001 年宇宙の旅』『宇宙のランデブー』の作家アーサー・C・クラーク没す 5/21　日、宇宙基本法成立 9/27　中、神舟 7 号で初の宇宙遊泳 10/22　印、月探査機チャンドラヤーン１号打ち上げ	『宇宙飛行士の医者』（ロ） 『ナットのスペースアドベンチャー 3D』（ベルギー／米） 『スペース・チンプス』（米） 『One Small Step: The Story of the Space Chimps』（米）
2009	7/19　日本初の有人宇宙施設きぼう完成 9/10　日、宇宙ステーション補給機こうのとりが、ISS 初補給成功	『宇宙へ。挑戦者たちの栄光と挫折』（英） テレビドラマ『ふたつのスピカ』（日）

2010～2015年：スペースシャトル退役と民間による宇宙開発の時代へ

年	天文・宇宙開発史	宇宙映画史
2010	2/1　米、オバマ大統領がスペースシャトルの後継となる有人宇宙機計画であるコンステレーション計画の打ち切りを表明 6/4　米、スペースX社の商業用ロケット、ファルコン9が打ち上げ初成功 6/13　小惑星探査機はやぶさが地球に帰還。世界初の月以外の天体の固体表面からのサンプルリターンに成功 12/8　米、スペースX社ISSへの物資補給船ドラゴンが打ち上げに初成功	『スペース・ドッグ』（ロ）
2011	7/8　スペースシャトル、アトランティス打ち上げ（スペースシャトル最後の飛行） 9/29　中、天宮1号打ち上げ成功（中国の宇宙ステーション計画）	『はやぶさ／HAYABUSA』（日） 『スペース・バディーズ／小さな5匹の大冒険』（米） 『アポロ18』（米／カナダ） 『地球、最後の男』（米）
2012	5/25　米、スペースX社の宇宙船ドラゴンが民間宇宙船として初めてISSとのドッキングに成功 6/18　中、神舟9号が宇宙ステーション、天宮1号とドッキングに成功。米、露に次ぐ3番目の有人ドッキングに成功した国となる 8/6　米、火星探査機キュリオシティが火星軟着陸成功 10/7　米、スペースXの宇宙船ドラゴン打ち上げ。ISSとドッキングし、民間宇宙船として初めて物資補給を行う	『はやぶさ　遥かなる帰還』（日） 『おかえり、はやぶさ』（日） 『宇宙兄弟』（日） 『銭学森』（中）
2013	9/14　日、次期固体燃料ロケット「イプシロン」が初の打ち上げに成功 9/18　米、オービタル・サイエンシズ社のシグナス、ISSへ初補給 12/14　中、月探査機嫦娥3号が月面軟着陸に成功（ソ、米に次いで3番目、アジア初）	『ガガーリン　世界を変えた108分』（ロ） 『エンド・オブ・オデッセイ』（スペイン） 『チャレンジャー号　73秒の真実』（米／英） 『ゼロ・グラビティ』（米） 『ザ・ロケット』（豪／タイ／ラオス）
2014	6/16　印、火星探査機マンガルヤーンが火星周回軌道投入成功（アジア初） 8/6　欧、彗星探査機ロゼッタがチェリュモフ・ゲラシメンコ彗星に到着。11/12着陸機フィエラエが世界初の彗星への着陸に成功 12/3　日、小惑星探査機はやぶさ2が打ち上げ	『インターステラー』（米）
2015	7/14　米、惑星探査機ニュー・ホライズンズが冥王星に最接近し、観測に成功 7/23　日、日本人宇宙飛行士油井亀美也の搭乗したソユーズ宇宙船打ち上げ 11/22　米、スペースX社のファルコン9ロケットが初の再使用可能な1段目ロケットの地上軟着陸に成功	『キャプチャー・ザ・フラッグ　月への大冒険！』（西） 『オデッセイ』（米） 『The Astronaut Wives Club』（米） 『スター・ウォーズ／フォースの覚醒』（米） 『下町ロケット』（日） 『ムーン・ウォーカーズ』（仏／ベルギー）

2016 年～：再び、月へ

年	天文・宇宙開発史	宇宙映画史
2016	3/26　日、12 月に打ち上げられた X 線天文衛星ひとみの通信途絶、分解事故が発生 7/7　日本人宇宙飛行士大西卓哉の搭乗したソユーズ MS-01 打ち上げ 9/15　中、天宮２号打ち上げに成功。宇宙ステーション、天宮１号の後継機	『ドリーム』（米） 『ヒューストンへの伝言』（スロヴェニア他）
2017	9/15　米、土星探査機カッシーニが 10 年にわたる運用を終了 10/19　天文観測史上初めて、太陽系以外から飛来した恒星間天体（オウムアムアと命名）が発見される	『スターフォーズ／最後のジェダイ』（米） 『スペースウォーカー』（ロ） 『セルジオ＆セルゲイ　宇宙からハロー』（西／キューバ） 『サリュート７』（ロ）
2018	5/5　米、火星探査機インサイト打ち上げ。11/26 火星着陸に成功 6/27　日、小惑星探査機はやぶさ２が小惑星リュウグウ上空 20㎞に到着	『ファースト・マン』（米）
2019	1/3　中、月探査機嫦娥４号が世界初の月の裏側への着陸に成功 2/22　日、小惑星探査機はやぶさ２が小惑星リュウグウへ１回目の着陸に成功 4/11　イスラエルの Space IL 社による月探査機ベレシートが民間初の月面着陸に挑戦するも、高度 199m で通信途絶する 5/4　日、インターステラテクノロジズ社のロケット MOMO ３号機が国内初の民間企業による単独開発ロケットの宇宙空間到達に成功 5/14　米、NASA が 2024 年までに再び有人月面着陸を目指す「アルテミス計画」を発表 7/22　印、月探査機チャンドラヤーン２号打上げ。旧ソ連、アメリカ、中国に次ぐ月面着陸を目指す。	『ドラえもん　のび太の月面探査記』（日）

参考文献一覧

・『ロシア宇宙開発史──気球からヴォストークまで』冨田信之、東京大学出版会、２０１２年
・『天文・宇宙開発事典──トピックス 古代‐２００９』日外アソシエーツ編集・出版、２００９年
・『何回でもみたくなるＳＦ映画選集』北島明弘、講談社、２０００年
・『ガガーリン　世界初の宇宙飛行士、伝説の裏側で』ジェイミー・ドーラン／ピアーズ・ビゾニー、日暮雅道訳、河出書房新社、２０１３年
・『アポロ13』ジム・ラベル／ジェフリー・クルーガー、河合裕訳、新潮文庫、１９９６年
・『ＮＡＳＡを築いた人と技術──巨大システム開発の技術文化』佐藤靖、東京大学出版会、２００７年
・『スター・ウォーズはいかにして宇宙を征服したのか』クリス・テイラー、児島修訳、パブラボ、２０１５年
・ＮＨＫドラマ・ガイド『連続テレビ小説　まんてん』ＮＨＫ出版、２００２年
・『ＳＦ大クロニクル』ガイ・ヘイリー、北島明弘訳、角川マガジンズ、２０１６年

〈著者紹介〉

日達 佳嗣（ひたち よしつぐ）

昭和59年（1984）10月3日生まれ。東京都墨田区出身。

平成22年（2010）トロント大学航空宇宙工学科卒業後、大手電機メーカーにて人工衛星の設計開発に携わる。

専門は制御工学と衛星の姿勢制御。

2019年より、株式会社ispaceで民間初の月面着陸を目指し、月着陸船の設計開発に従事。

映画で楽しむ宇宙開発史

2019年 12月 21日初版第1刷発行
2020年 1月 29日初版第2刷発行
著　者　日達佳嗣
発行者　百瀬精一
発行所　鳥影社（www.choeisha.com）
〒160-0023　東京都新宿区西新宿3-5-12トーカン新宿7F
電話　03（5948）6470, FAX 03（5948）6471
〒392-0012　長野県諏訪市四賀229-1（本社・編集室）
電話 0266（53）2903, FAX 0266（58）6771
印刷・製本　シナノ印刷株式会社

ISBN978-4-86265-783-1　C0074

定価（本体1800円＋税）